天道酬勤

朱江洪

GREE 格力

朱江洪自传

朱江洪印

我执掌格力的24年

1988-2012

企业管理出版社
ENTERPRISE MANAGEMENT PUBLISHING HOUSE

图书在版编目（CIP）数据

朱江洪自传：我执掌格力的 24 年 / 朱江洪著 . —北京：企业管理出版社，2017.6（2022.9 重印）

ISBN 978-7-5164-1527-6

Ⅰ. ①朱… Ⅱ. ①朱… Ⅲ. ①朱江洪—自传 Ⅳ. ① K825.38

中国版本图书馆CIP数据核字（2017）第107700号

书　　名：朱江洪自传：我执掌格力的24年

作　　者：朱江洪

责任编辑：尚元经　李　坚

书　　号：ISBN 978-7-5164-1527-6

出版发行：企业管理出版社

地　　址：北京市海淀区紫竹院南路17号　　　邮编：100048

网　　址：http：//www.emph.cn

电　　话：总编室（010）68701719　发行部（010）68701816　编辑部（010）68414643

电子信箱：qiguan1961@163.com

印　　刷：北京明恒达印务有限公司

经　　销：新华书店

规　　格：160毫米×235毫米　16开本　　20.5印张　216千字

版　　次：2017年6月第1版　2022年9月第5次印刷

定　　价：66.00元

CONTENTS 目 录

格力做到今天，当初也是一个名不见经传的小企业，也没有多少钱花在广告上，只是认定一个理，那就是好的产品一定有人买，好的东西一定有回头客，好的产品一定会有人义务帮你宣传。所以，我们宁可勒紧裤带，压缩其他开支，把有限的钱花在产品的研发上，花在先进设备的购置上，花在质量的改进与提高上，从而使产品的质量和技术水平不断提高，并取得了消费者的信任。

老实说，格力过去也是一个组装厂，不但空调机的心脏——压缩机、控制器等核心部件做不了，连很多一般零件也是东买一件，西买一件。为此，科技人员必须根据采购件的特性来设计产品，严重阻碍了产品的创新。后来有了压缩机，控制器也完全根据自己的设计要求来开发。之后，又上了电容器，解决了原先采购的CBB大电容寿命短的问题，以及后来变频模块的封装生产，为变频机的制造提供了核心部件等等。所有这些，对企业的转型升级，发展壮大，可谓功不可没。

国企难，难在一个“国”字，国企老总与民企老板最大的区别是，国企老总是任命的，只要红头文件任命，谁都可以做，谁也敢去做，不做则被视为不服从组织安排。特别有些已经在市场上打出名堂的国企，很多人并不知道企业走过的艰辛历程，只知道现在的辉煌，因而很多人会盯着这个位置，就算万一搞砸了，也不用跳楼，换个位置照样过得有滋有味。俗话说："荒地没人耕，熟地有人争"。

出任格力集团董事长，自然不是什么"好差事"。在中国传统里有一说法，六十是一甲子，是一个轮回，站在花甲之年，我仿佛又回到了当年事业的原点上：亏损和扭亏。诚如一些媒体所言，这次是格力"富儿子"救"穷爸爸"。在这样的背景下，我也算是临危受命了。不过在我看来，尽管肩膀上重任依旧，可起码比当年刚出道和创业初期的境况好多了，有了格力电器这个"争气儿子"作为主力军，集团的历史遗留问题、战略重组等问题就有了依托。

格力的成功，引来世人的极大关注，也招引了媒体的大量报道。其中有不少是凭空想象，以讹传讹的。对于这些，我一向的态度是处之泰然，因为某些媒体就是喜欢猎奇，无中生有，语不惊人死不休。佛经有云："他强任他强，清风拂山岗，他横由他横，明月照大江。"只要内心平静，问心无愧，外界的看法又于我何干？但作为执掌格力二十多年的领导人，本着"不忘初心，方得始终"的原则，本着对企业，对老员工、老领导负责的心态，还是有必要对一些不实报道做出澄清。

姜风序

领略“格力之父”的传奇人生

格力是中国企业的标杆，也是业界的骄傲。格力能够发展成为今天年产值达千亿元规模的行业巨头，其奠基人功不可没。他是格力的真正缔造者，但是却一直身居幕后；他是格力电器的灵魂，无论他在位时还是功成身退之后，一直深居简出，不喜抛头露面，但是他对制冷空调行业的巨大影响力至今无人能够超越；他给我们带来了许多宝贵的精神财富，受到国内外家电业同行由衷的尊敬和爱戴。他就是被业界称之为“格力之父”的朱江洪先生。

在朱江洪先生为格力服务的24年零5个月里，他将格力由一个濒临破产的小企业，打造成为今天令全球瞩目的银河战舰。在我们有目共睹的辉煌背后，是他的励精图治、运筹帷幄和苦心谋略。他率领格力从“三无工厂”发展到千亿规模，最早开始重视产品的可靠性，并在格力空调中得以落实。他从始至终对产品质量有着非常

姜风：中国家用电器协会理事长。

极致的追求，奠定了格力的产品根基。他倡导科技兴业，致力技术创新，带领格力在激烈的市场竞争中挺起腰，竖起脊梁，成为一个广受尊敬的企业，使格力的品牌因此积蓄了超值的力量，成为格力未来发展的动力源泉和增长引擎。朱江洪先生由此赢得了业界的尊敬，他不仅是格力的创业者和掌舵人，也是技术创新实践的坚定倡导者。

作为格力发展的见证人，我认为，没有朱江洪就没有格力，他不仅为格力发展做出了巨大贡献，更为推动我国家电行业的发展立下了汗马功劳，他对行业的影响是长期的、深远的。他在竞争激烈的市场环境下，提出了“科技救企业、质量促企业、效益兴企业”的发展理念，迄今仍被很多企业奉为企业发展的信条；他的用人、处事、治业之道，更是成为企业经营管理的实用教材；他的高风亮节、谦逊大度，成为业内外争相传颂和学习的榜样。他执掌格力24年，极其罕见地同时赢得了公众、朋友乃至竞争对手的尊重。

朱江洪先生功成身退之后，仍然身体力行，参加一些行业协会的工作，并多次应邀访问有关企业，亲授管理方法，深得企业感动与青睐，他对行业的影响长期而深远。他坚持求真务实的工业精神，踏踏实实做企业，不浮躁、不张扬，一心一意、专心致志做好空调器产业，用实际行动告诉我们企业应该做成什么样子；他坚持以技术为核心，坚持不懈地对技术进行投入，长期以来亲自主管科技创新，亲临科技第一线，打造了一支强大的技术团队；他坚守产品质量，当很多企业在考虑降低成本时，他却在考虑如何提高产品质量，如何提高产品的可靠性，坚持为消费者制造最好的空调器，使格力空调赢得了消费者的口碑。

如今朱江洪先生将他毕生的奋斗经历以自传形式出版，这是我们整个中国制冷空调领域多年来所盼望的事情。

在这本书里，朱江洪先生首次讲述了自己如何从一介书生，一步步走向千亿企业的最高领导者，并缔造“空调王国”的传奇一生，让读者可以深入了解格力从濒临倒闭的“三无工厂”发展为中国空调行业巨头的成长之道。

仔细研读这本书，不仅能够对我国空调发展史有更深入的了解，还能够对朱江洪先生的管理思想和经营实践有系统的认知。朱江洪先生的企业管理之道刚柔相济，讲究哲学应用和人情通达，不论何种经营模式的企业都可以从中获得借鉴，尤其对我国家电企业的发展具有很高的参考价值。

2017年4月

蓝海林序

承诺坚定　取舍清晰

与西方成熟市场经济环境相比较，转型期中国企业的经营环境具有明显的“转型经济”、“新兴市场”、“多重制度”和“高度动态”的情境特征，使中国企业战略选择上陷入一系列的“两难处境”。嵌入在这种情境之中，能够领导企业连续、高速和健康发展的企业家很少，国有企业家更少，能够功成身退的国有企业家更是少之又少，格力电器股份有限公司（以下简称格力电器）的前任董事长朱江洪先生肯定是其中的一位。从1988年5月出任冠雄塑胶厂厂长到2012年5月从格力电器董事长位置上退休为止，朱江洪先生用了24年的时间就将格力电器做得从小到大、从弱到强，发展成为全球家用空调行业的世界级企业。他以他个人的价值取向和做人做事的风格引领了格力电器的专业化发展，塑造了格力电器的文化，建立了格力电器的核心竞争力。至

蓝海林：华南理工大学中国企业战略管理研究中心主任，教授。

少到2012年为止，朱江洪传记基本上就是一部完整和真实的格力电器发展史。

受转型期中国企业经营环境上述四个情境特征的影响，绝大多数中国杰出企业家，尤其是国有企业的企业家都不愿意亲自撰写和出版自己的传记，有些事情他们不能说，不知道怎么说，不知道说了会得到什么样的评价。退休后的朱江洪董事长之所以一改低调作风，亲自撰写和出版自己的传记主要是因为“树欲静而风不止”。从宏观上来说，随着经济全球化影响的深入，中国制造企业正在面临着越来越大的挑战，国家正在大力推动制造业转型升级，中国制造企业急需了解如何在新常态下迎着全球化而上，继续提升主业的国际竞争力。从微观上来说，后朱江洪时代格力电器在增长上面临着越来越大的压力，为保证高速增长而做出的一系列战略选择引发了整个社会，尤其是各种利益相关者的广泛关注和激烈争议，各利益相关者都希望格力人能够重新认识自己的成功之本，基于核心竞争力的发挥和提升做出更好的增长战略。朱江洪董事长能够在这种情况下站出来，以“第一人称”回应上述两个方面的需求，不仅表现出他对格力电器和中国制造业的深爱，而且体现出他做人做事那种一贯的坦荡和担当。

中国家用空调行业曾经吸引了国内外一大批先进企业，因此而成为中国竞争最为激烈和竞争互动水平最高的行业之一。在这个行业中实现对先动企业的赶超和发展中国的世界级企业，格力电器面对的首先是战略选择上的挑战。对此，朱江洪董事长在书中给出了战略制定者的回答：（1）选择和坚持专业化发展战略，使格力电器能够集中全部资源和精力于一个狭窄的领域；（2）选择和坚持精品定位战略，专注、专心和专业地“做精”和“做绝”一种具体的产品；（3）基于对专业化和做精品的坚定承诺，通过在关键的领域中多次、连续、偏执地配置资源，构建企业在家用空调行业的核心竞争力；（4）发挥企业核心竞争力，整合国内市场和开拓国际市场，建立世界级的规模成本和差异优势。

在中国和全球家电行业，尤其是众多空调制造企业之中，格力电器是为数不多的国有控股企业，承受着比其他企业更大的制度影响。实施上述战略的过程中，格力电器面对的第二个，也是更大的挑战是如何在全球化竞争和中国经济转型的交互影响下，排除各种经营困难和制度干扰，有效和有效率地实施上述战略。对此，朱江洪董事长在书中从以下五个方面给出了战略领导者的解释。

格力电器所面对的挑战首先是如何在战略实施过程中做到承诺坚定与取舍清晰。在转型期中国企业所面临的经营环境，尤其是制度环境的影响下，格力电器之所以能够对专业化发展和精品定位承诺坚定和取舍清晰，主要是因为朱江洪先生是一位以事业为重的企业家。将格力电器发展成为空调行业的世界级企业就是他作为格力电器当家人的全部追求，所以他既没有因为片面追求效益、规模和速度，也没有因为个人私利（包括职位的保有或者升迁）而主动或者被动地选择高度多元化战略或者放弃精品定位战略。朱江洪先生以其执着的事业追求保证了格力电器过去二十四年对专业化发展和精品定位战略的坚持。

格力电器所面对的挑战其次是如何围绕做精品定位战略的要求，在相关和关键成功领域构建多种竞争优势，其中的挑战包括如何基于定位战略识别关键成功领域，如何通过“偏执地”配置资源和精力建立一种关键竞争优势，如何通过资源与精力配置的“多次偏执”和“及时转换”建立多种关键竞争优势等等。应对这些挑战，承诺坚定和取舍清晰无疑是基本前提，但是朱江洪先生强烈的顾客优先和重视克短的价值取向也发挥了更为重要的作用。通过顾客的不满，他发现企业劣势；由于重视克短，他先后抓住了支撑精品定位的若干关键领域，包括制造、质量、营销、技术和品牌，通过先后、多次“偏执地”配置资源和精力，及时、有效和不断地将关键劣势变成了关键优势，成功地构建和整合了多种关键竞争优势。

格力电器所面临的第三个挑战是如何有效和不断地获取建立上述关键竞争优势所需要的知识和能力，有效和有效率地提升制造、质量、营销、科技和品牌的竞争力。对于这种挑战，朱江洪先生的应对之道就是通过专注、专心和专业化发展尽快融入全球空调制造网络；通过以诚相待和构建各种形式的战略联盟在网络中汲取知识；通过与网络成员的良性互动中不断提升企业的学习能力，这真是应证了“大道至简”的道理。在他的领导下，格力电器二十多年如一日，专注、专心于做空调行业的精品，一个普普通通的塑胶厂就这样变成了国际公认的“空调专家”；专注、专心于向自己的客户、供应商和竞争对手学习，一个曾经的跟进者就这样实现了对国内竞争对手的超越。

格力电器所面临的第四个挑战就是如何随着经营、市场和竞争环境的变化而有效地实施转型升级，以及在转型升级中发挥和强化自己的核心竞争力。朱江洪先生认为所谓转型升级不一定是进入一个新的、更赚钱的行业，而是围绕提升主业的综合竞争力而不断在产品、效率和经营思想上“与时俱进”，包括产品技术、质量、品种与规格、核心零配件和差异化的转型升级；生产工艺技术、制造手段和方式、人力资源管理的转型升级；企业经营思想、理念和价值观的转型升级。在我看来，只要格力电器还没有成为家用空调和中央空调行业的真正和全面的全球领先者，格力电器围绕以做强主业为核心的转型升级仍然潜力巨大。

格力电器所面临的第五个挑战是什么样的战略领导才能使格力电器的员工，尤其是管理者长期保持不断提升核心竞争力所需要的动力。时代是在快速变化，但是人性在本质上是没有变化的。朱江洪先生关于战略领导应该具备什么素质的论述很多，可谓是用心良苦、字字真言，切中要害、醍醐灌顶，值得中国企业，尤其是制造企业的股东和董事长们好好学习。我最喜欢的是他在1988年为广西百色矿山机械厂选拔掌门人的时候所提出的观点，企业员工，尤其是管理者能否不断为企业构建核心竞争力而尽力，关键就在于企业的掌门人是否具备以下三项条件：正直、能力和勤奋，其中“正直”是1，其他是零。遗憾的是绝大多数国有控股企业的董事长，在选择接班人的问题上多少都怀有“无可奈何花落去”的无奈和伤感。

在即将完成本书序言之前，我想借机讨论一个比较敏感的问题，即转型期中国的国有和国有控股企业是否有可能像格力电器这样，在竞争性行业中发展成为一个世界级企业？《朱江洪自传》再次证实了我原来的一些想法：第一，如果这些企业都能够有一个像朱江洪先生这样的“国有企业的企业家”，那么发展成为世界级企业的可能性是有的，但是成功的概率极低。在尚未建立合理治理结构之前，这种“国有企业的企业家”出现和存在具有很大的制度偶然性，一般都是临危授命、一身正气、力挽狂澜、连任多届，因此才有可能有效利用现行制度的利弊，做到承诺坚定、决策科学、行动迅速而富有创新，将国有控股企业迅速发展成为某个行业的世界级企业。第二，这种非典型案例的存在不具有普遍性、不具有推广价值，相反恰恰证明竞争性行业中的国有企业或者国有控股企业急需深化产权改造和建立合理的公司治理。首先，“国有企业的企业家”也是人，没有合理的公司治理，他们有很大的可能失去控制、晚节不保、殃及企业。其次，建立合理的公司治理才有可能将“国有企业的企业家”从“制度的偶然”变成“制度的必然”；才有可能让这些企业家不是依靠个人牺牲而是制度安排去发挥企业家的作用。最后，保证企业承诺坚定和取舍清晰的不应该是企业家个人的价值取向，而应该是公司治理所提供的制度保障。令人可喜的是，在全面深化改革的推动下，竞争性行业国有企业的改革正在朝着这个方向迈进。

2017年4月

第一章　初出茅庐
——历练，在偏远的百色

如果大学毕业参加工作时不愿当工人，或者干活偷懒，不吃苦耐劳，能提你当质检员吗？没有在质检岗位上的积极努力和工作经验，能提升你当技术员吗？如果前面的工作没有打下良好的基础，能叫你当车间主任吗？车间主任都做不好，能叫你当生产、质检、技术的科长吗？没有这些扎实的基础，后来的选举大家能选你当厂长吗？

1970年8月，在华南工学院（现华南理工大学）混了五年的我，满载青春的意气，怀揣着对生活的憧憬，踏上了人生工作的第一站，来到了祖国南疆的一个边陲小镇——广西百色县（即现在的百色市）。百色是革命老区，当年邓小平、张云逸等革命先辈就是在这里发动了震惊中外的百色起义，在中国革命史诗中留下浓厚的一笔。

记得我在校时还是一个小班长，按理留在广东或分配到外省大城市应该没问题，无奈当时父亲在“文化大革命”中被打成“反革命”，我便成了“可教育好的子女”。由于当时的毕业分配是一项政治任务，人家不愿去的地方，你若不去，谁去呀？

其实，我的第一个分配方案不是百色，而是比百色还要差的贵州黔东南的一个小县。

百色虽然也是县，但起码还是地处广西呀。我记得初中上地理课时，贵州就有“天无三日晴，地无三里平”之说。其实地平不平我无所谓，天晴不晴我可在意，因为在广东每年有一段时间的梅雨潮湿天气，感觉难受。我喜欢干爽，喜欢阳光，于是就找班主任，声称自己有风湿病，而且还挺严重，一到潮湿天气关节就疼痛难忍，希望适当照顾一下，能否不去贵州。班主任平时跟我关系不错，便对我说：“好像其他地方已经没有指标了，看看再说吧。”

第二天一早，班主任就兴冲冲地来找我，说广西还有个名额，问我去不去。我不假思索地回答："去。"对我来说，广东、广西同属两广，外省人称"老广"，生活习俗相近，饮食习惯相同（后来才知道，广西人喝酒比广东人厉害），气候类型也差不多，可当时压根就没听过"百色"这个地方，更不知道在广西何方位置，于是赶紧找来地图查阅，先是从靠近广东的地方找，没有，越找离广东越远，终于在靠近云贵交界、离越南直线距离也有百把公里的地方找到了。"噢，我的天呀！"这就是百色给我的第一个印象。

到了百色报到后才知道，全国各地一起分配到该地的共有九十多名大学生，什么学校的都有，我们华工也来了十位之多，各个系的都有，以前并不相识，到了百色后，因为"同是天涯沦落人，相

1970年5月，在华南工学院（现华南理工大学）毕业时，全班同学与老师的合影，二排右起第6个是本书作者。

逢何必曾相识”，自然很快就亲密起来。在以后的交谈中，说出了自己的身世，不出所料，到百色报到的，其家庭基本上都是有“问题”的，他们当中，有广东省副省长（走资派）的儿子，有解放初满腔热情从香港回广州参加社会主义建设，后被打成叛徒特务者的女儿，还有母校的一名著名建筑教授（反动学术权威）的女儿，其他的则多是家庭出身地主、富农或者国民党旧职员等“黑五类”分子。

当时正值“文革”中期，极左思潮盛行，社会上把知识分子统称为“臭老九”，连卖猪肉的都瞧不起。单位可以安排你当干部，也可以安排你当工人，而我一开始就做好了当工人的心里准备。果然，到单位报到的第二天，就安排我到一个班组干活，与工人一起“改天换地”去了。对我来说，干什么都行，什么干部呀，技术员呀，反正已经麻木了，有口饭吃就行。

我们这代人，最大的特点是能吃苦，干活勤快，从不挑肥拣瘦。除了战争的苦没吃过外，什么苦都尝过：1959～1961年经济困难时期，食不果腹；读初中时，小小年纪下乡劳作，干的是大人活；“文革”初期血雨腥风的打斗；大学时还被赶到粤北阳山县穷山沟劳动，接受贫下中农再教育，更是苦不堪言。而今，饭能吃饱，又有工作服穿，每个月还有几十块的工资，这样的好事，上哪里去找啊？于是干活特别卖力，跟工人一起上下班，一起加班加点，一起“战天斗地”。有时为了按时完成一项生产任务，连续一天一夜、两天两夜不休息也是家常便饭。

这样的状况大约持续了两年。有一天，厂领导（当时称厂革委会主任）跟车间领导说：“我看这个年轻人干活挺卖力的，又有头脑，又有技术，把他提一提吧。”就他这么一句话，我就从第一线的一名普通工人被提拔为车间质检员，其实就是现在的质检工，还是工人编制。但这一职位的变动，却使我平生第一次接触到什么是“产品质量”。在担任质检员期间，我发现车间自上而下，质量意识都非常淡薄，工人以随意的态度来对待自己的工作，有章不循、无章可循的现象比比皆是，什么对客户负责呀，用户就是“皇帝”呀，连听也没有听过。超差的不合格零件，车间主任说过就过，哪个官大哪个说了算，反正是计划经济，你爱要不要，不要拉倒。

那个时候，整个车间只有我一个质检员。我白天工作，晚上就着手整理和制订有关质量的规章制度、质量标准以及相关的工艺要求，还把车间的质量现状、影响质量的原因以及质量整改的措施和办法写成材料上报到厂部，得到厂领导的重视和支持。之后，我便开始大胆工作，不合格的零件坚决报废，谁讲情也没用，既然委派我做这项工作，我就必须对产品质量负以全责。开始确实也得罪了不少人，纷纷到厂长那里打小报告，但我还是顶着压力坚持住了，工人也慢慢地适应了严格的检验，从此我们厂产品的质量得到了显著的提升。

当然，在严格要求的同时，我也经常和工人一起研究如何改进产品质量，从机床的性能选配、加工方法、加工工艺直到操作技术等，甚至包括如何看图、识图等，而这恰恰正是青年工人所缺乏的，我就手把手地教他们，得到了工人们的好评。

在检验岗位又做了一年半左右的时间，由于“表现突出”，把我调升到轴承车间（农用轴承）当技术员。现在工科大学生到工厂一报到就是技术员，而我从参加工作到当技术员却花了近四年的时间。但我认为，这几年的时间并没有虚度，通过与工人一起劳动、学习，学到了很多在学校根本学不到的实际知识和操作技能，这些知识在后来的产品设计、技术革新和企业管理中发挥出重要的作用，而这些知识正是当今大学生所特别缺乏的。比如以前在学习齿轮设计时，什么是“修正齿轮”呀，什么是齿轮“根切”呀，认识很模糊，通过实践才恍然大悟：啊，原来是这么回事。

由于当时是计划经济时期，企业要购买设备都要凭计划指标，而我们这些山区小厂根本就列不上计划，要用只能自己动手做，如当时做轴承急需的“扩孔机”、专用磨床等专用设备都是自己与工人一起用土办法自制的。

在轴承内外圈的车床加工时，劳动强度最大，工人每加工一个零件，就要松紧夹具一次，一天下来要几百次上千次。我观察到车床在加工产品时高速旋转产生很大的离心力，于是产生了灵感：能否利用这种离心力来产生夹紧力呢？于是，就和工人一起研究，我画出了设计图纸，经过反复试验，终于成功制造出“离心式自动松紧夹具”。这种夹具不需人工夹紧或松开，只要机床一转动就会产生离心力，通过里面的构件自动地把工件锁死；加工完成后，机床停止转动，离心力消失，锁夹力也随之消失，零件就能轻松取出。这一创新成果在当时国家机械部的刊物刊登过，产生了很大的反响，全国各地都纷纷到我们这个偏远山区小厂学习取经。这也可能是我后来所创立的科技创新“三部曲”，即“观察＋灵感＋实验”的最初版本吧。

后来，由于工作的需要，先后调到车间当副主任，生产科副科长，质检科副科长，技术科副科长。有人问：为什么你老是当副的呢？因为我当时还不是党员，按当时当地的规定，科级以上的干部不是党员的只能当副职，正职一般由复员退伍军人来担任，他们都是有多年党龄的党员，虽然他们并不太懂技术和管理，但毕竟人家是党员，是你的上司啊。还好，他们一般都有自知之明，思想工作由他们负责，业务交我来管。

在当车间领导期间，因为手中有“权”，各种机床都归我调配，我就利用这个机会，以“权”谋“私”，努力学习各种机床的操作技能，白天工作忙，就利用晚上时间，哪台机床空着就上哪台，一来可以加工产品，增加产量，二来借此提升操作技能。不到三个月，我就把各种机床，包括车、刨、钻、铣、磨等设备的操作摸得滚瓜烂熟。

当时，少数工人还带有“文革”残留的无政府主义和“造反精神”，有时安排他们的工作，就借口说我这台设备做不来而拒绝工作。由于我当时已熟练掌握了这些操作技术，这种借口哪能骗得了我，马上对他说，“你说加工不了，我来做给你看”，并立即做示范，那个工人无言以对，只好乖乖干活……，从此，就再也没有人敢随意违抗我的工作安排了。

在“文革”中，由于批判“资本主义”、“割资本主义尾巴”，把过去建立的一整套行之有效的规章制度砸烂了，什么“生产第一”、“奖金挂帅”更是连提都不敢提，工人的积极性调动不起来，看着干着急。一次，眼看着任务泡汤，我当时就萌生变相承包的念头，心想，我这也是想尽快完成任务，虽然做法上不合“时宜”，但总不能抓我去坐牢吧。于是，我背着车间主任和厂领导，搞了一个变相承包，把平时人均完成的数量作为基数，在此基数上每人增加25%的任务量，谁先完成谁先下班，虽然没有奖金，但能提前下班，也是一个不小的诱惑。这一招果然奏效，最终任务提前完成。当时，厂领导问我为什么原以为完不成的任务反而提前完成，我还不敢把变相承包的事如实反映，只是谎称，由于我们在“战前”做了大量的思想动员工作，加强了“斗私批修”的学习，提高了认识，工人干劲倍增，所以能提前完成任务，仅此而已。

粉碎“四人帮”之后，工厂的各项工作也逐步进入正轨，改革的春风吹遍神州大地，为企业带来了生机，过去不敢想的事现在敢想了，过去不敢做的事现在也敢做了。1982年，上级在我们厂推行民主选举厂长的试点，经过员工的投票，我几乎是全票当了厂长，并开始转产矿山机械，工厂也改名为矿山机械厂，并从原来百色地区行署企业变成广西机械厅直属企业。现在，有些年轻人，大学毕业参加工作，就想找一个舒适的单位，舒适的部门，即使本身是技术出身的，也不愿意深入车间一线，有事没事待在办公室里。我经常告诫这些青年朋友，你们搞技术的必须深入一线，向实践学习，向工人师傅学习，只有这样，才能学到很多书本上学不到的东西，学到真本领，才能激发你们的创新灵感。如果整天待在办公室里，舒服是舒服，但是到来头会一无所成。任何人成功的背后，都需要经过勤奋的努力，必须要吃苦耐劳。当然，通过勤奋工作所创造的价值并不完全属于你。但是，通过勤奋所造就的吃苦耐劳的精神，与基层打成一片的品格，以及通过勤奋所积累的经验却完全属于你，谁也拿不走的。为此你将会在人才市场中更具吸引力，你的发展，你的成功，将比别人有更多的机会……所以，勤奋的最大受益者其实是你自己。

想想我当年，如果开始时不愿当工人，或者干活偷懒，不吃苦耐劳，能提你当质检员吗？如果没有在质检岗位上的积极努力和工作经验，能提升你当技术员吗？如果前面的工作没有做好，没有打下良好的基础，能叫你当车间主任吗？车间主任都做不好，能叫你当生产、质检、技术的科长吗？没有这些扎实的基础，后来的选举大家能选你当厂长吗？

当然，要勤奋，又要吃苦耐劳，你的付出会比别人更多。但是，任何的付出都是为你的前途和成长积累资本，国家或者企业付给你的报酬固然是金钱，但你在勤奋工作中给予自己的报酬却是宝贵的经验，良好的技能以及由此陶冶出来的品格，这些东西与金钱相比，其价值何止百倍？现在的勤奋工作，不能只为了现在的回报，也是为了将来。人生不是只有现在，还有更长远更辉煌的将来。如果一个人只盯着温饱，胸无大志，那他得到的回报只能是温饱；同样，如果只盯着眼前利益，目光短浅，那么他得到的也只能是眼前利益。

第二章　崭露头角

——“三把火”烧出了什么

1982年，大约在冬季，通过职工民主选举，我居然当上了厂长，从此走上了长达 30 多年企业主要领导人的“不归路”。当时对于还不满 37 岁的我而言，跨越式地走向主要领导岗位，集各种权利于一身，压力之大，责任之大是可想而知的。根据当时工厂的实际情况，我抓了三件事：纪律、产品、销售，这也算是“三把火”吧。

1982年，大约在冬季，通过职工民主选举，我居然当上了厂长，从此走上了长达30多年企业主要领导人的“不归路”。当时对于还不满37岁的我而言，跨越式地走向主要领导岗位，集各种权利于一身，压力之大，责任之大是可想而知的。幸好，我从基层的工人做起，又担任过除财务之外的几乎所有部门的中层领导岗位，有较好的基层管理经验，故而上起手来也并非“没门”。

然而，职务变了，地位也随之而变，在上级的任命书上，明确我的干部级别为“正县级”，这在当地来说可不是一个小“官”啊。我觉察到，原来跟我关系密切的同事，好像变得客气起来，原来无话不谈，现在却变得讲话谨慎，而更多的人见到我不是点头，就是微笑；更有甚者，一些人即使忙于干活，见我走过去，也不约而同地回过头来表示关注。见到这种现象我心里很不是滋味，他们以前可不是这样的呀。我明白了，由于地位变了，员工对我的态度也悄然改变，这不能怪员工，应从自身的言行举止来检查。如果老坐在办公室内，局限于办公室——会议、会议——办公室的小天地，就很容易和工人产生隔阂，长此下来，就会脱离群众，员工也不会跟你讲真心话，这对工作的改进、企业的发展都没有好处。于是，一有空我就往车间跑，和工人、技术人员一起研究如何改进技术、工艺和产品质量等问题。还经常与他们一起劳动，粗活、重活我都干，并立下规定，科室干部每星期必须要有一天参加劳动，员工很快就认识到我还是以前的我，并且愿意把心里话掏出来和我交流。从此就养成了我日后经常跑车间、跑基层的习惯。直到在格力时，有些人到办公室找不到我，就猜想我准是又跑到“下面”去了。

摆正了位置，我的威信也在员工心中逐步树立起来了。我认为，作为一个领导，威信是必不可少的，没有威信，别人不把你当一回事了，你的决策也难以贯彻执行。但威信是怎么来的呢？不是上级给的，不要以为上级一纸任命，当上了一官半职，你就有威信了。有些人官很大，但没有威信；有些人官很小，甚至连官也不是，却威信很高。当然，更不能靠摆款、摆架子，或者动不动就训人、骂人来树立威信，越是这样，别人就越不买账，你的威信就越树立不起来。那么，靠什么呢？靠的是你的努力，你的所作所为、言行举止，靠的是你的能力、魅力，是否廉洁奉公，是否办事公道等等，只有这样，你的威信才能在员工中一点一滴地树立起来。如果群众喜欢你、仰慕你、敬佩你，你就能在群众中树立良好的威信，你的话群众才愿意听，并愿意照着去做。

人们常说，新官上任都有“三把火”，我的“三把火”是什么呢？上任伊始，千头万绪，该做的工作很多。根据当时工厂的实际情况，我抓了三件事：纪律、产品、销售，这也算是“三把火”吧。

为什么首先拿纪律开刀？当时的状况是“文化大革命”无政府主义的余毒还在少数员工中存在，纪律意识淡薄，工厂不是有章不循，就是无章可循。一些员工视规章、纪律为儿戏，上班迟到早退，出勤不出力，甚至工厂为了保证产品质量而制定的加工工艺，也可有可无、形同虚设。工厂下发的关于加强纪律的文件有些人竟然拿来垫屁股。当然，这也是少数中国人的“固有”习性。不是吗？就有这样一些人，不让抽烟的地方他偏抽，酒后不能开车他偏开，不能随意丢垃圾他偏丢，规定不能做的事他偏做……，作为工厂，它是一个大集体，各种层次的人聚合在一起，必须要步调一致，相互配合才能完成各项任务。如果没有铁的纪律，就是一盘散沙，有令不行，有禁不止，最后什么也做不成。当然，对员工的纪律教育是必需的，但对某些典型事例的处罚也是必不可少的，它能起到“杀鸡儆猴”的效果。于是我决定从纪律抓起。

我记得，典型是从“芒果”开始的，有人问，这“芒果”也与纪律有关？有。因为当时厂房道路两旁种满了芒果树，一到季节，枝头上挂满了果子，可谓是一道亮丽的风景线。百色的气候特别适宜芒果的生长，芒果又香又甜，员工都渴望收成后能分上个十斤八斤的，但是以往芒果还未成熟就被偷摘了一半。于是工厂发文，树上的芒果一个也不能偷摘，就是熟了掉在地上也不能捡，违者每个罚款一元（当时的一元钱可不是一个小数），并取消分果资格。公布发出后，一些员工一开始抱着观望的态度，但谁也不敢做“第一个吃螃蟹”的人，后来见没什么动静，胆子也就大起来了，跃跃欲试。其中就有一个厂级领导的儿子，仗着他老子是资格老的厂领导，带头偷摘，被群众举报。开始我也觉得挺为难的，处理吧，他父亲是厂级领导，论职务，我虽然是他的上司，但论年龄、论资历，我是“小字辈”，而且以后还要在一起共事，低头不见抬头见。不处理吧，员工就有了“示范”，有了“榜样”，这样一来，当年的芒果不但保不住，而且还让员工看我的笑话，认为我们的规定不过是一纸空文，以后的决定还有谁听呀？思前想后，必须处理！就是顶着巨大的压力也要豁出去。

我找来保卫科科长，吩咐他到所在车间，突击检查每个员工的工具箱，果然发现某位厂级领导的儿子的箱子里藏有七个芒果，人证物证俱在，于是按规定作了处罚，这下子全厂可炸开了锅："连厂级领导的儿子都敢处理，那我们算老几？"从此，就再也没人敢偷摘芒果，即使熟了掉在地上也无人敢捡，以免节外生枝惹来麻烦。我记得，当年芒果成熟时，每个员工分到30多斤果子。大家个个笑逐颜开，一致称赞当时处理得果断，处理得及时得当。其实，芒果被偷摘现象不仅我厂有，就连行署大院的芒果也保不住，记得那年百色地委需送一批地方特产——芒果上北京，也是到我厂来"借"的。

抓纪律的第二件事是开除了一名连续无故旷工20多天的员工。本来，按国务院颁布的职工管理条例，连续旷工15天以上就可除名。为谨慎起见，在做出除名决定前，我们把所有的手续都按规定做"足"，但事情并没有想象中那么简单。不久，一张张申诉书摆上了我的案桌上，而且还是用打字机打出来的。在当时，有条件使用打字机的都是"非富则贵"之人。于是，我便吩咐人事科查一查这个员工是什么来头。一查，糟糕！他的舅舅竟是百色地委的一名副书记，我顿时感到像捅了个马蜂窝似的。但是，"生米已成熟饭"，总不能收回"成命"吧。如果收回，又怎么向职工交代，以后的决定还会有人听吗？果然没几天，行署人事部门来了两个人，直奔我办公室，动员我收回决定，并把那个员工接回工厂，说什么他还年轻应该重在教育等。我说他违反国家的有关规定是铁板钉钉的事实，而且他的除名是经过职代会代表讨论通过的，不是我一个人的决定（当时对于员工的除名是一件大事，按上级规定须经职工代表大会代表讨论通过，后来才逐步取消这一规定）。如果把他接回来，我无法向职代会交代。他们见我"不好使"，就以威胁的口吻说："那我们就仲裁你们收回。"我这个人历来最致命的弱点就是“吃软不吃硬”，一听他这样说，我也火了，大声地说：“如果你们敢仲裁，我就敢把这件事捅到自治区去。”最后，他们只得很不情愿地走了。过后也没收到他们的所谓“仲裁”，我也没受到什么纪律处分，唯一的处罚可能就是上级工会曾连续两届推荐我获“全国五一劳动奖”被卡下罢了。

通过这两件典型事例的处理，广大员工已经认识到抓纪律不是虚晃一枪、做做样子，而是真刀真枪、敢于啃骨头、敢于碰硬。从那以后，违反纪律的事极少了，工厂的指令能很好地及时贯彻执行，真正做到了有令则行，有禁则止。

通过这两件事，我也从中得到了教育和启示：做任何事情要想成功，看准了就一往直前，坚持到底，绝不半途而废，不能打退堂鼓。因为，成功往往产生于再坚持一下的努力之中。

第二把火“烧”在产品的整改和开发上。产品是企业收入的主要来源，甚至是唯一来源，也是企业赖以生存、职工赖以养家糊口的根本。产品不好，没人要，产品单一，又剥夺了客户的选择权。总之，没有产品就没有收入，企业就会陷入困境，甚至关门倒闭。可以说，企业因产品而兴，也为产品而亡。

有些人把企业不好归咎于销售不好。究竟是先有产品后有销售，还是先有销售后有产品？换句话说，究竟是产品促销售还是销售促产品呢？我觉得这个问题与“鸡”和“蛋”的关系有点类似，也就是说先有鸡还是先有蛋。这里，我们不去讨论这个老到掉牙的问题，我只知道，蛋能否孵出小鸡是由鸡决定的，下蛋多少是由鸡决定的，蛋的质量好坏，消费者喜不喜欢还是由鸡决定的。因此，从这个意义上来说，我认为应该是前者而不是后者。产品质量好，安全可靠，销售和广告才能在此基础上扮演重要角色。前面说的所谓“有产品”并不只是“有没有”，重要在“好不好”，是单一规格还是多个规格。有些企业，品种规格不多，甚至产品还未成熟，质量问题多多，就大吹大擂，强制推销，结果事与愿违。有些企业，即使原来的销售渠道就已打开，红红火火，但后来由于出现很多产品质量问题，消费者也不得不把它抛弃。如上世纪90年代初有一个做“三株口服液”的企业，当时销售红红火火，天天在央视黄金时段做广告，照理说根本不存在销售问题，但后来由于出现了重大质量事故，最终销声匿迹了。2008年三鹿奶粉事件相信大家还记忆犹新，也是红红火火，但出了个“三聚氰胺”事件，害了那么多婴儿，最终号称品牌价值149亿元的“三鹿”奶粉，一夜之间消失殆尽。这样的例子还可以举出很多，这是多么惨重的教训啊！

既然我们的产品是面向矿山机械的，就不可能只是单一产品，而应该是成套产品，我们完全可以开发出不同规格的系列产品以满足客户的需求。于是，我们便加大开发系列产品的力度，从原先只有螺旋输送机这个单一产品，几个规格，开发了斗式提升机、链板输送机、滚筒输送机、皮带输送机，以及集尘器、选矿用的振动筛等十多个品种、数百种规格，基本上满足了客户各种用途的物料输送和常用的矿山设备的需求。

与此同时，加强了产品的质量管理，强化各种管理制度，特别是建立健全质量保证体系，保证每个环节、每个步骤、每个零件、每个产品的质量从原材料到成品的全过程都处在可控的范围内。还特别加强了产品的可靠性工作。产品的可靠性非常重要，遗憾的是，不少企业却往往忽略了这一点，而国家针对产品可靠性方面也没有指定检测，更没制定出相应的检测标准。但我认为，在某些情况下，可靠性甚至比性能还重要。产品不可靠，使用不久就出现问题，就算性能再好也无济于事。我国的机电产品与先进国家相比较，往往不是输在性能上，而是输在可靠性上，这也是为什么客户更青睐进口产品的主要原因之一。不能简单认为产品出现问题以后，帮助客户修理就可以了，这就好比是你自己开车，到荒山野岭的地方车子却抛锚了，你等着修吧。对于我们的产品，一旦出现问题，随时可令客户停工停产，损失巨大，最终对产品和企业失去信心。

1982年初，我参加了母校华南理工大学在广州举办的可靠性设计培训班，对产品的可靠性认识有了进一步的了解和提高。

上任后，我就开始加强抓产品的可靠性工作。因为我们的产品在使用中是连续作业的，一环扣一环，只要有一台设备故障，将会影响前后的工艺流程，乃至全线甚至全厂停产，非同小可，不能忽视。

可靠性与产品设计、生产工艺、检测和材料有着极大关系。前面几项只要加强技术管理就能处于可控范围内，但是材料就比较复杂。因我们厂与钢铁行业打交道较多，仅仅钢材的牌号就多达几十种，从低碳钢到高碳钢及各种合金钢，不同牌号，其性能差别很大，绝对不能混淆。但是这些不同牌号的钢材外表却都是一模一样的，难免在仓储、运输、生产过程中混淆，从而对产品的质量和可靠性造成极大的危害，以往也曾经出现过材料混淆的情况，使零件过早出现磨损或断裂。

为此，我加强了理化检测实验室的建设，购进所需要的仪器设备，对每一种进厂的钢材必须再次化验检测，重新标上牌号，严格分类摆放，使每一种钢材的标注与牌号完全一致。事实上，在加强建设理化检测实验室时，也受到过质疑，因为当时厂里资金运营非常紧张，在这个节点上再投入资金，压力肯定不小。但后来证明，这个投入非常有必要，由于我们注重了产品的可靠性工作，使产品无故障运行时间更长，这也是我们与其他同类产品的主要区别之

在百色矿山机械厂电大毕业班上与百色地区领导和学员合影，作者在二排左五

一。最直接的效果则是大大减少了客户因维修而消耗的时间，提高了他们的生产效率和经济效益，得到客户的好评。

第三把火，就是销售了。我厂地处山区，交通不便，天时地利都不占，客户一听我厂所在地是连地图也难以找到的百色，先是一愣，接着就怀疑这样的山区工厂是否有能力生产这样的大型矿山设备。如何使客户了解你、信任你，并愿意购买你的产品，的确是摆在我们面前的一道难题。

那时，工厂连发工资都困难，哪有钱做广告呢？即使派大批业务员到全国推销，差旅费也是一笔不少的费用。当时，正值“文革”结束不久，整个社会处在拨乱反正之中，平反冤假错案工作如火如荼。我发觉社会上有一个怪现象，一些在“文革”中的受害者或其家属，对曾经整过别人的人心存怨恨，于是故意编一些故事，以匿名信形式寄到有关部门，八分钱邮费就可以把你搞得团团转，折腾老半天。于是从中得到启发，我们是否也可以用这种低成本的方法进行产品宣传呢？别人的八分钱是为了发泄，我们八分钱是为了宣传。于是，便立即组织人员把我们的产品信息、资料、型号规格等，有针对性地寄往全国各地，并把客户使用过我们设备的好评以及赞扬我们的锦旗拍成照片一并寄出。因我们的产品有固定的目标群体，即相关厂矿，且当时全国与我们产品关联的厂矿只有几千家，因此不难办到。于是每天安排专人寄送这些资料，有的厂矿还不止寄一次，而是每月都寄，直到他们下订单为止。

这一招果然奏效，不久就陆陆续续收到各地的回函，有的询问产品的详细资料，有的表示对产品感兴趣，有的就干脆寄来合同下单。对于来函，我们都一一作了详细的答复，重点客户则直接派人上门服务。不到两个月，就签订了大量的供货合同。员工有活干了，还有了稳定的收入，心中充满了希望，工厂也很快扭亏为盈，并且自建厂以来首次发了奖金，成为当地第一批发得起奖金的企业。

从此，工厂进入稳步发展时期，我们抓住这个大好时机，狠抓企业各项基础工作建设，完善各项规章制度，特别强化了企业管理、技术管理、质量管理等工作，建立健全质量保证体系，把各项基础工作做得扎扎实实、有声有色。销售额以每年50%的幅度增长，利税在当地名列前茅，1985年被评为“广西先进企业”，同年又获得“广西名牌产品”称号。一次，全国人大副委员长朱学范来访，听了我的介绍后，挥笔写下“边陲一枝花”的题字，这是中央领导给我们的最大鼓励和鞭策。

至此，企业的各项工作似乎开展得不错，但对我来说，始终有一个问题围绕着我们，那就是如何进一步提高企业的知名度和

作者在百色矿山机械厂与工人代表开座谈会

客户的认知度。知名度不高，很难让客户跑到这个交通不便的山区来订货，但要提高知名度，让客户和同行关注你，企业总得有一两样拿得出手的、值得一“吹”的东西。论历史，我们没有人家悠久；论牌子，没有人家名气大；论规模、销售额，也没有北京、上海、芜湖的同行大。从哪里突破呢？我仔细研究了竞争对手，分析了他们的长处和短处，发现他们都是老国企，竞争意识不浓，自恃皇帝女不愁嫁，很少主动出击揽生意，等客户上门的多，因而即使历史悠久，但销售区域的覆盖率始终不高，最好的也只能覆盖全国二十五六个省份。我想，如果我们率先实现覆盖全国所有省份，也不失为一个“吹嘘”的由头，而我厂当时就只差西藏了，能否取得突破呢？

一天，机会终于来了。西藏拉萨水泥厂欲订购一批设备，通过他们的驻京办事处发函给我厂，接到信函后，我立刻意识到这很可能是试探性的，即寄给我们的同时也寄给其他同行厂家，于是决定第二天立即派人坐飞机去北京，直奔他们的驻京办。果然不出所料，驻京办的接待人员对我们的迅速到来十分惊讶，说其他企业还没有反应，你们的人却已经跑到这里来了。由于捷足先登，加上我们的诚意，最终拿下了这批合同。因这批货要得急，回来后立即组织生产，加班加点日夜赶工，很快完成了任务。

按原计划，这批货应先用火车运到青海格尔木，然后转汽车，经青藏公路这条干线到达拉萨。不巧，临近春节，所有车皮均已爆满，此时，对方也来函催货，无奈之下，我做出了一个大胆的决定，干脆派人用汽车经云南直接送达拉萨。经了解，这条线路虽然比青藏公路短，但非常难走，路窄不说，还经常发生雪崩和泥石流，但为了信守合同，按时把用户急需的产品送往目的地，不冒险也别无选择了。于是便组织了一个车队，共六部大卡车，为表示隆重，还专门为车队举行欢送仪式，为他们壮行。幸好，他们不负众望，历经千辛万苦克服了种种难以想象的困难，如期把货送到目的地，来回经历了七七四十九天（真的是这样，一天也没少）。得到了用户的好评，还设盛宴招待他们，席间上了很多萝卜青菜（听司机说，那里的青菜比肉贵），又给我们送来了一面大锦旗，这回可真的是有“牛”可“吹”了。

事实上，这批设备的生产加工，加上运输成本，我们亏大了，但我觉得很值，因为我们从此有了一项全国第一：产品销售率先覆盖了除台湾省外的所有省、市、自治区，而其他同行就始终不敢说这句话。

我认为，一个企业，哪怕是一个小企业，要敢于领跑，敢于领先。当然，领先并不容易，但必须要有这种意识。领先不一定要是全能冠军，也可以在某一个方面，比如某一项技术，某一项工艺，某一项材料等。正如我们这个山区工厂，既然不能全面领先，在销售面、销售区域上领先也不失为一种突破，它能使客户、同行对你刮目相看，大大提高企业的知名度和品牌形象。如1986年广西几大矿山机械企业成立一个“广西矿山机械成套设备公司”，大家就一致推举我这个山区厂长出任第一届董事长。

通过区域的突破，百色矿山机械厂成为行业内唯一产品覆盖全国的企业，我们不再是名不见经传的山区厂了。她像山沟里飞出的金凤凰，飞出了百色，飞出了广西，飞向全中国。

第三章　打回老家
——开启事业新航程

企业一把手至少必须具备三项基本条件：正直、能力、勤奋。正直，即对人对事忠诚，心怀坦荡，不做居心叵测、损人利己的事情。要勇于担当，敢于承担责任，不能有功劳自己先占，有错误全推给别人。能力，要不断学习，善于学习，积极开拓，勇于创新，遇到困难和挫折积极面对，不找借口，能发挥好一个引领者和组织者的作用。勤奋，任何成功都要付出辛勤的劳动和汗水，作为带头人，你必须做好比平常人少休息，少了很多家庭和生活乐趣，而又要做出更多的牺牲与付出的心理准备。

正当企业红红火火，社会一片赞誉之时，我却作出了一个令企业和员工震惊的决定——离开百色，回到珠海老家。很多人对我的这一举动不甚理解，疑惑我怎么能忍心丢下自己一手创建起来的企业，放下好端端的厂长不做，并丢下十多年朝夕相处的部下和员工而“离家出走”呢？其实，当时我的心里也很乱、五味杂陈。

回顾在广西18年的日子，我完成了一个从“文弱书生”到“娴熟工人”，到技术员、工程师，再到企业的各级管理者的角色转变，而百色矿山机械厂磨砺了我性格中最主要的元素——创造性改变命运的能力。

虽然在百色的工作干得有声有色，但毕竟珠海是我土生土长的地方，那里有我年迈的父母和亲人。在那个年代，交通十分落后，我记得有一次，父亲独自从珠海乘船到百色来看我，转了好几次船，足足花了九天时间。身在异乡的我，由于交通不便，加之工作繁忙，18年来未能回老家过一次春节。眼看家中的父母渐渐老去，风烛残年，我内心的焦灼感与日俱增。

当然，珠海还有我小时候一起到海边钓鱼和玩耍的“小伙伴”，以及读书时朝夕相处的老师和同学。成立特区后，更有来自全国各地的特区建设者，火热的建设场面也令我归心似箭。

珠海过去是一个小县，人口不到十万，由于内地居民不能随便前往，处于交通末梢，但其地理位置独特，毗邻港澳，依山傍海，汇珠江出海口，环境十分优美，而且还有丰富的历史人文，孙中山原配夫人、民国第一任总理唐绍仪、中国留学生之父容闳、中国共产党早期主要领导人之一且为工人运动领袖的苏兆征、中国第一个乒乓球冠军容国团等均是珠海人。我家的祖屋就坐落在拱北口岸附近。记得小时候，没有高楼的阻隔，澳门晚上五彩缤纷的灯光照亮了家乡的黑夜，澳门的景色近在咫尺，却又远在天涯。

我出生在一个菜农小家庭，是地地道道的农民儿子，父亲自年轻时从广东新会移居珠海，就一直在此落脚为安，没有离开过。记得小时候家里很穷，住在茅草房里，全家仅靠两亩多地种菜为生，一遇台风，就会把地里的蔬菜刮得稀巴烂，导致颗粒无收。我从懂事开始，就跟着母亲挑着扁担到澳门卖菜，直到1952年“封关”为止。

由于社会和经济的差距，澳门的生活水平要远比珠海好，很多童年时代的小伙伴一个个地冒险偷渡去了澳门、香港，有的还远走海外他乡，另谋高就。我记得刚上初中一年级时，全年级共有三个班，每个班60多人，挤得满满的，加起来有近200人，但没过多久，就发现今天这个位置空了一个，明天那个位置又空了一个。到了初三，压缩成两个班，学生总数也只剩下60多人了。

我有一个很要好的同村同学，平时一起上学放学，一起钓鱼、玩耍。到了初中二年级，一天，他突然约我和他一起偷渡，说留在家里似乎看不到前途，不如到那边闯一闯，我还以为他开玩笑，便随意回答：“我还想继续念书。”因为当时我看了不少名人和科学家成长的奋斗史，我总坚信：成功可以靠勤奋来争取，命运可以通过努力来改变，未来可以依赖知识来实现。可第二天不见他约我上学，问他家人才知道昨晚就已经“跑”了。

之后，正是这种对知识的渴求和改变命运的朴素信念让我加倍努力，刻苦学习，成绩在班里名列前茅，最终以优异的成绩考上了华南地区理工科的最高学府——华南工学院（现华南理工大学）。当我拿到录取通知书时心里暗自高兴：幸亏当时没有跟我的同学一起偷渡，否则哪有上大学的机会。

谁知大学刚上了一年，国内就发生了意想不到的巨大变化，当年的远大理想、雄心壮志被“文革”砸得稀巴烂，我们所见到的是一批批老师、教授戴着高帽游街示众，受人尊重的知识分子顷刻间变成了“臭老九”和“反动学术权威”。特别是毕业时当接到去百色穷山区工作的分配通知书后，浮想联翩，回忆往事，又觉得后悔不已：当时如果跟同学一起偷渡那该多好，现在可能又是另一种生活了。

然而，历史的长河往往在不知不觉之中出现了转折，想不到“文化大革命”经过十年动乱后会如此收场；想不到父亲的冤案还能得到彻底平反，我这个“可教育好的子女”终于也能抬头做人了；更想不到邓小平这个总设计师会妙手绘制出如此宏伟的改革开放蓝图，就连珠海这样的小地方也会成为我国最早的四大特区之一和改革开放的热点城市。当时就下定决心，有朝一日为家乡的美好前途，为祖国的特区建设出一把力，流一把汗。然而，一个在职厂长，上千号人看着你、跟着你，抛下他们而“出走”，于心何忍，又谈何容易？

矿山机械厂曾多次变换过上级主管，开始是百色地区行署管辖，后来自治区机械厅收回，1986年初自治区又把厅直属企业下放到省内中心城市。比如同属机械厅的六家企业中，广西水电设备厂（在河池）下放到南宁市，广西第一机床厂（在宜山）下放到桂林市，玉林柴油机厂（即现在的玉柴集团公司）下放回玉林地区，而百色矿山机械厂根据自治区的意见，考虑到交通不方便，决定把我们下放到南宁市。为此，百色的一些领导很是不快，认为我没尽到努力去争取，甚至有更难听的话："你喝的是我的水，吃的是我的米，用的是我的电，为什么就管不了你。"我跟他们解释，这完全不关我的事，自治区决定前也没有征求我们的意见。

不过话说回来，事情的发展总是两头走的，这件事的发生对我的调离未必是坏事，加上以前所开除的旷工员工，对上面某些人也多有冒犯，再者，我这个人一旦工作，就全情投入，只要对生产经营有利的事情都认真去做，哪怕仅为了拉住一个客户，也可以花很多时间，做很琐碎的工作，但就是不愿多花时间和精力与上级拉关系，除非有重要的事情，否则极少登门拜访。由于这样，与领导的关系自然就不那么"亲密"了。搞上层关系一直是我的弱项，我总觉得，既然领导信任我，把我安排在这样的岗位上，我就要对领导负责，只要努力把工作做好，就是对上级最大的回报与感恩，何必有事没事就往上面跑呢？

我这个人喜欢讲真话，不喜欢讲漂亮话，更不喜欢讲假话。讲真话有些人不喜欢听，讲漂亮话又解决不了问题，讲假话更是害死人，那么只好少说空话，多干实事。而到后来，"少说空话，多干实事"也就成了格力企业文化的核心。

两千多年前，司马迁就曾说过："千人之诺诺，不如一士之谔谔"，意思是说，很多人讲恭维、奉承的话，不如有一个人讲真话，直言不讳。企业如果"诺诺之音"成风，办事缺乏主见，吹牛拍马，唯上和盲从盛行，这样的企业是注定要失败的。"谔谔之音"才是企业的希望。

我看不惯那些为了讨好上级，奴才相十足，并专门揣摩领导的意图，看看他们喜欢什么，不喜欢什么，还专门编一些好听的话语来糊弄、取悦领导，以便从中实现一己私利的人。对这些人，我会始终保持高度的警惕。

为了尽快调回珠海，我决定向行署递交辞职和调动报告。但两个多月过去了，杳无音讯，真有“遥望东城烟雨，犹如海市蜃楼”之感。

接着，我开始找组织部，部长找我谈话：“我们知道你从广东沿海开放地区来到百色山区，18年来确实是不容易，你看这样行不行，如果觉得在企业待久了，想换一下工作环境，到行署来怎样？”我说：“到行署来干什么？”他说：“按照你的资历和能力，看看能否争取安排一个副专员（相当于地级市副市长）级别的职务。”我一听吓了一跳，以我的性格，直来直去，说话不拐弯，也不会察言观色，只会埋头苦干，这种性格干企业还可以，如果让我到行政单位，还不等于“送死”？前两年机械厅也来考察过，欲拉我到机械厅，就被我拒绝过。

我早就知道广西民族自治区的干部政策：一般行政一把手，必须是壮族或其他少数民族出身，否则只能当副职（党委系统除外）。组织部长平时与我关系不错，我就逗他：“副的不想当，要么就当正的。”他问我是否为少数民族，我说祖宗十八代都是汉族，他说那就不合规定了。我说这是跟你开玩笑的，什么正的、副的都不想当，我只希望你高抬贵手，放我回老家吧。

后来，我又只好找李兆焯专员（后来出任广西壮族自治区主席和全国政协副主席），他刚上任不久，虽然对他的了解也不多，但交谈中我觉得他是个开明的领导，实事求是，体恤别人的难处。我把情况向他汇报后，他说对我的情况略知一二，也表示理解，并表示非常希望我能留下，我所提到的实际问题他也会考虑的，最后说了一句：“你走了谁来接班呀？”我听他这么一说，知道有“料”到，便立即说：“请您放心，我一定会把接班人给你们推荐好，使矿山机械厂的事业能继续发扬光大”。

接下来我开始寻找接班人，作为一个企业，选好掌门人是第一要务，企业的兴衰成败，跟企业一把手有着“洗不清”的关系。

我认为，企业一把手至少必须具备三项基本条件：正直、能力、勤奋。正直，即对人对事忠诚，心怀坦荡，不做居心叵测、损人利己的事情。要勇于担当，敢于承担责任，不能有功劳自己先占，有错误全推给别人。能力，要不断学习，善于学习，积极开拓，勇于创新，遇到困难和挫折积极面对，不找借口，能发挥好一个引领者和组织者的作用。勤奋，任何成功都要付出辛勤的劳动和汗水，作为带头人，你必须做好比平常人少休息，少了很多家庭和生活乐趣，而又要做出更多的牺牲与付出的心理准备。

三项之中，第一项最重要，如果不具备第一项，那后两项反而会害了企业。因为不正直的人，会随时为了一己私利背叛企业，或以权谋私。这种人一旦掌握了权利，就会忘乎所以，做出一些违反常规的出格行为，甚至使企业走向衰败，这样的例子实在不少。

当然，人无完人，我们也不能求全责备，即使有些缺陷，也要用其长处。有些人可以成为一个好帮手，负责某一项工作，发挥其专长，但如果不具备这三项，就难以成为一个好的掌门人。

找谁接班呢？我想到了前任厂长胡建平，在我被选为厂长前，他曾经担任过一段时间的厂长，我上任后，他变为副厂长兼总工程师。他是50年上海交大毕业的老知识分子，安徽人，为人正直、憨厚，又有专业知识，他很乐意帮助别人，但从不接受别人馈赠，哪怕是一小袋水果，可以说，老知识分子的优良传统都能在他身上找到。唯独家庭出身不好，是地主。可能是历次政治运动给“整”怕了，胆子较小，做事说话比较谨慎。也许是家庭成分的拖累，他工作的单位最先是国家水电部，后下放到广东，再是南宁，但还没完，1970年又被贬到百色。我曾跟他开玩笑：人往高处走，你也往高处走，只不过你是往海拔高的地方走。说真的，我很感激

2004年格力电器四期竣工剪彩时邀请胡建平夫妇前来公司参观

他，尊重他，从他身上，我不但学到了很多做人的道理和处事的规矩，在技术上他也会毫无保留地把他的经验和教训传授给我。我们这代人，在“文化大革命”期间东奔西跑，学到的专业知识本来就少，虽然后来拼命恶补，但工作起来还是不踏实。每当我设计完一个项目，我就主动地虚心找他提意见，他会耐心地对我的设计进行审查，指出其中的不足，并提出很多中肯的建议。在他悉心帮助和指导下，我的设计能力提高很快，不久就能独挡一面地完成复杂的项目设计，成为“文革”后我厂第一批也是最先一个晋升为工程师的，不久我就当上了技术科科长。

胡建平是我一生中碰到的第一个贵人。

任何成功人士，在他努力的道路上，一定会有很多人给予这样或那样、有形或无形的帮助。因此，在取得成功之时，切勿忘乎所以，把一切功劳据为己有。当然，成绩的取得与个人的努力分不开，但与社会各方的理解、友情、帮助、教诲、启迪，以及前人的经验、失败、教训等等也是分不开的。看准了接班人，我就积极动员胡工“二度出山”。还好，工厂经过这几年的经营建设，打下了良好的基础，各项工作有条不紊地推进，企业在行业中也很有名气，经济效益名列前茅。为了此事，我曾多次找他谈话，好说歹说：“就算是帮兄弟一把吧。”胡工终于答应了。第二天我就去找专员，把胡工的情况向他做了汇报。其实，他们之前也是这么想的，真是不谋而合啊。

两个星期后，我的调动报告终于批下来了，拿到报告书后心里真是百感交集，从毕业到离开百色，18年了！这18年是我生命最宝贵的时光，可以说把整个青春都奉献给了百色老区人民，无怨无悔。

临别，工厂为我召开了隆重的欢送会，我在会上的发言感动了许多人，厂办公室记录整理了会议全过程，过后还寄给了我一份，幸亏当时收藏好，最近经过整理，抄录如下：

今天这个会很特别，不是欢送我到自治区或北京参加群英会，也不是欢送我更高一级的升迁，而是送我“回老家”。首先，我要感谢所有员工，感谢曾经并肩战斗过的同事们，特别是要感谢“二度出山”、接手矿山机械厂的胡建平厂长。在过去的日子里，是工厂、是你们赋予我最有意义的收获，把我带入知识的殿堂。说真的，能够为这样一个充满生机的企业掌舵，是我一生的荣幸，也是极好的学习、锻炼和奉献的机会。我在矿山机械厂倾注了全部的心血和追求，融入了所有的甘苦和忧乐。回首这段岁月，虽然经历过太多的坎坷与曲折，遭受过太多的艰难与险阻，但我和所有员工一样，从未有过丝毫懈怠与退却，当我离开你们时，心情难以平静，苦辣酸甜，感慨万分！

如今，矿山机械厂经过全体员工的打拼，业务发展突飞猛进，被评为广西先进企业，还被誉为“边陲一枝花”，这些成绩的取得，应归功于全厂上下的戮力同心，顽强拼搏，归功于我们整个班子的精诚团结，开拓进取。如果说我在其中的作用，只是集中大家的智慧，凝聚大家的力量，发挥一个引领者和组织者的角色。然而，人无完人，在六年的厂长期间，我一直诚惶诚恐，一定还有很多做得不够、考虑不周的地方，还有很多解决不及时、处理不妥当的问题，一定会留下一些不足与遗憾。同时，也难免做了一些过激的事，说了一些过激的话，可能给某些员工造成不快甚至伤害。如果因我个人原因留给企业的遗憾，留给员工的抱怨，在此表示深深的道歉！并乞求宽恕。我会把这些教训带到新的工作单位，并引以为戒。

很快就要离开大家了，十八年的冬去春来，风雨同舟，共同留下了奋斗的足迹，留下了深厚的情谊，虽然人将离去，但心不会带走，我将一如既往，永远想念着你们。最后，让我由衷地说三句话：我衷心感谢矿山机械厂和每一位员工；我深情的怀念百色这块我曾经工作过十八年的热土；我真诚的祝愿矿山机械厂在新厂长胡建平的领导下，在全体员工的努力奋斗下，未来会更加美好！

会场上，气氛热烈，掌声、欢呼声、笑声、哽咽声久久回荡。

第四章　二次创业

——“烂摊子”也会有破局之道

为了“翻身求解放”，我要求公司上下，不分领导员工，人人穿一样的工作服，只要有突击任务，不管粗活、重活，科室干部都必须先放下手上工作，积极参与。有一次，二楼的货物堆放满了，影响了周转场地，又没电梯，搬运工人手不够，于是科室干部纷纷放下手中的工作，与搬运工一起把货物搬到一楼。当时，我也穿着工作服，像个老师傅一样，扛着一大箱货物，动作自然没年轻人快，下楼时，跟在我后面的员工大喊：“前面的师傅走快点”。

百色放行后，我也接到了珠海的接收函。上世纪80年代以前，工作调动算是一件大事，必须有新单位接收，原单位放行，才能通过组织部或人事部门正式办理调动手续。在此之前，我已和珠海组织部联系过调动事宜，珠海组织部看了我的简历后十分重视，专门派了两名人事干部到广西实地考察。他们到了工厂后，不巧我在外地出差，那时通讯落后，无法与我取得联系，他们只好找别人了解一下情况，看看工厂，感觉还比较满意。珠海人事部门便决定把我安排在珠海经济特区工业发展总公司（格力集团前身）。该公司直属当时的市经委领导，是以工业为主、工贸结合的大型国企工业集团，旗下有纺织、机械、电子、房地产、进出口贸易等产业，鼎盛时下属有60多家企业。由于当时上马的项目很多，急需一批有实践经验、有管理能力的干部来支撑这个局面，我正是在这样的大环境下被接收进来的。

离开百色时，我只收拾了一些衣物、书籍、工作笔记和资料等，其他如家具、坛坛罐罐、家用电器等，全都送给了左邻右里。

说起家具也不少，有衣柜、橱柜、饭桌、沙发、茶几等，这些都是自己平时利用休息时间，买木料亲手制作的。连台灯、电熨斗、收音机等，也舍不得花钱买，只买些零件自己装配制作。因为我是工科出身，平时也喜欢“动手动脚”，便置办了整套制作工具，加上在车间多年，动手能力较强。家具不但“自作自受”，还为个别同事制作。2002年我回到百色，遇见一位交警队长，他主动说道：“朱叔叔，你还认得我吗？我是百矿某某的儿子，你当年为我家制作的饭桌，我父亲还在使用呢。”听了这番话，着实感到特别亲切和激动。

1988年春节刚过，我便去总公司报到，但人事部门负责人却对我说：“你的工作安排还未定下来，这里有一套桌椅，你先在这里看看文件，了解一下公司的情况，有空到下面企业走一走，看一看。”就这么一等，几个月过去了，很是无聊，想与别人聊天又怕影响别人的工作，想到下面走走，人家又不认识你是谁，好几次连大门也不给进。我第一次感受到被冷落的滋味。

有些人追求那种“一张报纸，一杯茶”的清闲工作，而我可能是平时忙惯了，反觉得难受，如坐针毡。当你把工作当成是一种乐趣时，工作就是一种享受；当你把工作当成一种负担时，工作就成了苦役。

我心想，我在百色好歹也是一个能引起关注的“人物”，但到了珠海，我却成了一个默默无闻的“小卒”，心里很不平衡，整天闷闷不乐。但是，仔细想一想，这种烦恼其实还是自己造成的，是思想、位置没有摆好的结果。

百色虽然干得不错，但在珠海谁认识你呀？况且，即使以前干得再好，那也是过去的事情，已成历史，这一页已经翻过去了，必须做好“清零”行动，一切从头开始。

对待历史，有往前看的，也有后看的，往后看是留恋过去，往前看的是要走向未来。人生就像一条没有回程的单行线，沿途的风景再好，也就是过眼云烟，能让你走向辉煌的，不是回头欣赏过去，而是勇敢地接受未来。

现在的清闲，不正是学习的好机会吗？于是我找来很多企业管理的书籍，中央对特区各项政策的文件，以及回顾一下十多年的经验、教训等。我想这些对以后的工作定会有帮助。

1988年5月，终于有一天，老总把我叫到办公室说：“经研究决定让你去冠雄塑胶厂任总经理。”

我说：“那里不是已经有了总经理吗？”

他说：“原总经理是技术出身，论技术，他是一把好手，但不太合适做企业管理，从1985年建厂以来该厂一直是亏损的，需要尽快扭亏为赢。”

我说：“我过去一直是搞金属加工的，与钢铁打交道，不熟悉注塑呀”。

他说：“工厂全是进口的先进设备，这两年也引进了一批大学生和有专业的工作人员，你下去主要是从管理的角度加强一下领导，相信你能够做好的。”

我当时也没多考虑，反正去就去，总比闲着好。

就这样，我又进入了一个对我来说全新的，而且是陌生的行业，是考验也是挑战。其实，人生就是由一个又一个、大大小小的考验与挑战串联而成，每次接受挑战之后，总会学到不少东西，总会留下经验或教训，成功或失败，这就是人生的精彩。

聘任书下来后，一些熟知冠雄的人私下对我说：“有没有搞错，这样的厂你也敢去？你要是去了，保证不出三个月你会灰溜溜地逃出来的。”难道真的有这么严重吗？经初步了解，这个厂从老总到工人，大部分是四川人，工厂小饭堂也是以川菜为主。由于长时间没活干，员工养成了懒散的坏习惯，个别年轻人闲得没事，还常常惹是生非、吵架打架。一些头脑灵活的工人利用珠海的地域优势，上班报到后便溜去拱北口岸收购旅客从澳门带过来的洋烟，然后寄回家乡倒卖，每条烟差价十元，每天允许寄两条，这样一个月下来就有600元的收入，这对当时只有一两百多元工资的普通员工来说无疑是一笔可观的收入，这种状况对员工有很大的诱惑力，更增加了管理的难度。

上任后，我首要做的工作是调研，上至领导班子成员，下至普通员工，我都找他们谈话。从调查中了解到，这个企业也曾有过短暂的红火期，生产很饱满，可惜好景不长，由于管理比较混乱，质量、服务上不了轨道，甚至有时仅仅为了一些小事而得罪了客户。据了解，当时有一家叫“金海”的电视机厂，是上海金星电视机厂与珠海合资办的企业。开始时把整套塑料件放在冠雄生产，效益很好，是一个长单，大单。一次，金海领导来冠雄走访，也不知为何原因有所得罪，一气之下，金海就把全套模具撤走了，就好比“肉在嘴里刚嚼出味来，可一下子又被人拿走了”。

企业如此现状，该从哪里下手呢？员工组织纪律差，与我刚上任时的百色矿山机械厂相类似，但性质却不一样，百矿是有活没人干，冠雄是有人没活干，前者属于“有章不循”，后者属于“无章可循”，就算把员工一个个拉回来，又干什么呢？总不能关在厂里你看着我、我看着你过日子吧，更不能像以前一样，搞政治学习，斗私批修吧。在与员工谈心的过程中，了解到他们的基本面是好的，文化素质不低，都有一定的技能，他们从内地来到特区，都想干一番事业，都希望有所作为。之所以造成这样的局面，主要是工厂的责任，就是我们领导的责任。

当务之急是“找米下锅”，把设备动起来，有了活干，抓纪律就是顺势而为的事。我当即叫来业务员带路，登门拜访，敲开了金海老总的家门。“我这次是专门来向你赔礼道歉的，过去多有得罪的地方，我已经调查了解清楚，也对当事人作了批评教育。不管是什么问题，责任都在我们身上，证明我们的服务意识不强，客户至上的思想淡薄，作为领导，我有不可推卸的责任。”

见我开门见山地道歉，金海老总也不好意思地说：“我们也有做得不到位的地方。”

我接着说：“我知道你们是一个老牌的电视机生产厂家，非常注重产品质量，我们这些先进设备正好能满足你们对品质的追求，希望你们不计前嫌，携手合作，共同为提高我国的电视机水平而努力，我一定会竭尽全力把产品做到最好，希望你再给我们一次机会，只这一次。”

我就这样低声下气地检讨与劝说，他见我态度诚恳，说话在理，与前任有所不同，在态度上有些松动。我赶紧趁热打铁：“如果今后再次出现类似的问题，你可以跟我没完，唯我是问。”终于，他被打动了，答应先拿回一副模具试试。当时我心想，只要他愿意给回模具，就是磕头作揖也无所谓，自己的面子不重要，企业的面子才是重要的。临走，他再三交代，这个零件很急，希望我们尽快打出来。

第二天下午快下班了，才接到金海送来的模具，我立即组织人员加班上机试模，而我一直守候在注塑机旁，到晚上八点多，终于把零件打出来了。有人说，这么晚了，干脆第二天送检吧。我想起了金海老总的话，二话没说，骑上自行车，带上零件就往金海跑。9点左右到了金海，正好老总和工程师也在现场，他们检验后很满意，没有任何注塑缺陷。我便立即赶回工厂，连夜组织生产，第二天下午就交出了第一批货。

正是由于我们为客户着想，急客户所急的精神，有求必应的服务态度，改变了冠雄以往的形象，打动了金海上下人员。不久，就陆续地把以前拿走的模具又一副一副地调回来。冠雄又开始有活干了。加上新扩展的收录机、电风扇、洗衣机的塑料加工任务，80%的注塑机又开动起来了，不久，仓库传来了塑料原料快要“断炊”的消息。当时，原料不难买，尴尬的是没有钱。初步核算一下，要20万元才能满足近期的资金需求。人在穷的时候，一分钱也要掰开两瓣用，这“大拿拿”20万，去哪儿找？于是我就跑到工行，希望他们能支持一下，谁知没说上几句就被他们轰出门口，还恶言相向：“你还想要贷款，以前借的钱还没还呢，我正准备起诉你们。”

做企业这么多年，我还是第一次听到银行要起诉我们的愤怒声音。

有人提醒我，这里与内地不同，贷款要先与银行搞好关系，拉近距离。我说：“好主意，东西送不起，吃顿饭总可以吧。”于是就请银行领导吃饭，谁知一去又碰了一鼻子灰，人家不赏脸、不领情，推托没时间。真是上天无路，入地无门。我第一次体会到“杨白劳捧着瓦罐喝卤水”的心情。

在走投无路时，抱着病急乱投医的心态，我与财务主管又跑到农行试一试，因为过去与农行借款不多，因此留下的“劣迹”也较少。我们找到了农行第二营业部，接待我们的是一位姓张的女士，交换名片后知道她是主任。我对她说：“过去我们穷是因为没活干，今天辛辛苦苦找来了活却又没钱干，真的很憋屈。现在，全公司上下都憋着一股气，希望这次能翻身，个个抢着加班加点，没有加班费，只发包方便面，可他们已经很开心了。面对这样的情景，我这个新上任的老总很心酸，觉得对不起他们，对不起企业，更对不起上级对我们的信任，我觉得我有责任带领员工打好这一仗，为国家创造价值，更有责任养活这个企业。”张主任见我文质彬彬，态度真诚，说话诚恳得体，长相也可以，不像个“恶人”，于是答应积极为我们联系。最终，不知道她们是有先见之明，还是吃了“豹子胆”，竟敢借给我们20万元。现在这20万元自然算不得什么，但当时可是救命钱啊！现在格力市值上千亿，如果追根溯源，这20万就不能不说是重要的源头啊。

事物的发展总是令人难以想象，谁也想不到，后来格力真的做大了，发财了，银行的存款也不断增多，多的时候账上有几百亿的现金，银行一见就“流口水”，原先不愿贷款的银行也积极与我们拉关系，经常派人请我吃饭，我也用同样的“口吻”对付他们，“对不起，没有时间”。唯独农行例外，我是始终不敢怠慢半点，做人应知恩图报啊。

钱一到账，立即组织进货，原料从香港提货，为了争取时间，我亲自跑到香港督阵，因为当时出境控制很严，全公司只批准了我一个人持有港澳通行证，香港那边的很多事情都交由我办理。到了香港，见到我们的原料还堆放在仓库里，没人装车，要请人就得拿出现金来，否则就要慢慢等。由于当时外汇管制很严，每次所带的港币现金只够简单的食宿。无奈之下，我只好当起了搬运工，几十包的塑料原料（每包50公斤），硬是被我一包包扛上车，终于赶在断料前到达工厂。

想起当初确实不易，说起来也不怕别人笑话，那时甚至在香港买一个零配件也要自己亲自办理。记得有一次注塑机的一根轴坏了，要到香港采购，这根轴看起来不大，但“死铁一块”，也有百把斤重，采购地点在香港新界大埔，需经地铁运到中港城客运码头，但从采购点到地铁站有近两公里的路程，没钱“打的”怎么办？心想，不就是一两公里吗，老子当年“文革”串联时，还背着背包从广州走路到武汉呢。于是把心一横，扛起来就走，没想到“死铁一块”，越走越沉重，开始还能走上三四百米歇一歇，之后一两百米歇一下，最后是几十米，快到地铁站，十几米就得停下来歇歇。

但是，不管多么狼狈，几经周转，这根“死铁”最终还是“老老实实”地被我弄回冠雄，使注塑机得以及时修复运行。

在这个世界上，你要想有所作为，光有才能不行，有才能的人比比皆是；光有天赋也不行，天生聪颖的人也不少。只有毅力和决心才是无所不能的法宝，成功人士之所以少，就是太多的人缺少了这个法宝。拿前面两件事来说，它不需要什么才能，也不需要什么天赋，它只需要决心与毅力。

榜样的力量是不能小觑的，企业在创业阶段，很多条件都不具备，是最艰难的日子，领导必须吃苦在前，享受在后，与员工同甘共苦，领导的带头示范作用是员工能否看到企业未来的信心保证。为了“翻身求解放”，我要求公司上下，不分领导员工，人人穿一样的工作服，只要有突击任务，不管粗活、重活，科室干部都必须先放下手上工作，积极参与。有一次，二楼的货物堆放满了，影响了周转场地，又没电梯，搬运工人手不够，于是科室干部纷纷放下手中的工作，与搬运工一起把货物搬到一楼。当时，我也穿着工作服，像个老师傅一样，扛着一大箱货物，动作自然没年轻人快，下楼时，跟在我后面的员工大喊：“前面的师傅走快点。”我知道是冲我喊的，赶紧加快了脚步。

当时的冠雄，纯粹是一个配件厂，没有自己的产品（哪怕是给别人配套的产品），企业的经营完全依赖于别人，别人有饭吃时施舍你一口，没有就得挨饿。当然，加工配套在整个社会经济中是不可缺少的，但在当时急功近利的大环境下，主机厂更多的不是看中你的质量，而是看中你的价格，因此，企业很难有大作为。难道就没有别的路可走了吗？一天，我把其他领导叫来，对他们说：“企业这样下去不行，究竟出路在哪里，我们应该到市场中找答案。企业的一切都应立足于市场，产品也一样，从市场中来，又回到市场中去。我们要花几天时间，出去走一走、看一看，窝在工厂里什么事情也做不出来。”

于是，我们走访了珠三角多个县市，发现当时有一种产品——塑料电风扇（简称“鸿运扇”）很畅销，这个产品除了电机、电容、电源线外，全是塑料件，很多乡镇、村办企业和个体户都在生产，生产场地也十分简陋，一幢破房子，几张旧桌子，雇佣几个工人就干了起来，而所有的零件都是外购的。想到这里，脑子灵机一动，对！就做这个——为他们提供成套的塑料件，这也是我们的拿手好戏，虽然这些还不是最终成品，但毕竟是我们自己的产品，我们可以根据市场的需求，该做多少就做多少，爱卖给谁就卖给谁，再也不怕别人因价格问题或一时不高兴把模具撤走，断了财路。

从珠三角回来后，立即组织实施，我亲自跑到香港、澳门，走遍了各大小电器行，挑选了六七款风扇样板，再逐一征求客户的意见，并根据客户的意见作了一些改进，最终选定了其中三款进行开发。

开发产品，首当其冲是模具制造，模具设计人员接到任务后，都非常兴奋，终于可以拥有自己的产品了，个个干劲十足，不分白天黑夜，累了就在办公室打个盹，饿了吃包方便面，晒图的地方不够，洗手间也派上用场，很快就把模具图纸设计出来。接下来，模具工人开始加班加点赶制模具，本来要五个月才能完成的任务，而我们只花了三个月就干完了。

从此，我们总算有了属于自己的产品——风扇塑料件，并很快打开了市场，还一度出现供不应求的局面。

由于这一决策的成功，当年就减亏了一百多万元，到了第二年，即1989年便扭亏为盈，历史性地赚了宝贵的77万元，虽然这70

多万元看起来是少了一点，但它却标志着冠雄历史的转折，凝聚了全体冠雄人的辛勤与汗水，对全体员工是一个巨大的鼓舞，大家对企业的未来更加充满了信心。

接下来，我们的“野心”也越来越大。既然人家乡镇企业、个体户什么都没有，在简陋的条件下还能做风扇，而我们的条件比人家好多了，又有全套塑料件，为什么我们就不能做呢？我把我的建议和其他领导商量后，他们也一致赞同。于是买回来电机、电源线等试制电风扇，并组建了简易的生产线，很快第一批电风扇产品应运而生，销售也不错，除广东外，还销售到广西、湖南、湖北、四川、重庆等地，取得了良好的经济效益。从此，企业不断发展壮大，效益也显著提高，到1991年，利润达400多万元，人均赢利达2万多，在总公司名列前茅。

建厂初期，为提高员工安全防火知识，特进行有奖测验。这是在冠雄厂门口进行的抽奖仪式

过去曾断言我三个月后会灰溜溜从冠雄“逃”出来的人开始对我刮目相看了，纷纷问我为什么能在这么短的时间就打开了冠雄的“死结”？

的确，在现实生活中，很多时候没有人会告诉你需要做什么事情，应该怎样去做，这些都需要你积极主动去思考，认真寻找问题的突破口，然后发动群众，依靠群众的力量，因为很多智慧来自群众，很多解决办法也来自群众。当然，作为企业的领导，有时为了把事情做好，缺的不是“策划”，也不是“点子”，而是缺乏把事情做到极致的决心与毅力。

有两种人是注定一事无成的：

一种人是除非别人要他去做，否则绝不会主动去做的人；另一种是即使别人要他去做，也马马虎虎，得过且过，做不好事情的人。

只有那些不需要别人催促，积极主动接受挑战，敢于负责，敢于担当，纵使遇到多大的困难，甚至是旁人冷嘲热讽，依然锲而不舍，不半途而废的人，才有机会到达成功的顶峰。当然，在成功的背后，需要你付出比别人更多的智慧、热忱、责任、时间、想象力和创造力。

作为企业领导，特别是企业带头人，为了避免瞎指挥，“乱弹琴”，掌握基本的专业知识是必要的。到了冠雄后，工作环境变了，工作对象也变了，过去所掌握的技术也派不上用场了，必须要更新知识，跟上潮流，也就是现在所说的“与时俱进”。这就需要自己重新学习，特别要掌握与自己企业有关的专业知识，否则就会乱弹琴、瞎指挥。因为当时的主要产品是塑料注件，于是我便找到了高分子专业毕业的科技人员，向他们借来有关的专业书籍，白天没时间，就晚上在灯下一章一章地学习，初步掌握了工业上常用的塑料材料的种类、性能特性、加工方法和加工工艺等，我觉得这对工作很有帮助。

记得有一次，我们从中山“抢回”一副大型玩具模具的注塑任务，客户是澳门一个大玩具商，该客户觉得我们离澳门更近，注塑机又新又好，交货期和质量应更有保证，于是把在中山生产的一副模具交给我们注塑，并再三交代这个零件很急，产品要赶船赴欧洲应对圣诞节，否则要赔偿损失。我当然拍胸口说没问题。但奇怪的是模具上机后怎么也打不出零件，一开模，胶口料就断在模子里面，需用锤子慢慢敲出来，再来一次，还是一样。车间急得团团转，他们急报于我，我到现场一看，一堆人围在那里乱了手脚，七嘴八舌，有说是塑料材料问题，有说是模具问题。我开始也往模具方面想，但仔细一想，这是一副成熟的模具，昨天在中山还是好好的，不可能是“水土不服”吧。我拿起断开的胶口仔细琢磨，果然被我发现一个细节，就是断开截面处周边有薄薄的一层不容易发现的白颜色，联想到注塑工艺书上提到塑料材料随着温度的升高而强度下降，在常温下强度最好，这时断口呈白色。而现在白色只有表面薄薄的一层，可以推断冷却时间不够，就是说表面冷而里面热，因而强度不够，容易拉断。于是便吩咐车间把冷却时间延长两三秒钟试试，这一举动，果然解决了断胶口的问题。旁边的工人和技术人员都对我很是佩服。

这一问题的解决，不管是通过学习有所提高也好，还是瞎猫撞上死耗子也罢，反正我是相信犹太人的谚语：“知识是最可靠的财富，是唯一可以随身携带、终身享用的财富。”

我就瞧不起有些企业领导人，不读书，不学习，以大老粗自居，以外行领导内行为荣。你不懂也无所谓，学习就是了，但他偏要装出一副很懂的样子，对什么问题都乱发一通议论，弄得下属听也不是，不听也不是，这怎么能把企业带好呢？

一个善于学习的人，将终会有好的回报，而且只要愿意学习，身边到处是老师，比自己优秀的人，或在某一方面比自己强的人，都是资源。相互学习，优势互补，取长补短，就能够形成一个优秀的团队。知识和智慧的交换不同于物质的交换，打个比方，你手上有一个苹果，我手上也有一个苹果，两人交换后每个人手上还是一个苹果。但如果你有一种技能，我也有一种技能，交换后就每人都有两种技能了，我们的眼界就会更高，视野就会更宽，解决问题的能力就更强。

有了电风扇这个完整的产品，就得有个名字，即商标，由于当时商标意识不强，又没有太多的时间考虑，只好像农村孩子起名一样随便叫个名字算了。因我厂地处珠海，不知是谁提议叫“海乐”吧，英文名HERO（英雄），我说就这样定了。由于时间紧，连注册商标都未来得及，直接把名字往产品上贴。过了几个月，有人提醒商标还没有注册，万一做出了名堂后被人抢注了怎么办，这才赶紧去注册，谁知却被商标局的工作人员说了一顿：“这个商标别人早就注册了，你们赶紧停止使用，否则别人会起诉你们。”

我们商议后，又定了几个商标名称送去，但都被一一退回，不是这个已经被别人注册了，就是那个名字不能使用，真没想到起个名字也这么麻烦。

时间不等人，一气之下，我找了总经理助理柯勇前（后移居加拿大）、经营部长陈建民（后为格力电器技术副总，现任国家北京家电研究院副院长兼华南分院院长），我对他们说：

“今天咱们什么事也别干了，一心一意想名字，想不出来谁也别下班。”大家找来几本厚厚的字典，有中文也有英文，仔细地翻阅，大约过了一个多小时，陈建民最先从英文字典里找到“GLEE”这个单词，读音“格力”，英文是高兴、快乐的意思。我一看，行，就定它了。“格力”，格外有力？高尚的风格，永恒的魅力？不管你怎么解释，反正就给人一种“男子汉”的气概。拿去注册，很快就注册上了。“格力”终于诞生了！从此，它像一个勇敢的骑士，驰骋在中国和国际的市场上，越战越勇，越战越强，再后来成为了空调行业的佼佼者。

在确定中文名字“格力”时，曾用过多种印刷体，都不大理想，原因是两字的笔画相差较大，一多一少，靠在一起不够美观，有人提议让我用毛笔书写试试看，于是我找来笔墨写了两三个“格力”字样。“力”字笔画少，我有意把那一撇加粗加长，使之与格字相衬，大家评头品足，反觉得手写体比印刷体的刚劲有力，最终选了其中一个，一直沿用至现在。至于后来为什么把“GLEE”改为“GREE”，是基于两个原因：一个是当时没有进行国际注册，“GLEE”在台湾被抢注了；另一个原因“GLEE”毕竟是一个英文单词，拿一个单词做商标总觉不太好，在集团公司的力挺下，把“L”改成“R”，这就是今天耳熟能详的“GREE”格力商标。

“GREE”也有很多想象空间，如在前面加个“A”就是赞赏的意思，在后面加个“N”就变成绿色环保的意思。

第五章　初涉空调
——上马空调的九九八十一难

钱一到手，我立即跑去找总公司领导，笑嘻嘻地对他说："你上次的决定我想了很久，想通了，国内我们不做了，但我还是想专做国外的客户，泰国的客人已看中了这个款式，并下了订单，打了预付款"。他开始半信半疑，立即打电话核实，想了很久，最后说："既然外商已下了订单，打了预付款，也不能不讲信誉呀，那就继续做吧。不过，只能用于出口。"

人过了温饱，就要奔富，企业扭亏后，自然就千方百计谋发展。随着改革开放的深入，人们的思想观念也悄然发生变化，各种大家电已逐步开始进入中国市场，先是洗衣机、电冰箱、收录机、电视机等，到后来是空调、音响设备等……空调曾被人们认为是奢侈品，是享受型产品。过去由于供电的不足还一度受到限制，只有某些公共场所、高级办公室等才能安装空调，然而随着社会的发展和人们生活水平的提高，空调必将越来越多地进入寻常百姓家，成为家电的后起之秀。商家也看到了这一点，当时空调厂家像雨后春笋一样迅速崛起。

既然大家都看好了空调的前景，那么我们能为空调行业做些什么呢？说真的，当时压根就没想到要上空调，因为总公司下属已经有了一个空调企业，叫“海利空调厂”。我们能做的只有凭着注塑的优势，为各空调厂做些塑料件的配套。

可以说，我们涉足空调，是从做空调的塑料件开始的。记得当时我们与很有名气的华宝空调厂、广州的胜风空调厂、上海空调厂等联系协作配套事宜。在我们的不懈努力下，华宝委托我们开发了一整套分体空调的塑料模具，并承诺以后就放在冠雄注塑。经核算，每套注塑件纯利有100元，注塑机“咔嚓”一响，与印钱无异。

当时真的开心坏了，庆幸我们终于找到了一笔好生意，心里暗暗盘算着，如果华宝一年有几十万套空调生产，单空调塑料件我们不就可以净赚几千万？越想心里越美，甚至连晚上做梦也笑出声来。

然而，好景不长，这样的协作才开始不久，一个星期天的上午，华宝厂长黎钢带着两位副厂长一起来到珠海，打电话约我单独谈谈，并请我吃饭。我心想，这样重要的客人本来是我请他们才对，现在却反过来。我当时就觉得他们很了不起，很重情义。席间，黎厂长吞吞吐吐，弯子绕了一个又一个，我当时就猜想是不是有重要的事情要向我说。后来他终于道出了实情：华宝集团和顺德市领导要求他们一定要把模具拉回其集团下属的注塑厂，说是“肥水不流外人田”。他们开始也挺为难的，觉得我们辛辛苦苦把模具做出来，本想通过注塑件赚点钱，而现在却以这样的结果收场，深觉对不起冠雄，因而对上级的指令拒不执行，顶了一个多月，最后上级动了真格，以行政命令的方式，命令他们三天内必须把所有的模具拉回来，否则给予行政处罚，这才顶不住了。

听了这突如其来的消息，先是惊讶，后来沉默了约十秒钟，很快又平静下来了。我想，他们也是不得已而为之，如果设身处地，我也会这样做的。

我对他们说：“你们混到现在也很不容易，不能因为模具问题把你们的饭碗砸掉，毁了你们的前程，既然上级有这样的决定，你们执行就是了，我回去就交代有关人员把模具卸下并清理好，你们可随时派车来运走。”

最后我说了一句：“生意不成情义在嘛。”

他们原以为我听到这个消息后情绪一定会很激动，甚至会有过激行为，没想到我却很平静，更没想到我会反过来安慰他们，这时，我看见黎钢的眼里充满了泪水。

往后，我们与华宝的关系一直很好，即使后来格力也上了空调，成了竞争对手，但还是相互交流，甚至是互通有无。记得有一次格力缺铜管，生产又急，我打电话到华宝求援，他们高姿态地把铜管借给我们。他们缺的东西，我们也给他们及时送去，只可惜华宝后来因改制问题搞砸了，使格力失去了一个友好的对手和朋友。

而现在，企业竞争很多时候已背离了竞争的初衷，一讲竞争，首先想到的是把对手弄死，甚至不惜采用下三滥的手段打击、诋毁对手。你见过有外国的企业在我们的面前攻击过对手的吗？为了竞争，打价格战，成本受不了，就偷工减料、弄虚作假，结果是两败俱伤，这些已不是什么新鲜事了。反观西方国家，竞争是有序的，其目的是通过竞争，最大限度地激发自身的潜能，迫使自己想尽一切办法把企业做好，把产品的技术和质量提高，以超越对手，至少不要被市场淘汰。这样的竞争才是推动社会进步，推动技术进步的真正动力。

虽然与华宝空调的合作没能继续下去，但通过成套空调模具的制作，掌握了空调模具的制作经验，以及平时与华宝技术人员的工作接触中，学习和了解了很多空调生产的知识。如此看来，我们也获益不少。

从“华宝事件”中，我更深刻地感悟到国际歌中一句话：“从来就没有什么救世主”。企业要翻身、要发展，只能靠自己。

企业生存和发展的命运必须要掌握在自己的手中，虽然在某些时候、某些情况下，别人的帮助是需要的，甚至是必须的，但别人的帮助只能把你引上路，不能带你走完全程。不能躺在别人建好的安乐窝里过日子，任何时候都不能放弃自己的主观努力，靠自己才能打出一片新天地。于是，我们决定自己开模。有了自己的模具，看谁还能拿走？

为了开好自己的空调模具，我专门跑了一趟香港，到各商场看了又看，比了又比，最后选定了一款带有流线型的最新设计的空调样机，记得当时花了七千多元港币（后来由于事情多，发票也丢失了，一直没有报销，为此还被老婆臭骂一顿，算是自己给公司的一点贡献吧）。回来后，将空调样机的外形作了少许修改，要求技术员以最快的速度把模具设计出来。我亲自到设计室进行动员，我说这套模具有特殊的意义，它不同于你们过去设计的任何一副模具，它不但影响到公司的现在，也影响到公司的将来，是企业的一个“大饭碗”。因此，你们的责任很重，也很光荣，全公司都看着你们。模具是产品之本，模具的好坏决定了产品的好坏，你们的设计责任重大，总的要求是科学、合理、操作性好。要达到这样的要求，你们必须结合实际，多与模具工人商量，虚心向他们请教，才能设计出不脱离实际的好模具。

然而，事情并不是想象中的那么顺利，正当技术人员加班加点，紧锣密鼓搞设计时，却传来了一个意想不到的坏消息。兄弟厂海利空调厂得知我们也开空调模具，便状告到总公司，用他们的话来说，就是“冠雄把空调塑料件卖给别人，这是帮别人打自己人。”

总公司老总把我们班子成员叫到他办公室，不分青红皂白，大有兴师问罪之势：“海利投诉你们也做空调？”我说：“我们不做空调，只做空调塑料件，因为我觉得我们的优势是模具注塑，空调的注塑件很赚钱，而且空调是一个新兴的行业，我们正准备开一套空调模具，专卖塑料件给各空调厂，我们已联系到多家的买家了，我觉得这个项目对我们的发展很重要。”

“但你们有没有想过这样做会影响海利的生意？”

“怎么会呢？如果海利需要，我们也可以以优惠的价格卖给它们呀。况且市场之大，如果我们不做，难道就没有别的企业做吗？”我也理直气壮地回答。

但是，处在这种等级分明的国企体制下，哪有我们讲理的份儿，官大一级压死人啊。国企就是这样，你样样事不想做是等死，要是积极想办法去做，有时候真的就是找死。

我们只好垂头丧气地离开了总部，心里很不服气，明明是一桩好事，怎么就不给做呢？在回工厂的路上，我再三叮嘱：“今天的事情，只有我们三人知道，回去要绝对封锁消息，如果被技术人员知道了，一下子泄了气，再提起来就难了，设计照样进行，无非是几张图纸，又不花什么成本，先把设计拿出来，等待时机再想办法上”。

过了十天左右，转机终于出现了。那天泰国古煌秀先生来访，他是华裔泰国人，祖籍广东梅县。古先生是泰国一空调生产商的老板，由于世界各地跑，消息灵通，入行多年，对空调的技术和行道如数家珍。一年前，我们曾经给他做过一些空调零件的小模具，由于看中质量和诚信，对我们十分赏识，每次到中国来都尽量抽空到冠雄走走。他到我办公室谈起这次来中国欲采购一些空调零配件。他这句话一下子提醒了我，我立即问他：“古先生，我正准备开一套分体式空调的模具，是为国内空调厂配套的，日后你能否帮衬一点。”他问我空调款式如何，我立即带他去看样机，他对全球空调的状况了如指掌，说这是日本最新的设计，很受欢迎，而且还建议我们作了一些改动。事后他说，如果你们做好了，我一定会帮你们订购一些。

我厚着脸皮顺势对他说：“我现在资金很紧张，你能否先借我一点钱，作为订金，也表示你的诚意。”他二活没说，立刻拉开手提袋，拿出一叠厚厚的美金，一数足有一万元！（当时相当十万人民币）。连个借条也不要，完全出于对我们的信心与信赖。

其实，当时我也不是急于要他的钱，只是想把他拉下“水”，好以此跟总公司“讲数”。

左为古煌秀先生，他是我事业上的贵人，更是格力的恩人

在后来的交往中，即使我们成了国际市场上的对手，我和古先生也保持了深厚的情谊，他做了几十年空调，技术很精通，而这些技术都是他几十年的经验积累，在书本上是根本找不到的，经常会是一些“怪招”。

记得2002年，我们在巴西接了一个著名酒店的分体空调大单，该酒店为了外墙的美观，要求室外机不能到处挂，必须集体安装在一个地方。如此一来，有些空调的连接管就拉得很长，有些甚至长达三四十米，而一般空调的连接管只是3～5米。很多外国知名品牌都不敢接。巴西方面把这一情况告诉我后问怎么办？恰逢当时我正参加一个珠海商贸代表团在台湾的活动，我第一时间便想到了古先生，打电话问他是否有安装长连接管的经验，他说有，最长的安装过40米，而且一直用得很好。我一下子眼睛发亮，感到又有救星了，我赶紧把巴西的情况跟他说了一遍，最后对他说："老朋友，这次你一定要帮帮我。"记得当时古先生正在迪拜出差，他立即结束行程，飞往台湾高雄与我会面，见到他后，我心情无比激动，深感交了古先生这位朋友是我一生最大的荣幸。他毫无保留地把经验全盘倒出来，并画了详细的草图，同时指出连接管走向应注意的事项等等。我把他的经验和草图立即转给了巴西，他们"照章办事"，果然顺利地完成了这一大项目。

只可惜在2010年，古先生身患癌症去世了，之前我也得知他病了，但没想到走得这么快。他病危的消息我们出口部是知道的，但他们却没有告诉我，因而未能到泰国送他最后一程，这是我一生中最大的遗憾。后来我很生气，跑到出口部把他们一个个臭骂了一顿。

话说回来，钱一到手，我立即跑去找总公司领导，笑嘻嘻地对他说："你上次的决定我想了很久，想通了，国内我们不做了，但我还是想专做国外的客户，泰国的客人已看中了这个款式，并下了订单，打了预付款。"他开始半信半疑，立即打电话核实，想了很久，最后说："既然外商已下了订单，打了预付款，也不能不讲信誉呀，那就继续做吧。不过只能用于出口。"

这一刻天全都亮了！心想，只要模具做出来，你还管得着我们卖给谁吗？

这件事再次证明了看准的事情就要坚持到底，锲而不舍，绝不半途而废，绝不轻易言败。也验证了奇迹的出现往往就产生于"再

2003年与巴西格力员工在厂区合影

坚持一下的努力之中”。

后来才知道，海利空调厂曾早于我们也开了一套分体机模具，花了几百万元，但款式老旧，更为严重的是找错了模具厂家，这个厂家没有开过空调等大型模具的经验，在设计时也没考虑到模具在注塑过程中所承受的巨大压力，模具显得很单薄，试模几次均不成功，压力一上去，模具就变形了，根本打不出零件，最后只好报废。

如果不是我们当初顶着压力，想方设法促成模具的开发，至少要耽误八个月以上的时间。时间就是金钱，效率就是生命，在空调迅速发展的90年代初期，这八个多月的宝贵时间或许就是企业生与死，成功与失败的重要分水岭。

正因为古先生的到来，我们抓住了这个转瞬间即逝的契机，开启了模具开发的大门，这才使得两厂合并后有了新的模具可用，才能生产出最新款式的分体式空调，并为我们抢占了大半年的宝贵时间。在这段时间里，我们的新模具大展拳脚，捷足先登，抢得了市场的先机，为企业的发展奠定了良好的基础，为格力做出了不可磨灭的贡献。

古先生也可以说是我人生遇到的第二位贵人。

第六章　扬帆出海
——格力品牌横空出世

为了搞好整顿，不走过场，公司成立了“质量监督小组”，负责监督整顿的全过程，被员工戏称“质量宪兵队”。上至公司领导人，下至普通员工，凡是工作不认真，整顿不力的，“质量宪兵队”都有权处罚。我亲自兼任“队长”。

1991年初，正当我带领冠雄员工踌躇满志，梦想将来能在空调注塑件上大捞一笔的时候，总公司却作出了一个令我意想不到的决定：要我兼任海利空调厂总经理。听到这一消息我有点晕了，突然要我背起一个新的包袱，自然打心里不愿意，加上总公司内部差公司拖累好公司的例子犹在，我也不想让冠雄承担无谓的风险。况且，当的是两个厂长，干的是两个人的活，领的是一份工资，自己又没“分身术”，怕做不好，让领导失望。

按惯例领导先找我谈话，传达总公司的决定，我当即表示拒绝，理由很简单：我不懂空调，怕担不起这份重担，辜负了领导一片好意。第二次再找，我态度依然坚决，“打死也不干。”第三次，领导着急了，使出了杀手锏：“你是一名共产党员，你的职务安排是集团公司党委决定的，有困难可以提出来，但你怎能一而再、再而三地推托呢？”这一招果然厉害，我似乎没有什么还手之力了。的确，自从1982年入党以来，可以说党叫干啥就干啥，而这次却多次拒绝，我也觉得自己有点过分。我对领导说：“既然说到这个份上，我服从安排就是了，不过你要给我一点时间，让我好好准备一下。”但是，哪还有时间让我准备！第二天，聘任书就迫不及待地下来了，我一人兼了两个厂的总经理职务，原海利空调厂的总经理变成了副总经理。因为是“两个厂”，每个厂的人员、业务、财务、核算、账户等均各自独立，井水不犯河水，而我则两边跑，用员工的话就是“东奔西跑”，“上蹿下跳”，两个厂都要兼顾。

历史往往有着惊人的相似。类似这种情况，我已经经历三次了。

第一次，是在百色矿山机械厂，由于民主选举，我当上了厂长，原来的厂长就变为副厂长；第二次，在冠雄，由于总公司调整班子，我当了总经理，原来的总经理成了我的助手副总经理；第三次，在海利，原来的总经理又变成了副总经理。

上任伊始，本来的工作就千头万绪，成堆的问题等待着你去调研、去熟悉、去处理解决，但是，你还得小心翼翼地处理身边的关系，特别是与原领导人的关系，稍有不慎，即使是一句不经意的话语，或一个欠缺礼貌的行为，一旦造成误解，也可能“擦枪走火”，小问题酿成大问题。特别是后两任的原总经理，脾气耿直，是有性格的人物，加上我初来乍到，也没有共过事，彼此了解不多，双方之间在日常工作中，如果没照顾好对方的情绪，我行我素，难免擦出点什么“火花”来。

值得庆幸的是，这“三道关卡”都被我一一冲过来了，并且在后来的工作中，我们成了很好的共事伙伴。

其实，说起来也简单，就是摆正位置，放下态度，彼此尊重。不能因为自己当了一把手就趾高气扬，“老子天下第一”，从而随便发号施令，甚至不可一世，动辄就骂人训人。要给予对方充分的尊重，坦诚待人。

尊重对方，除了尊重对方正确的意见和想法外，还要尊重他们的性格与一些合理的习惯：有的个性急，有的不慌不忙，有的性格内向，有的性格外向，有的习惯于表扬，有的习惯于批评等等，这些都是别人天生的性格，所谓“江山易改，本性难移”，你无需指手画脚，刻意改变。

我觉得，每个人都有自尊心，这是从娘肚子生下来就具有的天性，领导也不例外，他们都有争取社会承认，被人尊重的心理需求。你尊重别人，才有与别人接触和交流的先决条件。在交流中，要让对方有更多的说话和表达的机会，不要随意指责对方这也错那也不成。即使真的错了，只要“无伤大雅”，没有造成不良影响，也要以宽容心态相待。但如果是自己错了，就要老老实实承认，这样才能赢得更多的合作交流机会，赢得对方的好感和尊重。

在交往中，要学会赞美他人，背后不说人短，不要在乎人家怎么看你，也不要期待谁必须对你好，相信自己比依赖别人更重要，用尽心机不如静心做事。人与人相处有时难免多心，心眼一多，许多小事自然就会计较，就会“过敏”。别人多看你一眼，你便觉得他对你有敌意；别人少看你一眼，你又认定他冷落了你。多心的人总是胡思乱想，结果被困在一团思绪的乱麻之中，与其多心自扰，不如宽心豁达。

我之所以能与别人和睦相处，很重要一点是不在乎被人占便宜。俗话说，“吃亏是福”，有些人把吃亏看得很重，吃了一点亏便耿耿于怀。我们能否从另外一个角度看问题，把吃亏作为一种投资，有投资就有机会收获，吃亏越多，收获的机会就越大。而且，你敢于吃亏，愿意吃亏，别人才会接近你，愿意跟你好。

其实，人与人之间，可以近，也可以远；情与情之间，可以浓，也可以淡；事与事之间，可以繁，也可以简。不要苛求别人对你不计较，也不能苛求别人对你没有一点怨言，生活和工作中，总会有人对你说三道四，总会有人对你指手画脚，学会不在意，约束好自己，把该走的路走好，该做的事做好，宽待别人，严于律己，就能解决好人与人之间的很多矛盾，就能团结好身边的同事、工友，心情愉悦地工作。

我之所以能连冲三关的另一个原因是：在与人交往中，非原则问题可以争论，但不以“赢”为目的，真的是别人错了，你让一让也没什么，天下没有十全十美的人，每个人都有自己的思想和观点。让一让，不是一定赞成别人的看法，但这些鸡毛蒜皮的小事，何必要处处改变别人呢？

但在原则问题上，我是当仁不让的。因为这是关乎企业生存和发展的大事，在讨论这些大是大非的问题时，我主张大家放开思想，大胆发表意见，各抒己见，如果有不同意见可以争，甚至可以吵。因为真理不争不明，争论越充分，重大决策失误的风险就越小。一边倒的意见和决策，看似画上了一个圆满的“句号”，将来就可能变成一个大“问号”。

然而，生活和工作中大部分的问题都是非原则性的问题，只有很少一部分是原则性问题，因此，很少有人发现我和其他领导之间因为一些琐碎问题而吵得面红耳赤。身兼两个单位的总经理，工作很累，心更累，因为这是两个完全不同的企业，业务不一样，市场不一样，产品、技术不一样，效益不一样，甚至员工的工资待遇也不一样。我是冠雄出来的，自然对海利就要多照顾一点，以免被别人说是偏心。比如海利的工资标准比冠雄低，我就把它调到与冠雄一样，待人处事小心翼翼，尽量做到不偏不倚，一碗水端平。还好，我在冠雄工作期间，由于员工不多，每个人都认识且叫得出名字，在处理两边事务时不至于“张冠李戴”。这样的工作大约过了半年多，我向总公司建议，是否考虑把两个厂合并，以专注空调的研发与制造，冠雄的长项是模具和注塑，正好可以为空调配套。

其实，珠海市政府和总公司也早有此想法：把两个厂合并，有朝一日把空调做大做强，成为珠海市的一项支柱产业。就这样，1991年11月18日冠雄与海利正式合并，并改名为“珠海格力电器股份有限公司”，此名称一直沿用至今。

至此，格力电器宣告成立，虽然谈不上“横空出世”，但它的诞生标志着格力朝空调航母的方向迈出了虽不是了不起的一步，却称得上坚定踏实的一步，是值得庆贺的一步。这一天，也成了格力电器股份有限公司的厂庆日。

不久，珠海经济特区工业发展总公司也改名为“珠海格力集团公司”，并决定把“格力”商标作为集团公司的统一商标，下属企业均可使用。为此，我的心情很是不快，认为集团下属企业成分复杂，产品良莠不齐，将对“格力”商标造成损害。当时的情况是每个下属企业都注册了自己的商标，集团统一部署后，开始时很多企业拒绝使用“格力”，认为他们的商标的知名度比“格力”高，但随着格力电器的不断发展壮大，“格力”商标的知名度也水涨船高，很多企业从拒绝使用到抢着使用。由于集团的这一决定，也为日后外界所称的“父子之争”事件埋下了隐患。

这一年，我已满46周岁，按常理这已不是创业的最佳年龄了。但出于对工作，对事业的执着，也怀着一颗对上级信任的感恩之心，加上本身又是珠海人，为家乡建设、为改变家乡面貌出一份力、尽一份心，也是责无旁贷。一想到这些，内心就充满了激情，充满了干劲，根本就不去考虑自己的年龄问题，相信在自己的努力下，一定能把工作做好，开创出一片新天地。

合并后，为了使冠雄的人马尽快掌握空调方面的知识，当务之急是要学习、培训。白天工作忙，我们就利用晚上把冠雄的领导、中层干部、技术人员、业务骨干集中在一起，请海利的技术人员上课，我也和他们一样，每人一张小塑料凳，坐在车间的过道上当起

1991年，冠雄与海利合并时留影

“小学生”。我对他们说：“从现在起，我们的工作性质、工作对象都已经变了，今后，我们的产品是空调。作为管理人员、技术人员、业务骨干，如果不懂空调，不了解空调的相关知识，那便是天大的笑话，也无法把工作做好，甚至会被淘汰。在座的都是冠雄培养出来的骨干，大家应该很好地珍惜这一次学习的机会，使自己尽快成为行家里手。”

我还鼓励他们说：“我和你们一样，也不懂空调，不懂不怕，怕的是不努力学习，谁一生下来就懂呢？我们要边干边学，在实践中学，向比我们懂的人学，我要和你们比试一下，看谁学得多一些，学得快一些。”

海利技术员李江云搬来了一台窗式空调（那时还没有生产分体空调），卸下外壳，露出了里面的零部件，开始给我们讲制冷原理、空调的结构，以及各种零部件的作用。

讲到原理，其实很简单，上过中学物理的都知道“蒸发吸热”现象，空调就是根据这一现象使冷媒反复压缩成液体，又反复蒸发成气体，并进行热交换而设计出来的。

总的来说，空调由四大部分组成：两器（即蒸发器和冷凝器），其作用是冷热循环交换，相当于人的肺部；机内各种连接管，把空调的“血液”——冷媒输送到两器中，相当于人的血管；压缩机，为冷媒的输送提供动力，相当于人的心脏；控制电路，控制、指挥、协调各部件的动作，相当于人的大脑。这些形象的比喻深入浅出，通俗易懂，大家容易接受。通过培训班的学习（有人戏称为“黄埔一期”），培养出大批的骨干，这些曾经的“小学生”在后来格力的发展历程中发挥出重要的作用。我记得，当时坐在小板凳上听课的有以下同事。

陈建民，后来担任格力电器技术副总，是格力空调的技术带头人。现任我国家用电器研究院副院长兼华南分院院长，是国家标委会委员，参与空调可靠性标准的起草工作。

郭文峰，后任格力电器销售副总、质量副总，2000年后出任珠海华声集团董事长，现在国内某大型公司担任要职。

庄培，任格力电器副总，主管全公司的产品生产、设备，直至现在。

徐诚伟，后进入格力电器领导层，主管公司的物资供应。

当然，还培养了一大批在各部门和车间担任主要领导的人员。

记得我在当年上大学时，老师曾讲过一句话：“上大学就是培养你们的翻书、学习能力。”当时不理解，到了工作单位，遇到不懂的问题就翻书、学习，还真的既学到了新知识，又解决了工作中的问题。

其实，人的一生中，所经历的事太多，所遇到的问题也太多，所有这些问题，不可能老师都教过，甚至很多问题连书本上也找不到，你必须带着这些问题，在实践中学，边干边学，才会有不断的收获和进步。

成功的人士都是善于学习和提高的，李嘉诚先生80岁高龄还每天坚持学习。在他看来，学习不仅能找到乐趣，而且还能激发思考，开阔心胸，学习使他每天进步一点点，累积起来就使他不断走向新的成功。从空调的知识培训中，我们又一次感受到学习的好处。

海利当时的情况是：厂房面积不到3000平方米，分上下二层，二楼是办公室、安装场地、仓库等，东西堆放得密密麻麻，连通道也塞满了货物和零件，仅有的一条二手的、年生产能力两万台的空调生产线就躺在这里。通道旁边摆上几张桌子，算是部件组装线。一楼是钣金、冲压、喷涂、酸洗等工序的场地，酸洗用的盐酸挥发到车间的每一个角落，一进车间就闻到一股刺鼻的盐酸味，令原本表面好好的铜管、钢板蒙上一层薄薄的绿锈和黄锈。一位美国的压缩机供应商来厂参观后掉头就走，看得出他对我们没有信心。不要说客户缺乏信心，就连我们自己员工的信心也不足，“这哪像是工厂，简直就是大排档”。

由于设备、管理都欠缺，空调的质量自然就难以达到标准要求。我听海利的销售人员说，有一次空调运到客户手中，打开包装箱，里面的铜管竟有一半是断裂的。这主要是焊接不牢，加上路途颠簸所致。据说当时生产的空调普遍存在噪音大、冷量小等毛病。很多时候，用户投诉就以售后服务弥补，于是出现了售后人员满天飞的现象，维修人员不够，技术人员上，技术人员不够，工艺人员上，甚至一线工人也派上用场。

既然海利空调并没有给消费者留下好的印象，我到海利后，就决定把“海利”商标改为“格力”商标。但光换牌子，如果不进行全方位的整顿，等于“外甥打灯笼，照旧（舅）”。当时随着改革开放的进程，空调行业已初显出蓬勃发展的势头，但在前所未有的机遇下，已暗藏着险象环生的市场竞争和厂商暗战。国内如春兰、华宝、蓝波希岛等先行一步的本土品牌已裂土为王，割据天下，还有一批北京、上海、江浙、广东等地的老牌空调也纷纷发力，抢占市场。而国外品牌更以贪婪的眼睛死死盯着中国市场这块肥肉，日资的三菱、松下、三洋、东芝、日立、夏普，美国的开利等老牌空调，悉数抢滩以求分一杯羹。当时，全国大大小小的空调企业已达数百家。

正在襁褓之中的格力，要加入这强手林立，你死我活的争夺战之中，无疑具有很大的风险。在这种情况下，循规蹈矩，死路一条；不思进取，死路一条；不大胆地改革创新，杀出一条血路，也是死路一条。

既然目标已定，就应抓住每一个机会。人生总有两条路，一条是成功，一条是失败，那些懂得抓住机会、创新求变的人总会在人生的道路上，不断前行并走向成功。而那些不思进取、虚度时光的人则只能一天天走向衰败，最终在无奈与惋惜中与成功擦肩而过。

与其坐以待毙，不如下决心整顿，从基础做起。

当务之急是尽快提升空调的质量，建立健全各类规章制度，特别是质保体系的建立。于是我决定停产，开展一次以质量为中心的全面整顿工作，虽然当时的空调供应有点紧张，其他领导也不大同意停产，但我想，供应越紧张，越要尽快提升产品质量，否则，生产得越多，企业死得越快。在整顿工作动员大会上，我布置了整顿的内容、整顿的目的与意义、整顿所要达到的目标与要求等。我对大家说："你们都想企业好，企业好大家才能好，但企业的发展必须要有坚实的基础，合抱之木，始于毫末，九层之台，起于垒土。现在我们停产，好像暂时损失了一些产量，但整顿好了，基础牢了，损失的时间会夺回来的，损失的市场也会夺回来的。"

针对有些人重产量、轻质量的思想，我说："产品质量不好，等于'谋财害命'，你收了人家的钱，却没有提供好的产品，给人家造成了无限的烦恼，若出现安全事故，造成人身伤亡，这不是谋财害命是什么？"

针对一些人急功近利，盲目冒进的思想，我说："磨刀不误砍柴工，我们现在停产，就是扎扎实实打好企业的根基，搞好‘正负零’。通常人们只看到正负零以上的建筑物是多么高大、宏伟，外观是多么漂亮、灯火辉煌，却没有想到，更没有看到‘正负零’以下的基础工作是何等的艰巨、庞大、复杂，而且这些工作即使再苦再累，做得再多，最终也全部埋在地下，无人知晓，更无人欣赏。然而，正是这些无人欣赏的工作却支撑起整座大厦，是楼房的根基，万丈高楼也必须从此起步。”

接下来的工作是发动群众，要求把历年所暴露出来的质量问题一条一条地挖出来，能挖一百条也好，一千条更好，不得隐瞒，不留死角，也不得报喜不报忧。我记得当时一共挖出大大小小质量问题共计四百多个，然后召开“诸葛亮会议”，把所有这些问题进行认真的研究、分析，哪些属于技术问题，哪些属于设计问题，哪些属于工艺问题，哪些属于生产操作上的问题，哪些属于质量检测问题，还有哪些属于管理上的问题，等等。然后组织有关人员，立下军令状，限期解决，否则以渎职论处。确实由于现实条件一时解决不了的，也要对问题的性质充分评估，以不影响质量和使用为前提，积极创造条件加以解决。

为了搞好整顿，不走过场，公司成立了“质量监督小组”，负责监督整顿的全过程，被员工戏称“质量宪兵队”，上至公司领导人，下至普通员工，凡是工作不认真，整顿不力的，“质量宪兵队”都有权处罚。我亲自兼任“队长”。

当时，资金很困难，记得1992年春节快到了，同一栋工业大厦的其他企业员工都发了年终奖，并且手里都提着大包小包的年货，我们的员工看在眼里、痒在心上。我想，年终奖发不起，给员工发点年货高兴一下总可以吧，比如一瓶花生油、几卷卫生纸什么的。可跟财务一说，居然没钱！我不相信，叫人查一查，谁知几家银行的存款加起来还不到几千元，只好作罢。

但是，只要花在整顿上的钱，就是勒紧裤腰带，宁可压缩其他开支，也要想方设法解决，如增加必要的关键设备、增添一些急需的工具和检测手段等。确实买不起，就组织技术人员自行设计，用土办法自己制造。

经过整顿，企业的面貌大为改观，产品质量也得到了消费者的认可，最直接的效果是：市场又重新给了我们机会，消费者又重新给了我们机会。无论做什么，机会很重要，机会来了，成功的道路上就会事半功倍。正因为有了这次机会，使企业度过了消费者的信任危机，才有我们后来科技创新和技术改造的投入，才有一步步做强做大的坚实基础，才有今天家喻户晓的格力品牌。

真是人努力，天帮忙。1992年，空调这一奢侈品在我国迎来了第一个大发展时期，各地空调市场呈现出前所未有的热潮，各企业纷纷开足马力生产，以求抢占更多的市场。但是当时整个空调行业仍在萌芽状态，最大的春兰空调年产量也不过百万多台，全国加起来也不过二三百万台。一时间，市场出现供不应求的状况。那时，产品好坏掺杂，良莠不齐，只要生产出来就能卖掉，根本不用推销。产品价钱也很好，一台普通1匹分体空调能卖五六千元，普通5匹柜式空调甚至高达一万五六。至今回想起来，那真是令人回味和难忘的黄金时代。

当时，格力仍处于襁褓之中，无论从“个头”还是力量都无法与那些身强力壮的牌子抗衡。更为严重的是，格力仅有的一条产量可怜的生产线与市场需求形成了尖锐的矛盾。格力虽然打出了很大的招牌——珠海格力电器股份有限公司，但实质上是一个“三无工厂”：无设备、无核心技术、无配套能力。空调除塑料壳、钣金壳是自己做的以外，其他的零部件全靠采购，一些供应商见我们规模小，还不大愿意为我们提供零件，可以说当时没有一项是属于自己的核心技术。生产场地更是尴尬，通道上摆上几台待安装的柜机就算是柜机生产线，5台柜机足足要花三天时间才能装配完成。

然而，格力从踏入这一行业的第一天开始，就做好打肉搏战的心理准备，大家早已憋着一股劲，开弓已没有回头箭。在这种情况下，勇气、智慧和决心显得无比重要，毕竟狭路相逢勇者胜。

生产线不够，我们就对它进行多次的改造，提高了运行速度，增加了工位和人员，使效率大幅提高。产量满足不了，就以时间来弥补。我记得1992年大年初三工厂就上班了，一直干到八月底，中间没有节假日、没有星期天，24小时三班倒，人停机不停。生产管理人员、设备管理人员、技术、工艺、质检人员随叫随到，只要生产需要，哪怕半夜两三点钟也得起床赶往车间处理问题，等问题处理完毕，再回家睡觉，第二天早上还得按时上班。

当年的五一节之前，大家已经连续干了几个月，工厂考虑要不要节日放假一天，为了这一个不需要讨论的问题，我们却争论了很久。休息吧，客户的合同没法完成；不休息吧，确实对员工于心不忍。思前顾后，最后还是舍不得放弃一天的产量。五一节那天，除了与生产无关的工作人员外，所有的领导、干部带头值班，我是从早上一直在车间与工人干到晚上12点，工人见我们领导处处带头，再苦再累也毫无怨言。

就是那一年，在公司上下员工的奋力拼搏下，硬是在原来只有两万台能力的生产线上，生产出12万台空调，基本上满足了当时客户和市场的需求。也得益于前一阶段的整顿工作，企业的质量管理、技术管理、生产管理等都上了一个新的台阶，空调的质量初步受到消费者的认可与接受，为后来的“大干快上”打下了扎实的基础。

拿破仑说："我们军队之所以打胜仗，就是因为比敌人早到五分钟。"可见，五分钟的提前量，往往就能决定一场战争的胜负。

李嘉诚也说过："要清楚，无论做什么行业，都要比竞争对手做得好一点。有时候，好一点就行，像奥运会赛跑，只要快1/100秒就会取胜。"

其实，我们之前所做的整顿工作，从时间上说，就相当于比竞争对手早到"五分钟"。从工作上说，也相当于比竞争对手做得"好一点"。这"早一点"和"好一点"往往就有可能决定一个企业的成败。

在接下来空调的"黄金时代"渐渐消退，空调市场逐步成熟后，很多空调企业由于缺乏竞争力而退出江湖，而格力却反其道而行之，正是凭着这"五分钟"和"好一点"，在空调市场上纵横驰骋，越做越大，越做越强。

可以说，1992年我们已取得第一个回合的胜利，但在胜利的背后，我们的员工确实付出了很多很多。他们不但付出了辛劳，付出了休息时间，也付出了与家人团聚的亲情。

公司有一对年轻夫妻，他们俩都经常加班加点，家中三岁小孩无人看管，一次父母加班，交代小孩到楼下阿姨家玩，等妈妈回来，小孩等到晚上九点多仍不见妈妈回来，偷偷跑回家，门又开不了，只好挨着门坐在地上睡着了，母亲回来见状，十分内疚，抱起小孩痛哭了一场。有些科技人员为了弄清楚实验过程各种数据的变化，连续两天两夜蹲守在实验室，累了打个盹，饿了吃包方便面，很多干部和工作人员，为了完成一项工作，晚上12点后下班更是家常便饭。这种舍小家为大家的例子，在格力实在太多了。我非常感谢格力员工的忘我精神，格力有今天，与他们的辛勤劳动、艰苦拼搏、无私奉献是完全分不开的。

1992年底，经过创业之初筚路蓝缕、含辛茹苦的努力，格力迎来了公司股份制的建立（非上市股）。乘着股份制改革的契机，我们筹集到2亿多元的资金，这笔弥足珍贵的资金是全体股东和股民的心血，它预示着格力未来数十年的命运：用好了，钱能生钱，实现跨越式的发展；用砸了，对不起股东股民不说，还可能让企业陷入长期的困境，或最终消失在市场的大海之中。

对于刚刚取得第一场战役胜利的格力人，已经尝到了爱拼才会赢的甜头。股份制的建立，既给了我们无限的压力，也同时给了我们巨大的动力。通过两年的打拼，格力已不再是一个无人知晓的空调企业了。随着自身管理的逐步完善，市场销售也不断扩大，此时，广阔的市场空间与自身尴尬的产能，成了最突出的矛盾。古人云："工欲善其事，必先利其器"，我们必须乘胜追击，抢占制高点，就是勒紧裤腰带，也要搞技改。时间不等人，机会一旦错过，就再也追不回来了。于是"抓质量、上规模、深改革，为建设一个现代化的格力而努力"成了格力人的新目标。

经上级部门批准，我们把募集来的2亿多元加上企业所凑到的资金共4亿多元，全部投入到第一期的技术改造中去。

1993年刚过，在南屏一废弃的水泥厂旧址（即现在格力电器总部），圈地12万平方米，炸掉原水泥厂的空窑等建筑物，推平了两个小山头，建起了4万多平方米的高大厂房。

当时，空调生产最大的瓶颈是两器配套，因为自己做不了，全部要从广州等地采购，采购人员日夜守着外协厂，出来一块抢一块，抢到两器就等于有了空调。虽然我们预先从美国订购的两套两器生产设备已到货，但生产车间还在基建中无法使用。车间分两层，一楼为两器生产，二楼为空调总装线。我们天天催施工队加快进度，真是火急火燎。此情此景，最能体会"时间就是金钱"的道理。

在万般无奈之下，一层车间刚刚封顶，急不可待的我们便组织设备进场安装、调试、生产，这样一来，足足抢回了至少三个月的宝贵时间。当时，二楼的基建还在进行中，周围的建筑支架、水泥、沙石砖头等建筑物料堆放得到处都是，还不时有水从头顶滴下，我们的员工想了很多办法，在每台设备的顶部架设防水帆布，每个员工头戴安全帽，脚穿水鞋，身穿防水衣，像一个全副武装的消防员。他们克服了难以想象的困难，解决了一个又一个平时没有遇到的难题，源源不断地生产出高质量的、工厂急需的两器零件，为企业的发展抢得了先机。

1994年11月18日，我们在一片喜气洋洋的锣鼓声中，举行第一期技改项目的落成典礼，出席这次典礼的有大部分市领导、集团公司领导，国内外主要经销商，供应商以及员工代表等。这标志着格力电器已形成了年产100万台空调的生产能力，朝着现代化大企业的目标又向前迈进了一大步。“蜗居”已久的格力人，终于看到了高大、宽敞、明亮的大厂房，无不欢欣鼓舞，经销商也从中看到了希望和前途，对做格力品牌更加充满信心。从此，格力再也不是任人打压，被人瞧不起的“三无工厂”了。

1995年，海尔张瑞敏先生前来格力电器参观访问

此情此景，我心潮澎湃，百感交集，曾经的焦虑，曾经的彷徨，今天终于换来了喜悦。记得1991

年国庆，我第一次下去跑市场。有一天到了南京一个大商场，想向他们了解一下市场行情，顺便推介一下格力空调。进去后见了一位商场的业务经理，当时还是业务员的董明珠向这位经理“隆重”介绍：“这位是格力电器总经理朱江洪”，我向他点头微笑，伸手欲与对方握手，谁知人家看也不看我一眼，不但不与我握手，连请坐也没有，喝茶更是奢望。无奈，只好站着与对方聊。我问他要不要格力空调，他好像没听懂，也可能我的普通话带有广东口音，他说：“我们的空调全部放在一起，没有‘隔离’。”我说：“我们空调的牌子叫格力，你们要不要进一点销售？”他立即反问：“格力？没听过。格是哪个格？力是那个力？”听了这些，我真的非常尴尬，无地自容。

当然，我们不能怪商家，从“海利”到“格力”，我们毕竟是空调行业的新兵，要名气没名气，要产量没产量，只能怪我们自己啊。

这一事件使我悟出了：要想做出一番事业，焦虑是徒劳的，彷徨也是不可取的，唯有发愤图强，改变现状。要想改变世界对你的看法，首先必须要改变自己。无论过去还是现在，也不管在想象中还是在现实中，都要依靠坚忍的意志，锲而不舍的精神，克服种种障碍，才能摘得成功者的桂冠。

第一期改造完成后，我们增添了各种急需的设备，初步建立起科研、产品试验、质量测试的体系，企业在各方面都得到了长足的进步，为企业的腾飞打下了扎实的基础。

第二年，我们又抓紧时机，进行了第二期、第三期的扩建改造，初步形成一个建筑面积达12万平方米、功能齐全的“格力空调城”，并跻身全国空调企业的前列。

1996年11月，格力电器在深交所批准上市，这是企业多年的愿

1996年，时任全国人大委员长乔石同志来格力电器参观

望，格力又向股份制现代化企业的方向迈进了一大步。公司成功上市，对促进企业规模化经营，提高公司的信誉度和知名度方面发挥了独特的作用，并有机会在资本市场进行低成本融资。

为适应企业的发展和国内外市场的需求，2001年，我们又不失时机地进行了规模最大的第四期扩建改造，单期建筑面积就达22万平方米，比足球场还宽阔的车间好气派，拥有20多条生产线，形成了全国单体产量最大的“空调王国”。并建立了以科研开发为核心的三大研究院，各种实验、测试设备一应俱全，其中就包括了投资二千万元的环境试验室，有了它，不出厂门就能在模拟的春夏秋冬、电闪雷鸣、狂风暴雪等恶劣环境下进行各种科学实验和测试。

望着这一栋栋高大的厂房，我浮想联翩，遂挥笔写下《格力四期记》：

岁在两千零一年春，为应海内外市场之需，格力电器于原址之西，移村庄、炸顽石、平小丘，纳地三百余亩，投资七亿有余，兴建中央空调厂房等六座巨厦，面积逾二十二万平方，曰格力四期也。新旧厂房，毗连成片，相互辉映，大道林荫，鸟语花香，气势壮观也。

余观乎，格力电器，搏击市场，征战商海，凡十余年，承蒙各方关怀，商贾呵护，百姓青睐，迅速成长，乃成为国际屈指可数之空调巨子也，更因秉承专业化之原则，做精做强，十载功夫，练就一身本领，造就非凡技术，积累雄厚实力，其竞争力非昔日可比也。

迨四期完成，规模又扩大，设备更精良，锦上添新花，猛虎生飞翼矣！

当今世界，竞争惨烈，企业如沧海一舟，风高浪急，危乎险哉！遂使格力劈波斩浪，冲上世界之前列，扬我中华之气概，告我员工，皆需勠力同心，忠诚企业，友善待人，勤奋拼搏，不断进取，鼓一劲而进千里，泄一气而舟楫摧。

大业尚未完成，同事更需努力！

如今，在珠海总部已完成了第九期的改造，占地面积达1平方公里，厂房面积达100万平方米。此外，还包括重庆、合肥、郑州、武汉、石家庄等几大生产基地和海外巴西工厂，空调的年生产能力突破5000万台套。

时至今日，我还常常与格力的“元老们”聊起当年“激情燃烧的岁月”，个个豪情满怀，都觉得虽然付出甚多，但看到今天全球最大的空调企业在自己手中横空出世，再苦再累也值得。

可以说，格力有今天的辉煌，正是当年第一批探路者和后来者挥洒汗水，忘我耕耘换来的，我向他们致以最崇高的敬意！

2002年5月18日，作者在重庆厂区一期工程竣工典礼上

第七章　精品战略
——左手拿鞭，右手拿刀

对于有关质量问题的处罚，有人说我一改常态，“心狠手辣”。因质量问题，我就曾罢免过好几个中层干部的职务。我曾经说过：“对质量不负责的仁慈，就是对消费者的残忍”。对于有钱人来说，购置一台空调算不上什么，但对于普通消费者来说，这无疑是一项重大“投资”，如果产品老出问题，对他们来说还不是“割肉之痛”？有时候我故意把事情夸大来警示员工：“你生产的空调如果质量不好，弄得消费者苦不堪言，假如人家一时想不开，跳楼自杀怎么办，你难道心安理得吗？”

上世纪90年代初，中国迎来了空调发展的黄金时期，大大小小的空调企业有数百家。春兰、华宝空调双龙戏珠，如日中天；天鹅、宝石花、江南、胜风等老牌空调争相斗妍；海尔、美的、科龙、海信，蓝波希岛等后起之秀，攻城略地，群雄争霸；更有一批有实力、有技术、有品牌的“老外”空调，争先抢滩，利用国人一时崇洋媚外的消费心态，恨不得把国产空调“斩尽杀绝”。那时还处于“社会底层”的格力，怎样才能在厮杀中冲开一个缺口，杀出一条血路呢？这是我不得不面对，而且日思夜想的一个问题。

企业是为了制造产品而生存的，产品的核心是质量。质量不好，产品无人问津，企业就断了收入的来源，再大的企业也将难以为继。因此，我首先想到突围的方式是抓核心、抓质量。心想，只要质量上乘，我就不信你不买我的产品，这可是价值规律啊。

1994年，我在公司大会上首次提出了“精品战略”的构思，历经20余年，如今，一提到格力空调，很多人就会联想到它的产品质量。可以说，格力空调之所以能取得消费者的认可，与我们较早地推行“精品战略”所打下的良好基础是分不开的。

简单来说，“精品战略”就是要狠抓产品质量，瞄准国际上最好的空调，把它作为赶超目标，开展科技创新和一系列行之有效的质量活动，把空调“做精、做强、做大”。

品质是每个企业的追求，谁不想自己的产品顶呱呱，让人交口称赞呢？有些人一谈到产品质量，便口若悬河，滔滔不绝，生怕别人说他不重视质量。但当问到如何提高质量时，声调便立刻低了八度。可见，产品质量讲起来容易，做起来难。

有一件事深深地触动了我。1994年初，我们第一次打入了意大利市场，为了这首批出口到发达国家的空调，可谓“费尽心机”：制定了严格的质量规范，按欧洲标准严格检验把关，合同签订后进行了“战前动员”，生产过程周密组织，选材上严格把关，力争“万无一失”。心想，这样生产出来的空调，不敢说绝好，起码也算得上顶好吧。

到了11月份，我带着几名同事，怀着春风得意的心情访问意大利，顺便还想了解一下欧洲的市场行情。本以为见面后能听到客户滔滔不绝的赞誉声，谁知见面后便被客户臭骂一顿：“你们的空调很不好，声音像拖拉机一样，可把我们害苦了。”这简直给了我们当头一棒，这是怎么回事呢？空调出厂前明明是经过严格的检测，完全符合欧洲的质量标准呀。我叫客户带我们到现场查看，到了现场，开动空调，噪音确实很大，完全超出标准的要求。打开外壳，发现有一条细长的海绵黏贴不牢，一头掉了下来，正好碰到高速旋转的贯流风叶上，发出了刺耳的声音，把海绵重新贴好，噪音便随之消失。

这难道能怪客户不懂得使用吗？空调出厂就应该是完美的，任何的纰漏都应当是我们的责任。贴海绵在整个空调生产过程中，只是小事一桩，过去根本没有人会在意它，但贴得不好，到了客户手中就有可能成为大问题，如果处理不及时，小小的海绵完全有可能把客户丢掉。

由此看来，质量管理千万不要小看这些“小事”，小不改则乱大谋，做产品就得“吹毛求疵”，从小事做起。

作者在一次质量整改会议上讲话

然而，我们中一些人最讨厌的就是客户“鸡蛋里挑骨头”。有一次在公司的质量座谈会上，出口部人员抱怨外商很“刁”，验收时左看右看，想方设法从鸡蛋里挑出骨头来。我对他们说：“你们搞错了，不是客户有意挑我们的毛病，是市场和消费者迫使他们这样做的，客户能挑出我们发现不了的毛病，我们应该感谢他们才对，我们能做好，也可以做好，为什么不把产品做到无可挑剔呢？你们也是消费者，难道你会挑选有瑕疵的产品吗？”

乔布斯认为：“当对自己要求更高，并关注所有细节后，产品就会和别人不一样。”其实，企业之间质量的差别，很多时候就体现在一些细小的事情上，并且正因为这些能做好却又不去做的细小事情，决定了产品和企业的命运。

人与人之间的差别，同样也往往体现在一些细小的事情上，正因为这些“小节”，决定不同人的不同命运，使机会擦肩而过。因为成功的机会很多时候隐藏在细节中，你做了，未必一定成功；你若不做，就难有成功的机会。越是细小的事情，越是见真情，越是看出一个人的内心世界。比如欠缺礼貌的一次行为、无意中食言、一个不文明的举止等，都有可能对你的人生造成影响。然而，细节总容易被人们所忽略，一些聪明人，善于从“小事”做起，注意细节，因而总能走在别人的前面。

意大利之行看似“惨淡”收场，却收获了一个理念的转变——抓质量必须从小事做起，塞翁失马，焉知非福？过去我们搞过多次质量整顿，“抓大放小”，大家把注意力集中在大问题上，因为大问题个个都看得见，摸得着，却忽略了一些不易被人发现的“小问题”。当然，抓大问题是必要的，至少重大质量问题得以扼制。然而，好的产品，在消费者来看，应该是完美无缺的，任何的纰漏都将对消费者造成不良的影响或伤害，即使这些故障发生的几率并不太高，但具体到某一个消费者身上，他就是百分之百的倒霉蛋。

从意大利回来后，我就着手对产品质量又进行全面深入的整顿，从小问题入手，对生产制造过程中，包括设计、工艺、制造、物料采购、员工培训、产品检验、仓库运输等各个环节进行彻底盘查，特别是将过去经常忽略或视而不见、习以为常的所谓“小节”问题作为重点审查整顿对象，如打螺丝的力度随意性大、某一个零件焊接不牢，零件装配不够紧密，电源及控制线路走向比较零乱，空调系统内没达到规定的真空度就急于灌注冷媒、抽真空设备没有定时校验精度等。

其实，质量管理，国外早已形成了一套完整、成熟的理论和经验，专家学者所著的有关书籍也应有尽有。这就是建立一套现代化的管理机制，完善各种规章制度和质量标准，有一套行之有效的质量保证体系，开展各种QC小组活动等，使产品在整个生产过程中，对影响和可能影响产品质量的每一件零件、每一个环节、每一个工序，进行科学有效地控制，确保产品质量在设计、工艺、制造、采购、仓储、运输、检验、销售、服务等全过程中都掌控在自己手中。

这些理论说起来都很有道理，毕竟中国有句老话：没有规矩，不成方圆。开始，我们也是按照外国这一套理论去做的，规章制度应有尽有，质保体系不可谓不全，但效果总是不尽如人意。如意大利所出现的问题，海绵怎样贴，工艺上是清清楚楚的，但为何还是出问题呢？一旦落实到具体事情上，规矩虽有，就是成不了方圆，不该出的问题随时弄得你措手不及。

究竟问题出在什么地方呢？是没有管理制度？不对，是规章不健全？也不是。在工厂摸爬滚打了这些年，我逐步意识到，在质量管理活动中，我们管理的对象都是“中国人”，中国人有自己的文化、性格、特点，必须要结合中国的国情，也就是说，对于外国的先进理念、管理思想，不能照搬照抄，否则会大打折扣。

难道质量管理也有国情？有。国情是什么？我个人认为员工的思想素质相对较低，特别是自觉性、纪律性、服从性比起欧美、日本等发达国家相对较差，这就是中国的现实。

在中国，很多事情不是没有法律、没有规定，往往规矩一大堆，但不少却成了摆设。有章不循、有规不依是社会较为普遍的现象：不许抽烟的场所他若无其事地抽，不准乱丢乱吐的地方他满不在乎地丢，不许喧哗的场所他旁若无人地吼，不许超车的道路他熟视无睹地超，过马路不得闯红灯他视而不见，高速公路旁边的应急车道是救护的生命线，一遇堵车全都成了通车道……这就是中国的国情，这就是司空见惯的有法不依、有章不循的现象。

而在工业发达国家，我所看到的情形就有所不同，他们表现出较高的自觉性、纪律性和服从性。

以前，我也听过这样一个故事：一个中国留学生到日本一家饭馆打零工，老板交待他煎面饼，要求正反各煎两遍，但他嫌麻烦，只正反各煎一遍，而旁边的日本人却始终按规定煎两遍，中国留学生还取笑人家“死板”：“我煎一遍不也可以吗？”日本人却回答说：“叫你煎两遍你就煎两遍。”有一次，我到日本三洋参观访问，我问社长：“日本企业对于违反纪律的员工是如何处罚的？”

对我这样一个简单的问题他居然答不上来，想了良久，最后只说了一句："我们这里好像还没发现有违纪的员工。"我听后感到惊讶。后来，我又到车间参观，陪同我们的是一位事业部经理（相当中层干部），在参观过程中，这位经理用日语哗啦啦地讲了一通，我猜可能是指出他们工作中的一些问题吧，旁边的日本员工立即掏出小本子把他的话记下。回想到在格力，我作为企业一把手，也经常下车间巡查，也爱"指手画脚"地对他们的工作"评头品足"，就是没有发现有人用小本子把我的话记下，即使上级领导视察也是如此。可见，不同的国度，确实存在着不同的文化与思想习惯。

种种现实告诉我们，光有制度规定是远远不够的，关键是执行。如不切实执行，再多再好的规定也等于零。如何执行，当然员工能自觉执行是最好的，但实际上往往事与愿违，你说你的，他做他的，怎么办？那只好来一个"强制执行"。要做到这一点，唯一的办法就是一个字："严"，就得培养、教育、约束员工树立一种"从严要求，没有借口"的工作作风。

"从严要求，没有借口"，它强调的是每个员工必须想尽一切办法，按规章和指令完成任务和开展工作，而不是没有完成就去寻找任何借口。就算有再合理的借口，也不能作为不守规矩的理由。

从字面上理解，好像很绝对，很不公平，但人生并不是永远公平的，它就是让员工明白，在生产制造过程中，不管遇到什么事情，也不管在什么情况下，都必须按规章制度办事，按工艺规定操作，才能确保生产质量。质量是关系到自己的饭碗，消费者的利益，乃至企业前途和命运的问题，在这个生死攸关的问题上，逃避纪律、违反规章制度去寻找借口，只有死路一条。

可是，在我们现实的生活和工作中，借口无处不在，有些人工作能力不怎样，找借口可有能耐，它们好像是理性的声音，合情合理的护身符，冠冕而堂皇：上班迟到是路上堵车，不按工艺文件操作是看走了眼，业务拓展不开是体制不好，出了质量事故是我已尽力了……总之，事情搞砸了有借口，违反了规章制度有借口，只要你想找，借口无处不在。

寻找借口的唯一理由是把属于自己的过失掩饰掉，把应当自己承担的责任转嫁给别人。"没有借口"并不是冷漠或缺乏人情，打一个极端的比喻，假如迟到5分钟你要被"枪毙"，这时你还会让借口发生吗？类似这样的情况也不是危言耸听，如2002年在北京中国移动的招标会上，格力因迟到5分钟，标书便被"枪毙"掉了。

为了强化员工严格遵守工艺规程，不找借口，我主持制定了"总经理十二条禁令"（我当时出任公司总经理，董事长由集团领导兼任），即针对以往生产制造过程中，对质量影响大而又比较容易忽略的问题，特别是有共通性的"小问题"。共列出了十二条，其中就有一条有关贴海绵的禁令。这十二条"禁令"，即高压线，任何人不得触犯，违者不讲理由，也不找借口，立即除名（当时要找一份工作很困难，这应该是很重的处罚了）。

当然，禁令执行之前，公司还要进行一系列的学习、培训，让每个员工充分熟悉"十二条"的内容，操作方法，对质量所造成的影响，违反后个人会受到何种处罚等，让他们个个上岗前"心知肚明"。

禁令一出，绝大部分员工都能按规定操作，事事小心翼翼，但正如前面所述，始终还有个别员工我行我素，认为这只是公司虚晃一枪，并不按禁令执行。这个别员工或许就是少数不良产品的"元凶"。他们的借口是："我已习惯了原来的操作。"公司于是先后给予两名违反"禁令"的员工公开除名处罚，这下在员工中引起了很大的震动，有支持的，有同情的，有为他们讲情的，同情的理由是认为他们是"初犯"，又是老员工，应该再给他们一次机会。

下车间调研是作者工作中的常态，这是在总装车间与工人交流

我愤愤地对他们说："'军无法不立，法无严不威'，这两名员工虽然值得同情，对于'十二条禁令'也是初犯，但他们却是明知故犯，视'禁令'为儿戏，如果这次不处罚，其他员工也跟他们一样，有朝一日，企业因质量问题而倒闭，那么值得同情的就不只这两个人，而是成千上万需要养家糊口的员工！"

由于对违反禁令的行为保持了高压态度，大家干活打起十二分精神。几乎不近人情的"禁令"在产品质量上发挥了强大的约束力，时间一长，大家就习惯了。

然而，要想把产品做好，光严是不够的，打铁还需自身硬，员工还得练就一套过硬的本领。为此，我们又在全公司发起了"零缺陷"工程，号召一线员工苦练基本功，熟练掌握各种操作技能，勉励他们发扬工匠精神，要用搞艺术的态度来对待自己的工作，要把自己所生产的产品看成是一件艺术品，精雕细刻，精益求精，这样才能经得起消费者的评判与挑剔。

为达到此目标，我要求有关部门开展了各项培训和技术竞赛活动。例如，针对空调管路焊接时所出现的焊接缺陷问题，公司举办了一个“十万个焊点无纰漏”的技能竞赛，凡焊满十万个焊点无一纰漏者，公司给予精神和物质奖励，戴上大红花，成为大家学习的榜样。

叉车工由于操作技能不熟练，常常出现叉坏或摔坏产品的现象，而这种损坏，当时未必一定发觉，到了用户安装时开包才发现，造成很不良的影响。对此，公司举办了多场叉车技能竞赛。叉车虽然大、笨、重，但要求他们在操作时要精、准、细，要像绣花一样心灵手巧。他们当中有个叫曹祥云的叉车工，成绩突出，2005年4月在中央电视台综合频道举办的“叉车大赛”中，经多轮决赛，战胜了北京、沈阳、武汉等地的高手，夺得了第一名。当比赛进行到用叉车开啤酒瓶盖这些属于人手干的细活时，只见他开着叉车精准地把一瓶瓶啤酒盖打开，而玻璃瓶却丝毫无损，观众看得目瞪口呆，拍手叫绝。

其实，像曹祥云那样熟练操作叉车的员工，在格力多的是，在公司举办的另一次比赛中，曹祥云还得不到冠军呢！

通过这些活动，极大地鼓舞了员工学技术、争先进、保质量的劳动热情，人为造成的缺陷大为减少。

凡是做企业的都知道，产品质量是一个系统工程，它不仅需要生产厂家的努力，也需要社会的配合，特别是外协厂的配合。因为每个产品的零件成百上千，不可能全是自己生产的，除了一部分零件外，其余大部分零件都要靠外协厂家供应，若某一个外购件不合格，即使自己做的零件再好，也难以满足产品的质量要求。而很多的外协厂是小厂，大多又是劳动密集型企业，产品的一致性较差。即使大企业，由于管理不到位，或受利益驱动等原因，也不一定能够保证零件质量的常态化。

1995年，有一件事在公司引起了极大的震动。那年5月，有一批空调出现大面积的“死机”现象：空调开动不久就突然停止工作，需要关机重新启动，工作了一会又重复原来的故障。消费者纷纷投诉，售后部门应接不暇，焦头烂额。追查原因，原来是出在一个小小的片状电容身上。我们找到供应厂，他们说是该批电容由于原来的材料一时缺货，工厂擅自更换新材料所致。真是害死人！无奈，我们只好派出大批人员到全国各地，把这一批号的电容更换掉，不但花费了上百万元，还造成了极其恶劣的影响。一个小小的不合格电容，差点要了我们的“命”。

千里之堤，毁于蚁穴。自制零件易控制，但别人做的采购件如何控制呢？以前虽然对每批外购件都进行了抽检，但检查的数量毕竟有限，不能反映该批零件的全貌，难免有“漏网之鱼”，这成了困扰我们很长一段时间的难题。即使更换了新的厂家，但在那个利益至上，诚信缺乏的年代，又有谁能保证今后不再“上当受骗”呢？

最终，我与相关主管研究出一个“最笨”，却又有效的办法——成立“筛选分厂”。1995年下半年，一个由300多人组成的筛选分厂宣告成立，它一不生产零件，二不装配产品，它的工作就是把买回来的重要零件在上线装配之前逐一检验筛选，不合格的剔除，退回原厂，并按情节的严重程度给予协作厂一定的经济处罚，迫使协作厂家重视产品质量。这个筛选分厂也成了格力质量管理的一大特色。

我记得当时有一个零件——截止阀，偶尔有泄露现象，一旦遇上，冷媒就会慢慢跑掉，空调就不能制冷，或过一段时间就得加“雪种”。让人非常头痛。要把每个截止阀检查一遍，也并非易事，筛选分厂想了很多办法，没有现成的检测设备，就用土办法自己制造，开始时检测效率不高，几经改造，最后制成了一条自动检测线，大大提高了检测的精度和效率。

然而，在当时空调不愁销路的情况下，很多人笑话我们，认为是多此一举，实际对销售没有什么促进作用，还增加了生产成本。不错，筛选分厂并不生产产品，也不直接产生利润，而且每天还在消耗资源，但我坚持认为，只要从每种被检的零件中检出百分之一，哪怕是千分之一的不良品，我就是赢家。因为每种零件有百分之一的不良品，装配组合起来就是一个不小的故障率，维护起来不但要钱，而且还要“命”，这难道不值得吗？这一举措一直坚持下来，直到现在。

经过努力，格力逐步迈向了“精品战略”的大道。1994年率先成为国内首批通过了美国UL、德国GS、日本JLS、欧盟CE等产品质量认证的企业，1995年通过了ISO9000质量体系的认证，1996年获全国质量评比第一名，1997年获欧洲企业家协会颁发的“国际最佳品质量奖”……直到2006年被中国质量协会评为“中国世界名牌”。

在格力发展的二十多年中，我始终坚信：在产品上以质量为本，精益求精；管理上脚踏实地，实事求是，要结合中国和企业的实际情况，坚持走有中国特色的管理之道；在行动中始终突出一个“严”字，严师出高徒，严格才能出品质。

然而，在过往的实践中，也暴露出一些偏向：“严”往往偏重于生产一线和基层员工，出现质量问题就往生产车间推，生产车间往一线员工推，造成了一些“冤假错案”。产品质量是全员的、全过程的，牵涉到各个部门、各个环节、各个工序，缺少哪一个都不行。

针对这些情况，我又在全公司制定并推行“八严方针”，即：严格的制度、严谨的设计、严肃的工艺、严厉的标准、严密的服务、严明的教育、严正的考核、严重的处罚。

说到“严谨的设计”，这是专为科技人员度身定做的，因为设计是产品最首要的也是最重要的一环，设计不严谨，产品就“先天不足”，无论后天如何补救，也难以使消费者动容。我发现有些设计人员脱离实际，照本宣科，依葫芦画瓢，或不听取别人和消费者的意见，一意孤行，最后设计出来的产品消费者看不上，费工费时，维修也不方便，成了“姥姥不疼，舅舅不爱”的嫌弃儿。

针对这些设计人员自以为是、方向感不明的倾向，我对他们提出产品设计的“四个面向”，即面向消费者、面向生产者、面向安装维修者、面向仓储运输者。

首先让他们明白，一切产品都是从消费者中来，又回到消费者中去。产品是给消费者使用的，消费者的诉求和欲望，就是产品设计的动力与源泉。消费者喜欢的产品，才是好产品。作为设计者，可以引导消费者，但不能把自己的思想、意志、喜好强加给消费者，必须站在消费者一边，了解他们的诉求，熟悉他们的喜好，为他们解除烦恼，提供方便。所谓人性化设计，依我的理解，就是为消费者提供贴心的、满足意愿的设计。比如，现在的年轻人喜欢穿“破”的牛仔裤，有穿了孔的，有裤脚撕破了的。如果按照我的喜好，是绝对设计不出这样款式来的，但人家喜欢，你就得照办。

面向生产者。产品离不开制造，西方国家所说的产品质量是制造出来而不是检验出来的，这不无道理。设计不合理，或太烦琐、复杂，或脱离了本企业的加工能力和现实状况，或不符合工人的生理操作习惯，生产效率就低下，并且容易产生质量问题，最终难以达到设计者的要求。好的设计应是根据企业的实际、人员素质、操作习惯，产品特性，本着优质、高效、易做的原则，才能受到生产者的欢迎。

面向安装维修和仓储运输者，这是要求设计者在设计时要考虑方便安装、易于拆卸、容易维修等问题。同时产品在长途运输过程中，由于运输线长，转运环节多，难免颠簸磕碰，甚至野蛮装卸，乱摔乱扔，所有这些，设计者均必须周密考虑。

说到严重的处罚，有人说似乎缺乏点人性化管理。什么是人性化管理？我觉得，人性化管理就是要把每一位员工作为企业的主人，在工作上、学习上、生活上关心爱护他们，想方设法地解决他们所遇到的困难，让他们感受公司的温暖与关怀，但不等于在工作上放松要求，对错误不闻不问。只要考核是“正”的，避免了人为因素，就不怕处罚重，轻了起不到震慑作用。过去酒驾、醉驾罚得轻，司机不把它当回事，罚了再犯，而今一旦发现先关进去再说，这下违规的现象就少多了。有毒有害食品屡禁不止，也是因为对制造者罚得轻，违法成本低，起不到令其“倾家荡产”的作用所致。

当然，不是什么错误都要从严处罚，要看错误的性质，我们只是对那些马马虎虎、不负责任、明知故犯者给予重罚，而对于一般性错误，要让他们吸取教训，总结经验，下次就会做得更好。特别是在探索事物，进行科学研究的过程中所犯的错误，不但不追究，还要勉励他们不断学习，总结经验和教训，所造成的损失就当作交学费，不要在乎学费的多少，付出了总会有回报。否则，今后谁还敢大胆创新、大胆改革呢？

而对于有关质量问题的处罚，有人说我一改常态，“心狠手辣”。因质量问题，我就曾罢免过好几个中层干部的职务。我曾经说过：“对质量不负责的仁慈，就是对消费者的残忍。”对于有钱人来说，购置一台空调算不上什么，但对于普通消费者来说，这无疑是一项重大“投资”，如果产品老出问题，对他们来说还不是“割肉之痛”？有时候我故意把事情夸大来警示员工：“你生产的空调如果质量不好，弄得消费者苦不堪言，假如人家一时想不开，跳楼自杀怎么办，你难道心安理得吗？”

有一次，广州三菱压缩机厂老总（日本人）来访，谈到质量问题，他也一肚子苦水，感到相比日本企业，中国企业难管多了，他问我：“你是中国的成功人士，请问你是如何抓质量的？”这个问题很大，确实难以三言两语回答清楚，我便开玩笑地对他说：“我是左手拿着鞭子，右手拿着刀子。”他对我的回答感到奇怪。过了三个月，他再次来访，说：“你上次讲的话，很有道理，我们一抓严，很多问题就好办多了。”

然而，在推行“八严方针”过程中，也遇到了一些新问题。开始我发现受处罚的都是基层人员：分厂厂长罚工人，部门领导罚普通工作人员，公司主管领导罚中层干部。“刑不上大夫”的现象也时有出现。有些问题，明明是上司失察，缺乏监督，或官僚主义，瞎指挥造成的，却要下级承担责任，大家觉得不公平，有不满情绪，以致处罚得不到应有的效果。

为此，我又成立了公司“质量督察小组”，由五人组成，直接归我领导。这个小组被赋予很大的特权，有权处置任何有关质量事故，它不直接处罚普通基层员工，只处罚中层以上（包括公司高层）的各级领导。而我作为一把手，自然也少不了份儿。一般只要与我有牵连的人员和事故，哪怕是隔了几层关系，我都作为“负有领导责任”而自罚，以致每年累计罚款数都有好几千“大洋”，并且公告于众，告示全体。员工看到连我都“榜上有名”，还有什么想不开的呢？

格力在实施精品战略过程中，有一件不得不提及的事就是“产品的可靠性工作”。格力之所以口碑较好，自然离不开质量，但质量又如何，消费者自然讲不出所以然，最常见的说法是：“返修率低，使用多年仍然在用”。就是这一简单的表述，折射出格力空调的可靠性。

当初，很多厂家为了打出自己的品牌，都把注意力集中在性能上，什么“节能”、“降噪”是用得最多的语言，但节能、降噪是有限度的，总不能讲过了头。而后就是概念满天飞：什么“光触媒”、“冷触媒”，装上一片几毛钱的过滤网，就给它冠上一个动听的名字。还有什么360°出风，24小时换气等。这些似是而非的概念炒作，并没有给消费者带来多少实惠，买回来的空调，没几天就这儿也有问题，那儿也失灵，要不就是零件损坏，最后干脆“罢工”，给消费者带来无限烦恼。有些企业明知自己产品可靠性不高，就只好以售后服务弥补，标榜24小时上门服务，但这也不见得能获得消费者多少好感。

我这个人向来比较务实，心想，产品坏了，不能使用，即便再好的服务，消费者也未必感谢你。最好的服务是没有服务。对于普通老百姓来说，空调可是花了大价钱买的，是“心头肉”，产品坏了，能不骂娘？

在公司的一次会议上，我对科技人员说：“这些概念性的东西，我不反对你们做，反正也花不了几个钱，况且消费者都是跟风的，人家做自己不做，消费者认为我们不如人家，但我们的头脑必须十分清醒，这不是技术进步的方向，不能把精力都放在这上面而丢了空调的真正技术创新。性能是国家规定的硬指标，必须做好，而且要比别人做得更好，但作为消费者，除了性能外，他们还关注产品的可靠性、安全性，特别是可靠性。”

我认为，在某些情况下可靠性比性能还显得重要。比如空调买回来往墙上一挂，有多少人知道它的冷量是多少，耗电又是多少？但如果不可靠，三天两头找人修理，则时时牵动着消费者的神经。

对消费者来说产品性能是厂家的良心，是做企业的底线，而可靠性则是企业的形象，是消费者对你品牌的信赖与认可，也是他们对你的品牌用“手”还是用“脚”投票的标志。

然而，国家对于可靠性这样一个重要指标并不检测，也没有出台相关的检测标准，因此要推广可靠性工作，难度也不小。一些科技人员只为应付国家的认证，抽查检测，而把可靠性工作束之高阁，加上对可靠性的重要性认识不深，自然干劲就提不起来。

针对这些思想，我对他们说：“改革开放以来，我国已经从物质短缺过渡到物质过剩，我国的制造业已经解决了几乎所有产品的生产问题，但还没有解决把产品做精做好的问题，这个‘做精做好’指的是什么？我认为很大程度就是产品的可靠性。我们与西方发达国家相比，很多时候不是输在性能上，而是输在可靠性上，这就是国人为什么更喜欢购买原装进口产品的主要原因。我们不能老怪中国老百姓崇洋媚外，喜欢洋货，你为什么不设身处地为人家想想，为什么不把可靠性与人家比一比？”

我对他们说：“你们也是消费者，应该有切身的体会，产品坏了，就是服务再好，也会给消费者带来不便与烦恼，起码来说，产品坏了就不能继续使用，即便上门服务，也得放下手头上的工作‘恭候’你。况且，有些产品一旦出事就是大事，比如汽车开到荒山野岭抛了锚，你等着修吧；飞机上了天，发动机坏了，等待你的就是机毁人亡。”

认识提高后，我们就开始着手可靠性工作，大家摸着石头迈出了可靠性工作的第一步。我记得，格力的可靠性工作最初是从空调室外机的外壳开始的。我在走访市场时，发现很多空调的室外机锈迹斑斑，甚至整个外壳破烂不堪，摇摇欲坠，下面行人提心吊胆。我想，每台空调本身就是一个户外广告，如果它没多长时间就生锈，消费者会怎样看？品牌形象会好吗？

可是，当时的空调厂家为了节省成本，几乎都是用普通冷轧钢板，再喷上防护漆，最多能顶上三五年。我想起小时候在农村生活时并没有自来水，全靠从井里打水，而所用的铁桶很多年都不生锈，因为它们是用镀锌钢板制造的，那我们为什么不能用镀锌板来制造外壳呢？一经核算，成本高出10%以上，但又一想，你花那么多钱做广告，还不是一样耗费成本吗？且效果不见得就好。如果我们空调挂了很久还历久弥新，那广告价值该有多大啊。况且即便成本再高，我们也必须对消费者负责，这是生产者的良心。

于是，格力从1994年起陆续改用镀锌板或电锌板，从而保证了外壳的可靠性。从现在看来，这无疑是一个正确的决策，你不妨上街走走，格力空调安装多年还像新的一样。

从1995年起，我们又加大了可靠性研究力度，建立起第一批可靠性实验室，是当时空调行业最早开展这项工作的厂家，由此引起了国内相关专家的关注，还要求来珠海与我们交流这方面的经验和体会。

但总的来说，当时还是处于初级阶段，主要是针对个别容易出现问题的零件及主机进行耐久性测试，还没有上升到可靠性设计、可靠性工艺和制造等问题。例如压缩机的起动电容，国家标准是在常规条件下加载1.25倍电压测试，其寿命不应低于600小时。但在过去的产品中，我们也曾出现过电容失效或炸开的现象。后来经过试验发现，可靠性测试要达到2000小时才能满足要求，但当时仅有个别进口电容才能达到这一标准，而且也不易买到，无奈只好把标准降至1000小时，但心里始终不踏实。直到后来格力电器收购了集团公司下属的电容器厂后，组织人员技术攻关，才终于造出了所需标准的电容器。

在实施可靠性工作的过程中，我们逐步认识到，可靠性工作必须从可靠性设计、可靠性工艺、可靠性制造、可靠性检测等基础工作做起。可靠性是设计出来的，而很多人在设计产品时，更多地注重产品的结构，零部件的功能，很少从寿命入手，以致他们的产品寿命是自然寿命而非设计寿命。只要有一个零件短命，产品就不可靠。

同时，我们也认识到，在生产全过程中，包括整机、零件、元器件，如稍有不慎或缺乏可靠性意识，就会留下隐形的缺陷。这些缺陷平时不一定表露出来，甚至用仪器、设备也难以检测，它们是可靠性的大患，到了一定的时机、一定的环境下就会暴露出来，给产品造成可怕的故障。

此外，在仓储、运输、生产、安装过程中也会出现“过程损伤”，如电网的电压波动给元器件造成的冲击、损害，高温、高湿带来的耐热、耐潮的损坏，工人操作不当造成的静电损伤，挤压、磕碰、振动造成的机械损伤，生锈、腐蚀造成的理化损伤等，必须从思想上、管理上入手，严加防范。

在推行精品战略过程中，我们也会遇到各种思想障碍。例如，一个时期以来，社会上广泛流行着一种叫“同质化”的倾向，说的是像家电这类产品、技术日趋成熟，各企业的品质大同小异。这种思想对我们的科技人员影响较大，束缚了他们进一步提升产品质量的动力。

我一听“同质化”三个字就反感。我严肃地对科技人员指出，这种“同质化”论调既不符合现实，也不符合消费者对产品的严格要求，对今后的质量改进危害甚大。

首先拿“同”来说，你与谁“同”？是国内还是国外？是一般企业还是先进企业？如果“同”，在哪方面“同”，是外观、性能、技术、安全、材料，还是别的方面？再说“质”，你指的是外观、性能、技术、安全、还是可靠性？

我对他们说：“先不谈性能上还有很多的上升空间，就拿可靠性这一项来说，我们要做的工作实在太多了，直到目前为止，我们还没有形成一套系统的、有目的的可靠性寿命设计，工艺上我们也还在不断地摸索，与国外先进企业差距甚大。发达国家也非常清楚这一点，我们曾与他们进行过很多次的技术交流，但他们对可靠性设计、标准、工艺、制造等经验始终是闭口不谈，可见，这些全是他们的‘KNOW—HOW（诀窍）’”。

因此，我们必须要转变观念，如果说过去是以性能为中心的质量观，现在则要转变为以可靠性为中心的质量观了。任重道远，我们需加倍努力。

推行了精品战略，格力逐步迈向了以质量求生存的正确道路，通过教育，公司从上到下都认识到质量在企业发展中的重要作用。虽然在要求上是严了一点，但绝大多数的员工认识到这也是为企业好，企业好大家才能好。“打造精品企业，制造精品产品，创立精品品牌”已成为格力走向辉煌的精神食粮，“好空调，格力造”的广告语也随之在市场上逐步响遍大江南北。

第八章　格力模式
——我为什么能"拉"住经销商

我曾看到媒体的一篇文章，文章说："笔者常听到一些企业的业务员感叹，格力不知给经销商吃了什么迷魂药，在二、三级市场，格力的网络太牢固了，经销商简直是软硬不吃，油盐不进，你给他谈了半天，他张口闭口就是那句话：人家格力……"其实，我心里自然明白：如果有什么"秘密"，那就是诚信；如果有什么"迷药"，那就是"共赢"。

谈到格力的销售，很容易联想到“格力销售模式”（简称格力模式），那么，“格力模式”究竟是什么？它是在什么情况下诞生的，又怎样发展和完善呢？

市场就像人生一样，充满着离奇与曲折。90年代初期，空调这一“奢侈品”刚起步不久，并没有成为老百姓的必需品，加上当时产量少、成本高、价格贵，只有当天气热得让人坐卧不安，难以忍受之时，消费者才会把“箱底钱”掏出来，买台空调以解燃眉之急。因此，做空调就像当农民一样，也要“看天吃饭”。企业和消费者就此形成了两种截然不同的心态：消费者盼的是天天有凉爽的天气，而企业盼的是天天酷热；消费者感觉天热难受，企业则觉得天气凉爽难受。有人调侃：“你们做空调的良心实在‘大大的坏’，热死人你们才高兴呢！”这或许就是人们常说的“职业病”吧。

然而，1996年夏天，老天爷偏偏不赏脸，整天“黑着脸”，不是阴天就是下雨，气温很少超过30度。为此经销商愁眉苦脸，库存居高不下。

7月，我与当时的经营部副部长赵卿和办公室工作人员等人到北方市场转了一圈，所到之处，商家叫苦连天，各个牌子的空调都仓满为患。由于销售不畅，资金周转困难，实力好一点的商家还能撑得住，实力差的只好天天与银行“躲猫猫”。有的则打算甩掉库存，明年转行做别的生意了。

工厂也一样，由于出货不畅，处于半停产状态。仓库里、通道上到处堆满了空调，供应商天天找上门追讨材料和零配件的货款。看到这一切，我心情很沉重，每天茶饭不思。经销商是企业的根基，是企业与消费者之间的桥梁。没有经销商，企业将失去消费者，我们必须保护好这支队伍。销售不好，不是商家不努力，主要是市场问题，是天气在“作祟”。如何解决他们的困境，以便让他们渡过难关呢？

人在危难之际，最盼望的是有人出手相助，如果这时有人拉一把，他们或许就有机会逃出生天，走出困境。于是，我萌生了“返利补贴”这一念头，拉经销商一把，好让他们走出困境。回来后经办公会研究决定：按商家的提货额2%作为补贴。可一算，公司足足要拿出上亿元的资金，可当年格力的净利润也不过一亿多元呀，这可是从企业嘴里抠出来的真金白银啊。然而，就是这么一个初衷只是帮助合作伙伴的决策，却改变了企业的命运，影响了整个空调行业的运作，“返利”一词从此诞生，而且一直沿用到现在。

商家一听到这意外的喜讯，奔走相告，欣喜若狂，他们觉得工厂太“仗义”了，没有忘记他们的苦衷，完全是合同以外的收获，是天上掉下来的“馅饼”，是企业对商家的关怀和呵护。于是对我们更加信赖，做格力的信心也更坚定了。

当时经营部有人提出：要返利，得先把返利算好并扣下来，签好一个协议，明年必须继续进货，而且还要保证一定比例的增长，否则就没收返利。我坚决否定了这一方案，既然人家今年做了格力，不管是亏是赚，也不管人家明年还继续做不做，都应一视同仁，这才叫诚心诚意帮助别人。况且，返利不及时到位，很多商家就难以运作，带有附加条件的返利，让人反感，何必呢。结果，返利后没有一个经销商亏本的，第二年也没有发现哪个经销商不继续做格力的。

反观某个别的大品牌，对经销商的疾苦视而不见、听而不闻，以致商家困难重重，还有个别国有性质的商家因经营亏本而丢官的，工厂也没有给予一点安慰，显得“无情无义”。与格力一对比，第二年该企业就显得非常被动，甚至连订货会也开不成。在重庆的订货会上，就出现这样一幕：经销商拉出巨型横幅——“××空调滚出重庆”，在武汉开会，也是不到一半便草草收场。原来不做格力的商家，对比之下，第二年纷纷加入了格力的行列。

由于我们抓住了市场的机遇，以舍换得，以危转机，一举实现了弯道超车。当年这一看似“无心插柳”的决策，奠定了格力空调行业老大的霸业，其重要性怎么强调都不为过。

由此可见，一个正确的决策对企业来说是何等重要，而这一决策不是凭空想象的，它是建立在对市场的深入调研，建立在对商家的关爱，建立在彼此尊重、相互共赢、共同成就的思想基础上。同样如前面提到的某企业，一个错误的决策也可以给它带来灾难性的后果。

舍得舍得，先“舍”后“得”，有“舍”才有“得”。很多时候，不是为了“得”才会“舍”，而是“舍”了才有机会“得”。返利这一举动，当初也有人不理解，到嘴里的肉还要吐出来，吃了大亏。但我始终认为，吃亏其实就是一项“投资”，当然不是每次的投资都有回报，但你不投资，就永远没有回报的机会。

这一事件也使我认识到：企业与商家的关系是鱼和水的关系，企业是“鱼”，离不开“水”；相反，“水”可以抛弃你这条“鱼”，没有你，大海里的“鱼”多着呢。

通过正反两面的教训，我也从中体会到：企业应当把销售当作市场而不是作为生意来做。一些企业之所以不肯对商家出手相助，显然是把空调销售当作生意来做了。其实，做市场与做生意是不同的：做市场要有长远的战略眼光，它着眼于长远的利益而不是一时的利益，为此，他宁可牺牲暂时的、短期的利益去换取长久的利益，不在乎一城一池的得失。而做生意一般目光短浅，一锤子买卖，能赚多少算多少，赚多赚少是我的本事，与你无关；做市场会注意渠道建设，培养自己的市场网络，与经销商患难与共，同舟共济。长期的忠实客户是企业的根基，是市场的稳定器，必须让他们不断发展壮大。而做生意则专找一些现成的、有钱的、吹糠见米的客户，做一单是一单，能赚就赚，不能赚就跑；做市场是有利时共同分享，互利共赢，保护好广大经销商的利益，以利益维系感情，

作者为四川雅安销售公司题字

以感情促进销售。而做生意则不会考虑对方的感受，赚你没商量，也不会花代价培养他们的成长。一个企业在发展壮大的过程中，如果不能使自己的合作伙伴（包括自己的员工）也一起共享成果，发展壮大，这样的企业更注定是一个失败的企业。以上之见，就是做市场和做生意的区别。

一直以来，但凡大买卖，一般都采取货物批发的方式，开发一些批发商作为代理人，很少直面消费者。当初，格力的销售方式也和其他企业一样，采用传统的总代理方式。考虑到很多代理商并不只做一个牌子，为了减少企业的经营风险，也为了预防代理商垄断市场，一般一个省找两家或三家，销量大的省份还可以找四到五家代理商。如此一来，年景好的时候，代理商之间还相安无事，一旦遇上极端天气或市场不振，为了争夺客户，他们就会相互“打架”。“城门失火，殃及池鱼”，对零售商的伤害首当其冲，今天进的货，明天就掉价，令他们无所适从，只好隔火观望。

例如湖北市场，当时就有四个代理商，负责全省格力空调的批发业务，其中包括武汉中国航天服务公司、武汉国防科工委服务公司、湖北省五交化等。由于都是“国”字当头，经理老总都是处长级人物，财大气粗，一个比一个厉害，一旦“擦枪走火”，打起价格战来，简直可以用“天昏地暗”来形容。用他们自己的话来说：“谁怕谁？”“老子从来就不知道‘怕’字怎么写。”最终“杀敌一千，自损八百”，谁也捞不到便宜。

不错，他们之间确实不存在谁怕谁，因为他们花的都是国家的钱，但零售商可是个体户经营，输不起，惹不起，却躲得起。

1997年11月，刚接任销售副总不久的董明珠到武汉考察市场后，心里很是着急，感到这样下去迟早会丢掉市场，便和几个代理商商议不要再打了，能否联合起来，以股份制形式组成统一的销售

作者每年都参加全国销售年度工作会议，对销售工作提出指导意见

公司，以避免相互杀价。她回来后把这一情况作了汇报，我非常赞成这一建议，认为这是防止地区性价格战的好办法。

在公司的撮合下，1997年底，由湖北几大代理商组成的“湖北格力销售公司”正式挂牌成立。公司实行“五个统一”，即统一批发、统一价格、统一渠道、统一管理、统一服务，所得利润按股份分红。

当初，我们也不清楚这种模式是否管用，只是抱着“摸着石头过河”的心态试一试水。哪知道第二年便取得了成效。因为源头价格受到了控制，零售商敢于进货、存货；因为统一了管理，零售商也不敢乱降价，否则会受到处罚；因为统一了渠道和服务，避免了相互抢客的问题，消费者有什么投诉也不敢相互推诿，同时，零售价格相对稳定，消费者也不会因价格的变动而无所适从，或产生受骗上当之感。于是，我们便把湖北的经验逐步推向全国，至2002年初，各省市都相继按此模式成立了格力销售公司。

此后，区域恶性竞争，自己打自己的问题似乎得到了控制，但时间一长，又暴露出一些新的问题：成立后的公司宗旨是什么？性质如何？怎样运营？与格力和零售商的关系如何协调？也就是说，“举什么旗，走什么路”的一系列问题亟待解决。由于成立销售公司，变相对竞争为相对垄断，个别公司又暴露出商人逐利的本性，他们在辖区内罔顾与其他牌子的竞争，不切实际地提高批发价格，以谋取更大的利润，并且随意克扣零售商，把公司所给予的优惠政策据为己有，或没有很好落实到基层。更有甚者，以行政手段强迫零售商销售他们不愿意销售的品牌，以此扩大其销售额，损害了格力和商家的利益，变多赢为单赢。

2001年初，我接到湖北9家零售商的联名投诉状，反映他们生意难做，没赚到钱，格力给予的政策没得到落实，同时也反映了湖北公司的一些内部管理问题。开始我也没在意，认为湖北公司是格力首家成立的样板公司，即使在经营中出现一点问题也不足为怪，而且公司负责人也常在我们耳边唠叨，说他们的工作做得如何如何好，商家赚的钱如何丰厚等，这十来家的投诉只占湖北商家很少一部分，况且过去也确实有一些经销商，你给他多少也不嫌多。

但后来投诉越来越多，商家与销售公司的矛盾越来越大，格力驻湖北的业务员也有类似的反映，甚至还说有一部分商家准备抛弃格力转做其他牌子，出现大商家找大品牌，小商家找小品牌的不正常现象。我终于意识到事态的严重性。湖北到底怎么啦？没有调查就没有发言权，为了彻底弄清问题的原委，我下决心做一次“微服私访”。

很多媒体都说我是主要抓技术、质量的企业领导人，不管销售。其实，这是他们不了解格力。销售是企业重要的一环，作为一把手，哪有不管之理？所谓“老大难”，“老大”抓了就不难，实际上，格力的销售政策、决策，哪样离开过我的参与与制定？每年大大小小的经销商大会，都少不了我的身影，并且都作为“主讲嘉宾”，甚至在病床上也得关注着销售的进展。1996年初，有一段时间我生病住进了广州一家医院，当时负责销售的郭文峰副总还亲自到医院请示工作。由于当时工厂产品积压太多，销售不畅，想说服我降价促销，我对他说：“降价是否能促销？空调滞销，天气不好是主因，其他不少企业价格也很低，也不见得能走货。如果中途降价，对市场的冲击将是毁灭性的。”他还谈到拖欠供应商的货款，工厂准备拿产品来抵押的问题。我当即批评他：“拿空调抵押，供应商必定甩卖，对市场将是很大的冲击，这些牵一发动全身的举动，作为领导，切勿急躁，急功近利，要谨慎观察一下再定。”当时并没有同意他的设想。

没过多久，天气渐渐转热，积压的空调一销而光。只不过我一向处事作风低调，所做的事也认为是应该做的分内事，何必张扬呢？

现实就是这样，单纯的人易被欺骗，贪婪的人易被收买，低调的人易被看扁，这就是人性的弱点。但我坚持认为：做企业就是要实实在在，要成就事业，就得少说空话，多干实事，不要在乎别人怎么看，只在乎把应该做的工作做好。

话说回来，我带上司机，从珠海出发，开了一辆越野车，驱车两千多公里，只身前往湖北各地调查。为了工作方便，到了湖北，我只通知公司的业务员，让他带路与陪同，并告之这次是“微服私访”，不要惊动湖北公司的老总，也不能泄露我的行踪，更不要预先通知要调查的客户，好给他们来一个“突然袭击”。

那一次共走访了鄂南、鄂西、鄂东等几十家大小经销商，加之当时的路况不好，很多是省道县道，前后花了十几天的时间。记得有一天到了荆州下面一个小县城，车开到一个客户的小商场门口，业务员先下车，我留在车上，业务员找到商场老板，对他说："我们朱总看你来了。"他很不经意地看了业务员一眼："你不是白天说梦话吧，朱总怎么可能到我们这些小地方来呢？"随后我走出汽车，他一见果真是我，不知如何是好，表情难以言表：是惊讶？是祈盼？是兴奋？也许都有吧。

这次"微服私访"，成果斐然，由于整个行程没有湖北公司的老总陪同，大家知无不言，言无不尽，收集到大量来自最基层的信息与声音，也了解了大量的客户诉求与期望。虽然出现了一些本不该出的事情，但他们中绝大多数依然对格力深情未泯，他们是格力"最可爱的人"。

从走访的情况来看，与销售公司的汇报出入较大，他们汇报说："湖北经销商已经很满意了，有的甚至赚钱多到都不好意思了。"可是转了一圈，情况并非如此。由于他们从销售公司拿到的价格较高，经销商又要平衡其他牌子空调的竞争，自然价差就小，加上政策、补贴不到位，商家颇有怨言。不仅如此，一些商家还反映，湖北公司还利用我们的销售渠道经营其他牌子的空调，集资成立子公司，采用"移花接木"的办法，借格力的品牌拉力搞体外循环。如果任其发展、膨胀，最终将损害格力的利益，达到难以收拾的地步。这次收获也得益于轻车从简，没有随从人员，经销商才敢讲真话、实话。我的性格一向特别，出行总愿意"单枪匹马"，极少带陪同人员，这已成为一种习惯，也成了业界茶前饭后的谈资。有褒有贬，褒的是我作风踏实，没有架子，贬的是格力穷到连随同都带不起。我总认为出来就是做市场调查的，不是出风头。不能像有些大企业头头那样，出门前呼后拥，走路有人拎包，下车有人开门，坐的是高级轿车，住的是豪华宾馆，级别不够者还没有资格与他见面。以这种架势，别人还敢跟你说话吗？就算讲，我看最多也是假话、空话、漂亮话，这样的调查，还能反映真实情况吗？

记得1995年初，一次我只身到南昌跑市场，好几个经销商到机场接我，一出机场，他们争先把我领到自己座驾上，有桑塔纳、有奥迪，也有奔驰。有个经销商把我拽到一辆奔驰前面让我上车，我问是不是他自己的车，他讲了实话，说是租来的，我调头就走，上了一辆桑塔纳。心想，这次要是坐了你的“大奔”，下次说不定还有人租辆劳斯莱斯来接我呢。

不只在国内，就是出国也是如此。巴西因格力建有工厂，我前后去了十五次之多，大部分都是单身前往的，虽然几经中转，在飞机上要呆20多个小时，很疲劳，但一想到巴西那边已经有人接应，何必还要多花费用带上一帮子人呢。

湖北走完一圈，回到武汉，我立即召开湖北公司中层以上的干部会议，会上我毫不客气地历数这次调查的所见所闻，商家的现状以及他们的诉求与祈盼。我神情严肃，脸上没有笑容，他们也许觉得捅了娄子，个个绿着脸，大气不敢出。

我对他们说：“我并不反对你们赚钱，更不是眼红你们赚钱，经商赚钱，天经地义，只要是合理合法，赚得越多越好，但要赚得光明磊落，赚得持久。光你们赚，经销商不赚，能持久吗？你们也不想一想，你们光考虑自己，没有考虑经销商的利益和感受，挡住他们的路的同时，也把自己的路堵死。为什么他们会跟着你们做格力，无外乎是想赚点钱，只要有利可图，打死他都会跟着你跑。别说空调这种合法生意，就算是贩毒，在利益的驱动下，也有人铤而走险。经销商是你们的衣食父母，没有经销商，你们靠什么？吃什么？湖北那么大，总不能让你一台一台地去推销吧。没有他们，就没有你们的一切，保护他们的利益，其实就是保护你们自身的利益，同样，损害他们的利益，最终也损害了你们的利益。”

谈到开设子公司做别的空调品牌时，我严肃地指出：“你们不要以为做的牌子越多，效益越好。这样做，一来挤占你们的资金，二来分散你们的资源和精力，到后来可能连格力也做不好。如果想借格力的品牌拉力，利用格力的渠道和营销网络，移花接木、偷梁换柱，那更是大错特错。‘格力’这个品牌是属于珠海格力的，可以给你做，也可以给别人做，而且只能交给忠诚于这个品牌、爱护这个品牌、维护这个品牌形象的人来经营，你们既然挂出了‘格力湖北销售公司’的招牌，当然就只能做格力，否则就要撤下这块牌子。在这个原则问题上，没有讨价还价的余地，你们要三思而行。”

为更好地掌握市场情况，作者经常参加经销商会议，这是2011年在佛山经销商会议上发言

显然，他们已听出了我讲话的分量，会上，湖北公司领导对前一段工作进行了汇报，并作了自我检讨，表示愿意配合格力把问题处理好，重塑经销商的信心。会上，我责成湖北公司把多收的利润全部退回给经销商，要求给予他们2%的返利。

紧接着第二天下午召开了湖北省经销商大会。会上，我首先感谢湖北经销商对格力的支持与厚爱，感谢他们在困难时候仍然对格力一如既往的信赖与忠诚，并通报了这次湖北调研的情况和处理的结果。湖北公司也当场宣布了返利事项，现场气氛热烈，掌声不断。经销商充满着希望，觉得靠着格力这棵大树，信心更足了，做格力空调的决心更坚定了。

“湖北事件”看似是个别典型，但我认为它代表了一种思潮，如果不及时纠正，对销售公司这一新生事物的发展危害极大。

为规范销售公司的运作，2002年8月，在重庆涪陵召开了全国格力销售公司总经理会议。会上我深入剖析了湖北公司所发生的问题，指出这不是销售模式的问题，而是经营思想、经营作风问题，是举什么旗、走什么路的问题，这些问题不解决，难免不会出现第二、第三次类似湖北的事件。

为此，在会上我提出了“三个代表”的经营方针。“三个代表”虽然在社会上耳熟能详，谈不上什么创新，但它对于销售公司确立今后的目标、方向、方针、政策和营运准则，以及奠定格力的销售文化等起到了不可估量的作用。

这三个代表就是：代表消费者的利益，代表广大经销商的利益，代表格力企业的利益。

首先，销售公司要代表辖区内广大消费者的利益，要管好市场，稳定好价格，价格一乱，消费者就有上当受骗的感觉，就会对品牌失去信心。销售公司不能光顾批发，只管收钱，要努力领导、督促、组织、协助各零售商、各服务网点，为客户做好贴心的服务。用户就是皇帝，他们手中的人民币就是“圣旨”，要诚心诚意地对待每一个格力用户，把他们的困难当做自己的事来办好。你把消费者的利益代表好了，他们才会感激这个品牌，喜欢这个品牌，才会在亲朋好友中推介这个品牌。

第二，代表经销商的利益。遍布各地的格力经销商是企业与消费者之间唯一的桥梁，是企业销售的主力军，企业的产品都是通过他们卖给消费者，实现最终的销售。也就是说，厂家生产产品，商家销售产品，消费者购买产品，一环扣一环，组成了一个完整的市场链条。本来钱在消费者的口袋里，买不买，买谁的，按理都应由消费者说了算。但是，相当一部分消费者对产品缺乏了解，在各种品牌的广告狂轰滥炸之下，加上信息不对称，他们一时也难以识别商品的好坏，很多时候要借助于商家的推介。如此一来，商家就有了主动权，他推荐的，一定是赚钱的产品，你说商家唯利是图也好，道德有问题也罢，反正这或许也是一种现实与国情吧。

由此可以想象，如果我们把商家的利益代表好，使他们有利可图，他们就会拼命地推介你的产品，为你当义务宣传员。如果有人在他们面前说格力的“坏话”，就等于砸了他们的饭碗，抢了他们的钱袋子，他们怎能不“挺身而出，赴汤蹈火”？

任何事情要把它做好，都要“给力”。销售也一样，要把它做好，需要两个力：一个是拉力，一个是推力。消费者喜欢这个品牌，这是拉力；经销商愿意卖这个品牌，这是推力。两个力合在一起才算得上“给力”。拉力来自工厂的努力，它必须把产品做好，物美价廉，技术先进、安全、可靠。推力来自商家的努力，这就需要我们关心、支持、保护经销商的利益，使他们得到实实在在的回报。

在涪陵会议上，我向全国销售公司放出了狠话：“今后，假如再有经销商投诉没钱赚或亏本，我们将派人彻查，属于你们责任的，我将唯你是问。”

第三，代表格力企业的利益。也就是说，销售公司不仅仅是格力的合作伙伴，也要把自己当做格力的一员，站在格力的立场上，维护格力的利益，格力的形象、信誉，为格力添砖加瓦，不能像湖北前期那样，翅膀还未长硬就又经营其他牌子，损害格力的利益。我们要培植好格力这棵大树，大树底下好乘凉，树倒猢狲散。没有格力的利益，最终也没有销售公司的利益可言。

会上，有老总提出：“你让我们代表这个利益，那个利益，可谁来代表我们自身的利益呢？”我回答说：“你这个问题提得好，你们的利益由谁来保证呢？由消费者、由广大经销商、由格力企业共同保障。你把消费者的利益代表好，消费者自然就会蜂拥而至，门庭若市；你把经销商利益代表好，使他们都‘赚到不好意思了’，经销商轰都轰不走；你把企业利益代表好，企业不断发展壮大，你们在这样的大树下，还愁不能‘买卖兴隆通四海，财源广进达三江’吗？”

会议结束后，有一个公司回去传达时又是走了样，把“三个代表”说成“三个维护”。我知道后立即纠正：“维护”是被动的，“代表”才是主动的，“维护”是指对方利益受到伤害时，你站出来维护一下，安抚一下，它有一个先来后到的问题，有主动与被动之分。而“代表”则要求你的屁股坐在对方一边，想对方之所想，急对方之所急，千方百计为对方解决困难。

“三个代表”较好地解决了企业、销售公司和广大经销商的利益关系，为销售公司的发展方向提供了一个有规可循的目标和原则，使大家的利益得到合理的兼顾，最终各方都获得了丰厚的利润。

“三个代表”的核心和精髓是诚信、共赢。有了“三个代表”，就能使大家同舟共济，拧成一股绳，同心协力应对市场的风风雨雨。

“三个代表”的实施，在经销商中产生巨大的反响，他们觉得有了“三个代表”，大家心里更踏实，方向更明了，与格力合作的决心更大了。

我曾看到媒体的一篇文章，文章说：“笔者常听到一些企业的业务员感叹，格力不知给经销商吃了什么迷魂药，在二、三级市场，格力的网络太牢固了，经销商简直是软硬不吃，油盐不进，你给他谈了半天，他张口闭口就是那句话：人家格力……”其实，我心里自然明白：如果有什么“秘密”，那就是诚信；如果有什么“迷药”，那就是“共赢”。

我在走访市场时，一位合作多年的经销商这样说：“我先后做过几个品牌，其中格力是最令人轻松、放心的一个。它的各种政策、返利、奖励等都没有文字记录，全凭格力公司口头通知就生效。开始我还很怀疑，专用一个本子记录何时、何地、因何事作出何种承诺，但后来我是彻底服了，因为有好几次发现账户余额在莫名其妙地增加，找到公司后才知道，原来我漏记的奖励，他们都主动给我兑现了。”

在商言商，自古以来，逐利是商业活动的本质，“没有永远的朋友，只有永恒的利益”。不可否认，厂商关系无论怎样变化，都离不开利益这条纽带的维系。但是，商人首先是人，人有七情六欲，人固然靠物质生存，但也靠精神来支撑，人非草木，孰能无情？在尔虞我诈、物欲横流的商业社会，真情、诚信尤显得珍贵，其能量甚至常常超越利益的吸引。有一媒体这样报道：“格力自始至终就是一个谜”。文章说：“自1996年一举坐上中国空调行业老大的位置以来，固执地坚守专业化的发展道路，坚持打质量牌的格力，一直表现得极为低调、冷静。一任空调市场风起云涌、竞相厮杀，在似是而非的概念炒作，哗众取宠，口水大战层出不穷的环境下，格力始终无动于衷，如局外人般从容不迫地隔岸观火，有时令人怀疑他过于低调的性格将难以支撑其行业的地位。但是，一俟秋后算账，他却总能成为最后的赢家。格力的市场表现更像一个闭目打坐的武林高手，在不声不响中令业内同行感受到一股深厚的内力。”

在格力看来，“代表经销商的利益”，其含义远不止于对经销商热情接待、亲密沟通，记住其生日，以及年终雷打不动的登门拜访等。虽然这些事情是必须做的，但仍属于低层次的内容。提供零距离服务，解决经销商的困难，与他们结成血肉相连、共同发展的亲密关系，是其本质的表现，其根本目的是要与经销商成为真正意义上的朋友。然而，要做到这一点并不太容易，因为朋友的含义首先是有共同的语言，同时还必须学会换位思考，能够站在对方的立场和利益上思考及处理问题，为他们提供实实在在的帮助。

四川通江县广通电器公司的货仓因电线短路引发了大火，它的几十万元空调被大火烧得精光，老板已经心灰意冷，打算清理后转行不再做空调了。就在这个时候，格力四川销售公司的领导带队到大火现场慰问，不但送来了礼品和慰问金，更重要的是当场宣布该经销商享受全年的特殊政策，并给予特殊的扶持，最终帮助他重塑经营格力的信心。

在格力的20多年中，我几乎跑遍了全国的所有省、市、自治区，走访了数不清的格力经销商，接触到最基层的老板与人员，他们知无不言言无不尽，使我了解到市场最真实的情况、客户的心声，也了解到自己产品所存在的问题，并电告家里进行整改。因此，每当我外出，厂里一些工作人员心里就忐忑不定，知道这回又有事情干了。

同时，在每次与客户的接触中，我都能感受到他们对格力的深情厚谊和对我本人的尊敬。有一回到新疆克拉玛依调研，在离一个格力专卖店不远的地方，突然听到一阵鞭炮声，一问，说是为迎接我而搞的“小动作”。有一次到外省一个边远小县，一个经销商听说我来了，竟然激动得两晚没睡好。记得当初每到一地，下榻的宾馆都挂出大块的欢迎横幅。不过，我一见就生气，警告他们下次如再看到这样的横幅，我将立即调头回去，这才刹住这股“歪风”。

我一直以为，在各种情感中，“尊敬”是居于最顶层位置的，所谓“肃然起敬”，一定是源于人们发自内心地对某种行为的认可与折服，它往往不是由于权势、地位可以换来的。在商业世界里，谁能给经销商带来利益，谁就能赢得渠道的尊敬，谁便可居于主动的地位，如同掌握了阿里巴巴的咒语，市场的大门就会随时对你打开。

格力的成功，吸引了不少企业的关注，后来，一些企业也学习格力，成立了销售公司，但市场反应并不怎样。究其原因，他们学的只是格力模式的皮毛，它的组织结构，以及如何与客户搞好关系等，并未学到它的精神实质与精髓：诚信、共赢，以及格力的销售文化。一些企业的业务人员为了完成销售任务，让商家降价促销，并承诺损失部分给予补贴，但过后又不兑现，使商家吃尽苦头。如此这般，怎能赢得商家的信赖？

有一段时间，“诚信”二字在媒体出现的频率很高，一些企业赶时髦，也高喊诚信。但诚信是做出来的，不是喊出来的，而且必须天天做，月月做，年年做，不能有时诚信，有时不诚信，遇到小事时诚信，遇到大事就不诚信。有个经销商说：“你们昨天还骗了我，今天却喊诚信，谁信呀？”

提到“格力模式”，还有一个不得不提的就是“格力的自建渠道”。

过去，我们也像其他企业一样，在大商场、家电超市里摆上自己的产品，但后来以国美、苏宁为代表的大型家电连锁超市崛起，它们仗着场面大，人气旺，出货快等优势，“牛气冲天”，所定条款，它们说了算，个别商场进货不付款，卖完还拖欠，价格由它们定，每月还要付给商场促销广告费，遇到节假日或商场促销，为了打压竞争对手，要求厂家配合，降价促销，而降价的损失则由厂家买单，作为对商场的支持。为此，我们与这些商场的矛盾越来越大，以至2004年3月11日发生了影响全国的所谓“国美事件”：在双方协商未果的情况下，格力退出国美，而国美也以牙还牙，把格力“清出商场”。

总不能老让别人卡住自己的脖子。我一直在思考着这个问题：离开大卖场，格力到底能不能活下去？然而，我们的产品只有空调，要自建渠道，只有专卖店一条路可走，但无论如何，这条路也得闯一闯，试一试。

格力专卖店从一开始就备受社会各界的关注，它的一举一动引来众说纷纭，有赞成的，也有反对的，甚至有学者断言：“格力不进卖场就没有前途，不合潮流，不依靠大卖场就是死路一条。”别的商品开设专卖店有过成功的先例，格力能成功吗？毕竟，早前的春兰空调也曾开设过专卖店，最终却以失败告终。

我开始关注并调研格力空调开设专卖店的条件和成功要素。我发现，但凡专卖，都要有一定的品牌形象，也就是说，专卖的商品大抵上是消费者认可的牌子，不知名的品牌，就是开了，也鲜有顾客光顾。因此，专卖店的开设，本身就是品牌的象征，另外，专卖店的商品要有足够的销售量，销量少，则难以维持专卖店的费用和开支。这两个条件缺一不可。

春兰的口碑当初也不错，是国内空调的第一块牌子，但后来由于种种原因，销量日渐萎缩，已退出了一线品牌，专卖店自然就满足不了第二个条件。

那么，格力是否符合上述的基本条件呢？

格力经过多年的打拼，从无到有，从小到大，知名度也随之不断提高，在消费者中的认可度节节上升。我经常跑市场，特别是每年五一、十一黄金周，我几乎都在外地市场度过。有一年五一节，我在外地某商场，蹲守了好长时间，发现有不少顾客进入商场后就径直奔向格力专柜，说明了这些消费者已认可了格力，并早已在心目中选择了格力，虽然商场里品种繁多，但对这部分消费者来说已经成了摆设。这就是格力专卖店的基本条件。

再说，空调与其说是产品，倒不如说是设备或半成品，需要专业人员安装、调试才能最终使用，在这方面，专卖店有突出的优势。专卖店不像大卖场，人山人海，顾客不容易照应，在顾客至上的今天，休闲购物已成为一种时尚和享受。另外，专卖店船小好调头，城市能开，郊区能开，乡镇能开，甚至生活小区也能开，打得赢就打，打不赢就走，经营风险小。

当时，一批“敢于吃螃蟹”的经销商，陆续在全国开了第一批格力专卖店。但那时大家还处于摸索阶段，没有统一的规划，“八仙过海，各显神通”，有办得好的，有办得一般的。为了促进专卖店这一新生事物的健康发展，2005年10月，格力在珠海召开了一次全国专卖店专题研讨会，进一步总结和探讨专卖店在发展过程中所遇到的问题，提出专卖店今后的发展规划和方向。商家积极响应，共有一千多人参会。

会上，我作了近两个小时的主题发言，从专卖店的生存条件、专卖店与大卖场的优缺点分析，如何加强和规范专卖店的管理，如何开创专卖店的新局面等一系列问题，阐述了自己的观点与意见，得到与会者一致的赞同。可以说，这次大会是专卖店建设的一次动员会，对专卖店今后的发展起着至关重要的作用。

为了搞好格力专卖店，在会上，我重点强调专卖店必须加强管理，规范经营，用格力的企业文化打造专卖店的建设。为此，我在会上提出了专卖店建设的“三性原则”：即连锁性、统一性、关联性。

连锁性。市场竞争，弱肉强食。所谓“强”，并不就是大，而是有实力。专卖店作为单一个体，店小实力弱，那我们就连锁起来，把所有的格力专卖店组成一个全国连锁店，遍布全国城乡，谁还敢说你小？麦当劳单一店面也不大，但国际连锁，消费者就对它刮目相看。实力，在一定程度上也代表了一种信誉，只要我们连锁起来，实力和信誉也就随之大大提高。

统一性。专卖店要以省市为单位，统一设计、统一装修、统一LOGO、统一标志、统一服务标准、统一价格、统一着装、统一店容店貌。取消原来的什么“张三店”、“李四店”等专卖店名称，因为这些店名很容易使消费者联想起“夫妻”店、个体店。也只有实行这八个统一，才能更好地体现出连锁性，才能提高专卖店的实力、形象和消费者的信心。

关联性。与谁关联？当然是与格力总部。专卖店要死死地把自己与格力扯在一起，讲得难听一点叫“傍大款”、“拉大旗作虎皮”或“狐假虎威”什么的。专卖店不是店面小，没实力，可信度低吗？只要跟格力绑在一起，人家就不敢小看你，他们感觉到你背后有一个大企业在支持你，帮助你，做你的后盾，你还怕什么？

在会上，我还特别强调，要想与格力绑在一起，专卖店必须做好以下三点。

其一，在店里要适当布置格力文化园地，把格力的企业文化，生产活动的场面，员工的文化生活等展示给消费者，让消费者进一步认识和了解格力，并且感受到你就是格力的一员。在与消费者交流时也要注意方式，不能张口就是“阿拉上海人”，“咱北京人”，应该说“我们格力人”，也不要说“他们格力如何如何”，应该说“我们格力怎样怎样”。

其二，打造优秀的格力专卖店文化，以优秀文化带动专卖店的建设。为此，必须做到自信、自强、自律。特别是自律很重要，要做到自律，我们必须做好以下五点：稳定价格的模范；售后服务的模范；遵守销售公司和格力总部规定的模范；诚信经营的模范；宣传格力品牌的模范。

其三，做好格力与消费者之间的纽带和桥梁。什么是品牌，品牌不仅是质量上乘，性能优越，品牌还应包括与消费者建立起一种亲情关系。既然消费者是企业的衣食父母，就应更多地关心他们，爱护他们，想他们之所想，急他们之所急，与他们建立起亲密关系，这样，他们就会成为我们的义务宣传员。

大会结束后，各参会代表回去纷纷行动起来，按照我在会上提出的意见和观点，重新统一布置了专卖店，按要求规范了专卖店的经营。很快，格力专卖店在全国风风火火地发展起来，各地经销商争相申请加入专卖店的行列，出现了一时未被批准而找人说情的现象，专卖店也从一千多家发展到上万家。

格力推行独特的销售模式以来，经过多年的风风雨雨，经受了考验，也遭受过挫折，备受世人关注，很多人怀着各种目的和心态去评论它，我们遵照邓小平的“不争论”的教导，老老实实摸着石头过河，实践是检验真理的唯一标准，行不行，实践中见高低。

实践证明，销售公司的创立以及按格力文化建立起来的遍布全国城乡的专卖店，是格力的销售主体，承担着格力90%以上的销售任务，使得那些“不依靠大卖场，格力的销售必将大幅下滑，最后不得不退出主流品牌”的言论不攻自破。

当然，我们也应该与时俱进，不断适应时代的变化。特别现在是互联网时代，电子商务方兴未艾，销售方式和销售方法也将不断变化。如何用互联网思维去适应、去改进我们的销售，这将是摆在格力面前又一个重要课题，也是一项重大的挑战。

第九章　科技创新
——看准的事情绝不回头

残酷的现实深深地教育了我，要创立品牌，开创企业的新局面，必须以科技创新为纲，“纲举目张”。我总在想，有些企业为什么艰难度日，是因为你的产品不好卖，不好卖的原因是因为你拿不出能使消费者动容的、能改变他们生活的创新产品，你拿出来的只是山寨品、冒牌货或已过时的产品。同样，你之所以拿不出高质量的产品，是因为你没有从科技创新的角度去分析、探讨，去攻克影响质量的方方面面问题，当然也包括很多你尚待解决的技术问题。

格力经过短短20多年的努力，从一个名不见经传的小企业，发展成一个知名的品牌，只要说到空调，无人不晓格力。然而，如何打造出格力这一品牌，这中间又有什么曲折和不为人知的故事，知道的人就不多了。

当初，格力也和现在的很多小企业一样，别说品牌，就是消费者能讲出“格力”的名字，都已经是谢天谢地了。

那么，我们是靠什么一步一步把格力这一品牌推向中国空调行业的高峰位置呢？一提到品牌，很多人都想到策划、推广、传播、广告、定位销售、服务等等，认为只要舍得砸广告，“大吹大擂”，或冥思苦想一个“朗朗上口”的广告语，把位置“定”好，或找两个明星代言人，就是品牌了，以至央视每年广告招标被意味着品牌风向标，一些企业不惜举债上央视。然而几经折腾也没有把品牌做起来。

我不否认这些对品牌建设发挥的重要作用。但是企业的根本是什么？是产品，产品的真正实质是科技含量和质量水平，而消费者所需要的也正是这些东西。

我记得90年代有个叫“秦池酒”的企业，把四川的酒拿来勾兑，每天不惜代价地在央视黄金时段砸广告，一时间也的确收到了“家喻户晓”的效果。企业声称每天开进央视的是一辆桑塔纳，但开出来的却是一辆奔驰，但由于没有自己的产品特色，最终并没有得到它所想要的品牌，甚至现在连企业也不知在什么地方了。

当然，从当今的角度来说，产品琳琅满目，好酒有时候也怕巷子深，广告对于产品的传播的确起着重要的作用。但我反问一句：如果同样是“深巷里的酒”，哪一个更好卖呢？当然是有竞争力的好酒，这是任何人也改变不了的经济规律、市场规律、价值规律。即便有些原来就是“好酒”，巷子也不深，但后来由于创新能力不足，产品跟不上时代和消费者的需求，也会成为“过路英雄”，被市场抛弃，被竞争对手打败。柯达、夏普、索尼、诺基亚等国内外一些原来知名度很高的品牌，都曾经是威震一方的“好酒”，但最后却无奈地申请破产，湮没在历史的长河中。

我认为，产品与广告的关系，说得形象一点，就好比一幅山水画：有虚有实，虚实结合，相互衬托，构成一幅美丽的图画。大家知道山水画中，山是实的，云是虚的，没有云的缥缈就无法衬托出山的雄伟和高大。人们在欣赏山水画时，注意力往往集中在画中的高山、奇石、流水、古木、花鸟等上，但缥缈的云却是必不可少的衬托。

产品与广告也是如此，产品是实的，广告是虚的，只有实，没有虚，产品虽好，美中不足。反过来，只有虚，没有实，画面就只剩下一片浮云，也就没有多少欣赏价值了。当然，也有人把品牌寄托在销售上面，甚至有些企业提出“销售为王”的口号，一切以销售为重，各部门为销售让路，销售部门人员最多，能力最强，待遇最高。总之，能够进入销售这个队伍中的都算得上企业的“精英分子”，个个牛皮轰轰，腰包鼓鼓，令其他员工刮目相看。

格力初期也是如此，员工中要数销售人员最牛，在普通员工年薪只有两三万元的年代，他们已是过十万甚至几十万的年薪了。很多科技人员及公司骨干自然心头痒痒的，纷纷争着挤进销售部门，就连产品开发的技术尖子也整天找我，希望能做一名光荣的销售人员。我想，销售人员对产品的销售固然起着重要的作用，但把产品设计出来，并且把产品做好，使消费者满意的科技人员更是功不可没。如果都想当销售人员，谁来搞科研、搞设计、搞管理呀。

为了平衡这一关系，1994年我决定大幅度调低销售人员的提成比例。这一决定在销售人员中可炸开了锅，引起了他们的强烈不满。不久，他们中的大部分人员便集体跳槽到了中山汇丰空调，他们凭着熟悉的市场、渠道和人脉关系，扬言要在三年内打败格力，有些人甚至认为这回格力“死定”了，其他竞争对手也等着看格力的笑话。

我记得，董明珠当时也在被拉拢之列，她实地考察之后，最后决定留下。

我当时面临着巨大的压力，真有一点“众叛亲离”的感觉。在心情烦乱之时，我甚至一个人开车到海边静坐，思考，呼吸一下新鲜空气。因为出走的这些人大多是企业的老业务员，业务能力很强，按一般人的说法，“客户随着业务员走”，很多时候，业务员跳槽到哪里，市场和业务就跟到哪里。难道这一决策真的错了吗？

但是，看准了的事情我是不会回头的。我就不信，好的产品会没有人要，经销商、消费者也不会傻得不认产品只认人。正是从那时起，我就更加重视科技创新工作，从人力、物力、财力上向科技领域倾斜，以科技创新引领企业的发展，并在大会小会上不失时机地强调科技创新的重要性，要求各级领导必须重视科技创新工作，关心、爱护科技人员，为他们的工作、学习、生活提供力所能及的支持和帮助，做科技人员的贴心人。

我始终认为，没有科技创新，就没有消费者所青睐的创新产品；没有科技创新，就没有过硬的产品质量；没有科技创新，就没有产品的差异化，就不能拉开与竞争对手的距离；没有科技创新，企业只能永远跟在别人的后面，打价格战，搞恶性竞争。总之，没有科技创新，企业就永远没有出头之日。

后来的实践证明，我的思路是对的。经销商固然与业务员建立起良好的关系，但同样也与格力结下深厚的情谊。企业的诚信，企业的规模、实力，企业的科技创新能力，企业的产品质量，才是促使他们与格力做买卖的真正动力。

调整了业务人员的提成比例后，稳定了科研队伍的思想，使他们更安心地搞科研，搞产品。另一方面，我们也加大了科研成果的奖励力度，每年举办声势浩大的科技创新奖励大会，使有成就的科研人员得到相应的报酬。同时增加科研经费的投入，购置了大批科研实验设备，使企业科技工作开展得轰轰烈烈，又扎扎实实，为企业奠定了坚实的基础。

我经常看到有媒体说，格力有今天，是因为销售做得好。我并不同意这个说法，因为他们只看到了格力的表面，没有看到它的内涵与实质。销售好，建立起有特色的格力销售模式，固然是企业发展的重要原因，但不是根本原因，因为我至今还未发现世界上有哪一个知名品牌不是靠创新产品，而是靠销售搞上去的。如前面所提到的汇丰空调，挖走了大部分格力的销售骨干，按理说它的销售应有声有色，却忽视了科技创新，因此，并没有按照自己所期待的那样三年打败格力，相反，没几年便遗憾地把自己送上了“黄泉路”……

作为一个好企业，说一千，道一万，一是要有产品，二是要有好产品。没有产品，你卖什么？没有好产品，消费者愿意掏钱买你的东西吗？

格力就曾经经历过没有产品而又不得不销售的尴尬。

2002年，重庆一家外资企业——福特汽车公司欲购买一百多套“一拖四”的多联机空调（俗称“一拖多”），并在当地公开招标采购。当时格力并没有这一产品，这项技术主要掌握在日本人手上，我曾经打过一个比喻：如果说变频空调是空调技术的“皇冠”，那么变频一拖多则是“皇冠”上的“明珠”。然而，作为全国空调老大，没有这一产品，无论怎么也是说不过去的。当地销售公司把这一情况反映回来，我心里盘算着：不参加投标吧，那就等于公开表明自己没有这一产品和技术；参加吧，万一中标了怎么办？想来想去，还是决定参加投标，而把希望寄托在不中标之上。然而，不知道是格力名气大还是阴差阳错，格力居然中了标，这下可犯难了，不执行合同肯定是不行的，开弓已没有回头箭。无奈之下，我们只好高价从日本三菱采购了一百多套产品，回来后换了包装，换了名牌和说明书，又把商标改成了“格力”。然而这一“狸猫换太子”式的改头换面，虽然交了差，可企业亏大了，单这项工程就亏了好几十万元。这就是没有产品销售的“下场”。

如果下次再有类似的事情又该怎么办呢？作为空调老大，不能大而不强，更不应该没有这项技术。2002年底，我带领公司几位科技骨干，到日本三菱洽谈有关技术转让问题，我了解到之前国内曾有一空调企业从日本购买普通空调的全套生产技术，花费了约一亿元。这次，我在心里准备了两至三亿元甚至更多的购买经费。那次接待我们的是三菱的一位高管，谁知还没有等我讲完，对方就堵得死死的，谈话中还流露出我们有点异想天开的口气，我听了很不是滋味，想调头就走。在后来的谈话中，他才道出不卖的理由：“我们花了六年的时间，好不容易才有今天的成果，怎么能就此转让与你呢？况且，我们也是靠这一产品在开拓中国市场。”冷静下来想想也是，不是有钱什么东西都能买到的，过去不少的所谓技术转让，很多都是人家过时的技术，至于前沿的技术，有钱也是很难买到的。

从日本回来后，我便召集有关的科技人员，给他们下了死任务，必须尽快把产品研制出来，要钱给钱，要人给人，要设备给设备。总之，只要能把产品搞出来，可以不惜任何代价。

我对他们说："你们要开拓思路，大胆设想、猜想、梦想，哪怕是胡思乱想。还要以务实、严谨、实事求是的态度对待各项实验工作，要敢于面对各种问题，向困难挑战。搞砸了，我来承担，成功了，是你们的功劳，全体格力人也会感激你们，这是公司交给你们的光荣任务，也是弘扬中华民族创造精神的一项政治任务，外国能做到的，我们也必定能做到。"

科技人员克服了一个个前所未遇的困难，受了挫折，总结经验再干，失败了，从头再来。最终果然不负众望，只用了不到半年时间，花了不大的代价便研制出"一拖四"多联机，填补了格力和中国空调业当时的空白，2003年底又研究出"一拖八"，现在，只要客户需要，要多少就联多少。

如果当初不是下定决心，相信和依靠自己的力量，自主开发，只等着购买别人的技术，那就等于空谈，甚至是做梦。如果没有产品也要销售，打肿脸充胖子，更是空谈。空谈误国，实干兴邦。

尝到科技创新的甜头之后，我下决心加大科研开发的力度和经费投入，加大科技人员的引进工作，并逐步建立健全科研组织体系，从只有一个技术部门，发展到家用空调技术部、商用空调技术部、技术标准部、家用空调工艺部、商用空调工艺部、科技管理部等。还组建了三大研究院，把短平快的产品开发和日常的技术问题交给技术部来完成，而公司长远的、战略性的产品技术研究交由研究院进行。这三大研究院就是：制冷技术研究院（专门从事制冷、变频技术、节能技术、可靠性的研究工作）、机电研究院（专门从事压缩机和电机技术的研究）、家电研究院（专门从事与空调制冷相关联的电器产品和国际前沿家电产品的研究），每个研究院又根据研究课题组成若干个研究所。从此，格力便走上了以科技求生存，以科技谋发展的康庄大道。

说到这里，产品与销售的关系就应当比较明确了，它们当然是相互依存的关系，有产品就必然会有销售，但必定是有产品在先，销售在后，就像先有鸡后有蛋一样。过去曾经有人讨论先有鸡还是先有蛋的问题，我只知道蛋的大小、好坏是由鸡决定的，蛋能否孵出小鸡也是由鸡决定的，没有公鸡和母鸡怎么能孵出小鸡来呢？

然而，有些人看问题往往是片面的。他们只看到问题的一个方面，而忽略了问题的另一方面。其实，产品的研制、试验、质量的改进提高等，需要多少人辛勤劳动、默默奉献，这些都是外部人看不见的，只知道是谁把它卖掉。就像唱歌一样，人们记住了某一首歌的演唱者是谁，却往往不知道它是谁创作的；电影只记住某个演员的演技和名字，因为他（她）经常在观众面前露脸，却不知道导演是谁，一剧之本的创作者是谁，以及台前幕后的无名英雄。这就是人们调侃的为什么赵本山买得起飞机而钱学森买不起飞机的原因。

我始终认为：品牌首先是建立在为客户提供始终如一的产品体验，只有技术先进，质量上乘，安全可靠，产品的广告和销售才能在此基础上扮演重要角色。否则，无论你花多少广告费，投入多少的销售力量，都无法消除人们对你产品的看法。即便有些企业，原来的渠道就已经打开，广告铺天盖地，已经不存在广告和销售问题，但后来由于产品问题多多，最终消费者也不得不抛弃这个品牌。这样的例子不胜枚举。

1996年11月，格力电器在深交所上市。这是在上市仪式上集团公司总经理和格力电器领导（包括有关中干）的合影

残酷的现实深深地教育了我，要创立品牌，开创企业的新局面，必须以科技创新为纲，“纲举目张”。我总在想，有些企业为什么艰难度日，是因为你的产品不好卖，不好卖的原因是因为你拿不出能使消费者动容的、能改变他们生活的创新产品，你拿出来的只是山寨品、冒牌货或已过时的产品。同样，你之所以拿不出高质量的产品，是因为你没有从科技创新的角度去分析、探讨，去攻克影响质量的方方面面问题，当然也包括很多你尚待解决的技术问题。

不错，翻开国外有关品牌创建的书籍，鲜有提到以科技创新来打造品牌的。我也感到纳闷，并且一直在思考这一问题，这么重要的因素怎么会被忽略呢？后来，我做了一个假设：这或许就是国情不同的原因吧。大家回想一下，品牌的理论最初是由西方国家创立并传入我国的。在西方，市场监管非常严格，产品必须符合标准，否则就不允许上市销售。在西方国家，出现假货、劣货，顿时会成为媒体报道的热门话题，企业形象会大打折扣，严重的甚至会身败名裂，破产关门。不认真所造成的巨大成本和风险，促使企业必须注重科技创新，生产高质量的产品。这就是我们在国外买东西比国内放心的原因，即使是在香港也比大陆放心，特别是食品、药品等更是如此。

另外，西方早已建立起市场经济体制，并逐步走向成熟，形成了有序的竞争。他们竞争的主要目的不是通过各种下三滥的手段把对方弄死，而是通过竞争，最大限度地激发自己的潜能，迫使自己想尽一切办法把企业做好，以超越对手。在这种大环境下，创新就成了企业生存发展的自觉行动，提高产品质量也成了企业的自觉行为。如此一来，企业的品牌创建活动自然就集中在策划、传播、定位、推广、服务等问题上，这就是品牌书籍重点介绍的原因。

我们不妨看一看国际上一些知名的品牌，分析它们成长的轨迹，如波音、奔驰、西门子、苹果、谷歌、微软、三菱、东芝、三星、LG等等，哪一个不是技术起家的？哪一个没有深厚的技术根基？又哪一个没有核心技术和强劲的科技创新能力？

我们不要认为只有高科技企业才有核心技术，普通企业就没有核心技术。就拿名牌服装、鞋帽、箱包等来说，它那体贴入微的人性化设计、高科技的材料、精湛的制作工艺，令人无可挑剔、爱不释手，这就是它们的核心技术。就连小孩子用的尿布，也有核心技术：科技含量高的产品小孩用了不哭不闹，一天下来也不用换，干干的。没有科技含量的尿布小孩则用哭声来抗议。麦当劳有核心技术吗？有的，那就是它能大规模、快捷、标准化地生产大批量的汉堡包，并迅速地输送到各连锁店，使客人不用排队就能吃上热腾腾的汉堡包，形成了其独特的快餐文化。

其实，说白了，消费者买产品，主要买的是产品的价值，买的是产品的技术，没有技术就没有产品的价值。

就拿苹果iPhone手机来说，当初产品还未上市，消费者便通宵达旦排队购买，即使他们手中仍然拿着摩托罗拉、诺基亚的手机在用，质量也不错。难道消费者仅仅是看中苹果的品牌？看中它的服务？看中它的价格？显然不是，讲白了，消费者之所以翘首以待，看中的是它的智能化技术，看中的是它能把传统的手机变成一个移动互联网，彻底改变了人们习惯的生活方式。

科技创新的重要性怎样强调都不过分。我曾在公司一次大会上提出："一个没有脊梁的人是永远站不起来的，一个没有创新的企业就永远没有脊梁。"

创新的重要性听得很多，但如何创新，则听得不多。一些人一提到科技创新，认为得有一批智商高的科研人员，有充足的科研实验设备，还要有大量的科研经费投入。当然，有这些条件固然好，但很多小企业或创新型企业并不都具备这些条件，而且，光有这些条件也是不够的。

实际上，一切科技创新来源于实践，来源于市场，来源于生活，来源于广大消费者的需求。如果说它难，说它神秘，那是我们对它了解、认识不够，没有掌握它的特点和规律罢了。

格力的发展史，就是一部不断立足于市场，立足于消费者的创新史。因为创新，才有了格力的存在；因为创新，才有了格力今天的辉煌。

我认为，创新说神秘但又不神秘，经过多年的实践，我逐步摸索出企业创新的思路和规律，这就是"三部曲"，即六个字：观察、灵感、实验。

所谓“观察”，就是对客观事物，对身边所发生的事情，对市场出现的各种现象，对消费者各种诉求与欲望等等，进行认真的而不是马虎的，深入的而不是表面的，细致的而不是粗浅的观察。通过观察，了解和分析事物的内涵和本质，以及它们之间的内在联系。乔布斯认为：“创造力就是把所有相关的事物连接起来”。想想也是，他所创造的智能手机，不就是把传统手机、电脑、互联网连接起来吗？

所谓灵感，就是把观察到的事物和现象汇集起来，进行反复的研究，多层次、多方位的联想、设想、猜想、梦想，甚至是胡思乱想，从而获得创新灵感。我们要放下包袱，开动脑筋，发扬敢想敢干敢拼的精神。世间上的事情只有想不到的，没有做不到的。灵感来源于想象力，什么都可以想。世界上任何国家的法律只有不许胡作非为的，没有不许胡思乱想的，想总比不想好。爱因斯坦说过：“要善于思考，思考，再思考。我就是靠这个成为科学家的。”其实，假如把我们与乔布斯拿来比较一下，并不是他的技术水平比我们高多少，管理水平比我们强多少，而只是他的想法比我们多一点而已。

实验，就是为了把梦想变为现实，你得静下心来，多做科学实验。对企业来说，就是做好科研和试制工作，用实验和试制验证我们的想法是否正确，是否符合实际。在这期间，你可能会遇到很多困难、挫折，甚至失败，你必须要有足够的决心与毅力，经得起考验与挑战，才能排除万难，去争取胜利。

成功的人有两种：一种是“傻子”，一种是“疯子”。“傻子”是心甘情愿吃亏的人，做别人不愿做的“傻事”，并以此作为人生的一种投资，吃亏越多，投资就越大，经验越丰富，将来获利的机会就越大。“疯子”是总想做别人想做又不敢做的“疯癫”事，即使遇到最大的困难，他也百折不挠，勇往直前。牛顿、爱因斯坦、乔布斯、马云等就是这样一批“疯子”。

有些人只愿意接受成功，却承受不了失败。其实，失败并不可怕，“失败是成功之母”，每次失败与挫折，都使我们学到更多的东西，认识更深刻的内涵，发现更多的道理，懂得更多的规律，因而离成功就更进了一步。有人对这“三部曲”表示怀疑，认为科技创新是一项复杂、艰辛、严谨的工作，怎能这样“简单了事”？下面，我就举几个例子来阐述一下创新“三部曲”。

先从大的谈起：牛顿是国际上公认的科学家，他的“牛顿三大定律”为科技发展作出了伟大的贡献。其中之一的“万有引力定律”我认为就是按“三部曲”创立出来的。

首先，牛顿无意中观察到树上熟了的苹果会掉到地上，这种人所共知又不为人们所关注的普通现象，在“疯子”牛顿身上就会产生很多联想：为什么苹果总往地上掉而不往天上飞呢？当然，因为它们有重量，但重量又怎么产生的呢？跟哪些因素有关呢？这一连串的胡思乱想使他产生了灵感：是否还有更深层次，不为人知的秘密呢？为了揭开这个秘密，牛顿开展了一系列的科学实验，终于发现了任何物体之间都存在一定的相互吸引力，其吸引力的大小与两个物体的质量成正比，与它们之间的距离的平方成反比。这就是著名的“万有引力定律”。地球上一切物体的重量，正是该物体与地球之间的引力形成的。这一定律奠定了现代航天航空事业的理论基础。

又如，大家所熟悉的苹果智能手机，其发明创造也离不开“三部曲”。

乔布斯通过市场调研观察到老百姓，特别是年轻人，喜欢泡在网吧或关在房间里用电脑上网，很是不便。于是他根据互联网思维产生了联想：能否找到一种可以随身携带又便捷的上网工具呢？他自然想到了手机能满足这个条件。手机人手一部，如果能把它变成移动互联网，消费者就可以不受时间、地点的限制，可以随时随地上网了。有了这个灵感之后，便开始了大量的科学实验和试制工作，终于诞生了智能手机这一改变现代人生活方式的伟大创举。

回到格力，由于创新，不断推出一个又一个的新产品、新技术，从而使格力不断地超越对手，走到今天。其中很多新产品、新技术就是按“三部曲”的思路进行的。

大约在2005年，有一次我到河南洛阳做市场调研，找来商家开座谈会，想听一听他们对格力空调的意见。开始经销商见我在场，表现很谨慎，讲好话的多，有吹牛拍马之嫌，于是我打断他们说：“我这次来这里机会难得，就是想当面听听大家的意见，了解我们产品还有哪些问题和不足之处，以便加以改进。好的东西可以不说，它们跑不了。坏的东西必须谈，否则就不知道问题出在什么地方，也就不能对症下药加以解决。”

听了我这一席话，有个经销商壮起胆子说：“格力空调制冷还可以，就是冬天制热有些问题，有些用户反映好，有些反映不好，好像不太稳定。”

会后，我叫商家带我到现场观察，好的、坏的都看。通过仔细地观察，我发现了一个并未引起设计人员重视的现象：空调的制热效果与安装的环境有很大关系，效果好的，一般安装在向阳、干燥的地方；不好的多半是安装在潮湿、离水沟、水塘近的地方。初步分析这是与空调的“化霜”有关。空调在制冷时，室外机吹出的是热风，而制热时正好相反，吹的是冷风。但在冬天，室外气温本来就低，加上吹出来的冷风，叠加起来就更冷，很容易在室外机的散热片上结成一层层的霜，必须定时清除，否则时间一长，就会堵塞通道，降低制热效果。

为了解决这个问题，全世界的空调在设计时就考虑采用定时化霜模式，即空调工作一段时间后，就停止制热而自动转为化霜，等霜化完了再进行制热，如此不断循环。这样一来，问题就产生了：有的地方湿度大，结霜多，在设定的时间内不一定化完；有的地方湿度小，结霜少甚至不结霜，但也得在设定时间内化霜，白白浪费了宝贵的制热时间。

观察到这些现象，我就联想到我国幅员辽阔，气候差别很大，南方潮湿，北方干燥。定时化霜，不符合实际，也不合理，就是同一区域，湿度也不一样。于是产生了灵感：能否按照当时当地的气候环境来自动设定化霜时间呢？回来后，我把这一设想告诉科研人员，根据这一灵感，拟定了“有霜即化，无霜不化，多霜多化，少霜少化”的自动化霜模式。经过次试验，终获成功，成为了全球首个采用自动化霜模式的空调企业，并获得国际专利金奖。实际上，格力在一些重要的历史时期所研发出来并具有影响力的产品，不少是按这“三部曲”进行的。

记得格力初期，产量少、品种单一、款式陈旧，没人瞧得起。相比之下的春兰、华宝以及几个老牌厂，生产红红火火。特别是春兰空调财大气粗，连业务员走路都是昂首挺胸，十分神气。它生产的柜式空调产量大，利润丰厚，年产量好几十万台，约占当时全国柜机市场的一半以上，可谓一枝独秀。相比之下，格力柜式空调当初每天产量只有三五台，一月下来也不过百把台，还不如人家一天的产量。

如何突破呢？如果只跟在别人的屁股后面，仿制人家的产品，不在改进和细节上下功夫，进行二次创新，那就只有等死，就会眼睁睁地看着别人攻城略地，夺走一个个柜机市场。

1992年10月，我和几位同事到美国验收所订购的两器设备，在洛杉矶机场转机时，我在候机大厅溜达，忽然眼前一亮，发现不远处有一台五光十色、绚丽夺目的产品，走近一看，原来是一台自动售饮料的机器（当时国内还没有这种产品），其形状有点像放大了的柜式空调。我心头灵机一动，灵感来了：能否把这种设计移植到我们的柜机上，一来可以制冷，二来可作为厅房的装饰，还可以根据个人的喜好，放上有纪念价值的照片，某些单位还可以作为广告宣传的媒介，一举多得。于是，我便前后左右拍了很多照片带回家。

回来后，我把这设想与技术人员交流，他们也觉得这是一个新颖的创意，于是马上组织科技人员构思、设计，并经过反复的试制，克服了很多意想不到的问题和困难，几经失败，终于成功试制出“灯箱式柜机空调”。1994年底拿到全国各地巡回展出，受到经销商和消费者的普遍欢迎和追捧。可以说，格力柜式空调的迅猛发展，是从灯箱式柜机取得突破的。现在回过头来看虽然有点“土”，但当时可是大红大紫，供不应求，短短两三年时间，产销量就超过一百万台，并使得格力柜机一举超越了春兰。

第二年，我们拿到美国三藩市展出，很多老外前前后后、里里外外围观、拍照。菲律宾客商订购了此空调后，更发展为灯箱空调商业模式，他们把啤酒商拉过来，让他们在灯箱上投放广告，并收取相应的费用，这样他们采购的空调成本很快就可以赚回来。

又如，格力开发了一款造型独特的“U”型空调，将其作为豪华空调来销售，不但受到消费者的热捧，也为格力带来了丰厚的利润。

这款空调的构思是从哪里来的呢？2009年，我只身到巴西出差，回来时途经法兰克福机场转机，需要在机场上候机七个小时。一个人很是无聊，睡也睡不着，走也没地方走，只好在沙发上随手抓起身边的杂志翻阅，很多是看不懂的德文，只能像看“小人书”一样看一些图片，无意中我发现其中一页右下角有一个产品图案（什么产品不知道），其外形很独特，尤其它的“U”型设计别具一格，让人耳目一新。传统的分体空调都是“箱型”设计，比较古板，千篇一律，已经产生了审美疲劳。于是我产生了灵感：如果能把这种设计引入空调中去，岂不成了一大特色？于是趁旁边无人，偷偷地把这一页撕下来，带回公司指令开发人员参考此造型进行开发，经过多次的试制、修改，几经曲折，终于开发出超薄型的“U”型分体式空调，这就是今天消费者所热捧的格力高档分体空调。

与当地商家一同考察格力在巴西的工厂

当然，按“三部曲”所创新出来的产品还有很多，这里就不一一举例了，因此，这“三部曲”曾被一些格力科技人员调侃为格力科技创新的“朱氏定律”。

其实，自然界的进化规律是由简单到复杂，从低级到高级的，正如主宰地球的人类，最初也是由单细胞进化而来的，这就是达尔文的“进化论”。然而，人的思维、人的思想、人对客观规律的认识应反其道而行之：由复杂到简单。能够把复杂的问题简化，我认为也是一种进步。因此，我们处理任何事情应该把复杂、烦琐的东西，通过学习、剖析、梳理、抓住问题的本质，把它归纳成有规律、便于掌握、通俗易懂的东西，这样就能使我们工作起来更有条理性、思维更清晰、目标更明确、走的弯路更少。这就是我们常说的“科学方法论”。“三部曲”正是这种方法论的具体体现。

做事情也是如此，有些人交代他一项工作，虽然功夫没少下，但总是丢三落四，结果不尽如人意。针对这一现状，在一次干部大会上，我提出要把复杂的工作做好，也要简化成“三部曲”。

第一步，必须首先明确你所做的工作是为了什么？其目标意义、宗旨如何？这点很重要，有些人做不好的原因之一就是根本不清楚为什么要做，也不懂其目的、意义，或只知其一，不知其二，像无头苍蝇到处乱撞。

第二步，要实现这些目的，你应当采取或打算采取哪些措施和方法，把它们一项项列出来。

第三步，反复检查这些措施、方法是否有效、可行，是否符合实际。有些人可以提出一大堆的方法、措施，但细查起来很多是不切实际的，或想当然的，因此就很难把工作做到满意。在这方面还可以举出很多例子，这里就不详述了。

我常常在思考这样一个问题：为什么中国的科技水平、创新能力与世界相比还有不小的差距？基础薄弱固然是原因之一，但我们不能老把账算在客观原因的头上。中共十八大习近平提出了“中国梦”，那就是实现中华民族的伟大复兴。为什么叫“复兴”？按我的理解，“复”就是恢复的意思。大家知道，中华民族有着几千年的辉煌历史，我们有过“汉唐盛世”、“康乾盛世”、四大发明等。据历史学家的研究，直到北宋时期，中国的GDP还占了世界的一半左右，就是到了明朝永乐年间还有郑和七下西洋，比哥伦布远征美洲大陆早了近百年，航海技术世界领先，只是在近代落伍了。改革开放30多年来，我国的经济总量已跃居世界第二位，贸易总量世界第一。如今，中国已有了世界级的制造业基础，全球基础物质总产量的一半在中国生产，其中水泥是美国的25倍，钢铁是美国的8倍（如果有需要，十倍二十倍也轻松），发电量是美国的1.3倍，欧洲的1.8倍，而且各项硬指标甩开第二名越来越远。

然而，这些并不能说明中国就是一个工业强国，主要原因还是我国的科技水平相对落后。从中国制造到中国创造的口号喊了多年，中国创造并没有缩短与发达国家的距离，这主要源于缺乏有科技含量的创新产品。美国副总统拜登曾有一次在西点军校奚落中国：“看不到任何一项重大创新技术的产品源于中国。”

美国也有评论说：为什么中国缺少像美国一样令人向往的产品？他们的答案是两国企业所遵循的思维理念不同。在美国，企业是受需求驱动的，就是说首先有了消费者的需求和欲望之后，才有为满足这种需求和欲望的创新方式和创新灵感，这就是美国企业的产品能受到消费者追捧的原因。反观在中国，不少企业还停留在市场供给的概念。哪种产品好卖，供不应求，就急功近利，立马组织仿制。因而经常出现一哄而上的怪现象（如太阳能光伏），一些企业一无设备，二无技术，只是冲着补贴政策而上马，还得花大量时间与政府官员打交道，以获取实则把风险转嫁到纳税人头上的补贴，却很少花时间去研究市场，因此无法制造出能打败美国同行的酷炫产品。

这些评论道破中国创新落后的根源。我认为，科技落后的原因有多方面，其中重要一点就是我们一些人有焦虑浮躁的思想，急功近利，沉不下心来，耐不住寂寞；没有深入去研究事物的本质，揭开事物的真相；思维也不够开放，观察力不强，世间很多现象展现在我们的面前，他却视而不见，听而不闻；就是观察也不深入、细致，不研究事物的本质，不刨根问底、追根溯源，更不去研究这些现象的相互联系以及与我们现实生活的关系。你对身边的事物观察得不深入、不细致，就不会联想；不会联想，就产生不了灵感；没有灵感，自然就缺乏创新的目标和方向。由此可见，从观察到产生灵感是一个重要的过程，是质的飞跃。创新来自于灵感，灵感来自于对世间事物的细心观察和缜密的思考。

当初，格力的一些科技人员也想设计出更多更好的新产品，苦于没有思路，没有灵感，我对他们说："在现实的生活中、在广阔的市场里，灵感无处不在，关键是你要善于捕捉它。比如，只要你们留心观察老百姓日常生活中还有哪些不方便，还存在哪些烦恼，还有哪些期望，关注一下我们产品还有哪些投诉，还有哪些急需解决的问题，你就会产生很多创新灵感，孕育更多的创新理念。"

没有烦恼，没有不方便，没有期望，就没有需求，也就没有为了满足这种需求的创新思维和创新动力。

当然，社会是不断发展的，由于人们的生活水平不断提高，生活方式也不断发生变化，人的思想观念也会随之而变化。过去认为不烦恼的，现在变成了烦恼，过去认为方便的，现在又变得不方便。可以说，烦恼无处不在，不方便的事情也常常困扰着我们。然而，只要我们解决了消费者的一个烦恼，解决他们一个不方便，就诞生了一个创新产品，就满足了他们一个新需求。

2015年春节中国游客疯狂抢购日本的马桶盖，为什么？因为冬天坐在普通的马桶盖上冰冷冰冷的，屎都拉不出来，你说烦不烦？而日本企业抓住了这一点，生产的马桶盖能加热还能自动清洁，解决了这一烦恼，自然受到消费者的热捧。

世界上，烦恼不断产生，又不断被解决，周而复始。产品也会层出不穷，虽然现在市场上已有几十万种、上百万种产品，但随着社会的发展，人的思想观念和生活方式的改变，必将还有几十万种、上百万种新的产品等待我们去开发。因此，我常说：昨天的产品打不赢今天的市场，明天必将有更多的产品等待着我们去开发。

而今，世界进入了飞速发展的互联网时代，为我们的科技创新开辟了新的更广阔的天地。有人放言，互联网正在颠覆传统的产业。也有人说，互联网就好像孙悟空一样把中国产业搞得“天翻地覆”。这虽然有点言过其实，但是互联网的确已经渗透到社会各行各业，甚至到了言必称互联网的地步。不说这个，就觉得你没文化，没档次，跟不上潮流。

现在，卖水果的建一个微信群；卖服装的把图片发至朋友圈；开餐馆的用互联网做一个选址调查，叫大数据分析；网上点菜，饭前饭后与老板互动，叫信息反馈……总之，在创业时如果你不提互联网，都不好意思说自己是创业。由于互联网信息对称、信息量大、切换成本低、运行效率高、使用方便等，因此在科技创新、品牌建设、销售服务、企业管理等方面发挥出独特的重要作用。

互联网不仅在电子商务、企业管理方面有出色的表现，在企业的科技创新上也已锋芒毕露。如什么智能产品、云空调、云电视、智能家居等迅速崛起。这些产品不但可以远程操控，还通过云控制、云诊断、云定制、云计算、云适应、云升级等等，实现了“人、机器、服务中心”三者智能交互，一举改变了人控制机器的单一思维和交互方式。

总之，互联网的出现为企业的科技创新提供了前所未有的广阔空间，为我们设计新一代产品提供了更多的思路与灵感，我们应该伸开双臂，迎接互联网时代的到来。

格力20多年来，从一个不知名的小企业成长为一个家喻户晓的知名大型企业，很重要一个原因就是重视科技创新、重视产品的研发、重视质量的不断改进。企业舍得把大量的资金投入到科研创新中去，建立起较为完善的科研实验基地，购置了一整套科研实验设备，这些有的是国际先进的，有的是国内独一无二的。如花了2000多万建立起一个环境实验室，不出家门就可以模拟出春夏秋冬、电闪雷鸣、刮风下雨、结霜下雪等多种气候环境。有了这些设备，才能保证科研实验活动的顺利进行。

关于科研经费的投入，原先企业也有一番争论，有人认为投进去不一定有收获，搞不好还会打水漂，投一分就少一分利润。这些人目光短浅，只看见投入了多少，却不去仔细分析将会得到了多少回报。例如，我们每年几十亿元的科研投入，并没有影响到利润的增长。相反，通过投入开发了大批有竞争力的、经济效益好的创新产品，解决了不少技术问题，使品牌形象大大提高，消费者愿意出更高的价钱购买格力的产品，利润不降反升，已多年获得中国上市公司纳税百强。

相反，某些同行企业投入比格力少，但并没有发现他们的利润和纳税比格力多。实践证明，在科研上的投入其实是很划得来的，用得好可以得到一本万利的效果。

创新引领发展，在一次公司的科技大会上，我提出了“科技救企业”的思想。有人问：“你为什么要用‘救’而不是用‘促’‘兴’之类的字句呢？”我觉得，只有这个“救”字，才能充分体现科技与企业的生死依存关系。久而久之，格力人就逐步形成了这样的理念；销售不好，从科技创新上找原因，产品质量不好，从科技创新上找原因，效益不好，从科技创新上找原因。

其实，企业也和人一样，一辈子过来，风风雨雨，难免会遇到很多的坎坷、挫折、磨难、病痛等。人若得了病，自然会找医生看病救治，而企业在恶劣的竞争环境中也会“染病”的。得了病，找谁救治呢？非科技莫属，只有科技，才是救治企业病的“良医良药”。

柯达就是“科技救企业”的反面教材。柯达从世界500强跌至谷底，甚至破产倒闭，都是因为缺乏科技创新而失去了抗病能力所致。苹果则是“科技救企业”的正面教材，它从一个奄奄一息的企业到雄霸整个数字产品的企业，也是托科技之福，是科技创新救了苹果，使它走出困境，走向辉煌。

在国内，华为也是科技救企业的典型例子。华为没有大张旗鼓地宣传和包装自己，也没有铺天盖地做广告。有的只是年复一年的研发投入，日复一日的自我颠覆和创新。然而就是这样一个起点很低的民营企业，硬是在强手林立的电信市场闯出一片生天，不但征服了中国，还征服了全世界。

然而，时至今日，还有一些企业视广告和推销为神灵，提出“销售为王”的口号，实际上就是曾经摔过跤，碰过钉子的“销售救企业”的翻版，他们忽略了科技创新的作用，结果是一事无成。

“科技救企业”不是拿来喊的一个口号，它有着丰富的内涵：

其一，企业要重视科技工作，特别是企业一把手，必须深刻认识到科技对企业的重要性，要经常检查督促科技工作的开展、项目

格力电器上市的钟声

的落实、存在什么问题、如何解决等，形成一个不仅领导重视，上下员工都重视科技的氛围。

其二，企业要尊重人才，爱惜人才用好人才。既然科技能够救企业，那么，对科技作出贡献的科技人员，无疑就是企业的“救世主”，是企业的宝贵财富，必须从各方面给予足够的重视：重视他们的意见、建议，各级领导要经常找他们谈心，交朋友，倾听他们的诉求和呼声，解决他们工作中的思想和实际问题；重视他们的工作，力所能及地为他们提供良好的工作和学习环境；重视他们的生活，不断提高他们的工资待遇、福利待遇，改善他们的居住环境和条件，并且创造条件解决他们的家属和子女问题，使他们安心搞科研；重视他们的学习，经常组织他们参加各种场合的学术交流，有目的、有计划地组织他们出国考察、学术交流，以及各种培训活动等等。

其三，根据企业的实际情况，逐步加大科研经费的投入。

其四，给政策。企业要放手让科技人员开拓思路、勇于钻研、大胆创新，如果失败，企业要用包容的心态，不要横加指责。科研本身就是一种探索过程，不是每次都能成功。损失多少，就当做交学费，也不要斤斤计较学费的多少，重要的是鼓励他们总结经验，吸取教训，从失败中学习更多的知识。

对有贡献的科技人员，要重奖。格力每年都召开一次科技奖励大会，对一年来的科技成果进行总结、表彰，小到合理化建议，大到重要科研成果，论功行赏，多的过百万元。

退休后，有机会走访了很多企业，我经常不厌其烦地告诫这些企业的大佬们，一定要重视企业的科技创新工作，要注重产品质量的提高，要在消费者最关心的热点问题上狠下功夫。就拿机电产品来说，消费者最关心的热点问题无非是三大问题：性能、安全性和可靠性。而这些问题每一样都是与科技创新息息相关的，抓住了科技，这些问题就迎刃而解了。

当然，要搞好科技创新，要做到技术领先，特别是世界领先，我们还需要有那么一股干劲、一股精神。一个民族的落后，不是物质的匮乏，而是精神的平庸、人格的苍白、灵魂的空虚、性格的懦弱、意志的衰退。我们在发扬中华民族优秀文化传统的同时，也要不断地向外国的优秀文化学习。如学习英国人慎思明辨的励志精神，德国人精益求精的创业精神，犹太人绞尽脑汁的创新精神，日本人自强不息的敬业精神，以及美国人敢想敢干的冒险精神。这些国家的科技之所以先进，就是有了这种独特的民族精神，这是推动他们国家领先一步的精神粮食。

格力虽然在科技创新的道路上取得一点成绩，但比起世界上先进的企业来说，还有很大的差距。任重道远，仍需要格力人不懈的努力。

第十章　格力文化

——少说空话，多干实事

在格力办公楼的大堂里，我在任的二十多年来一直挂着我亲手书写的八个大字：忠诚、友善、勤奋、进取，以及“少说空话，多干实事”。格力的文化是“实”的文化，苦干实干、实事求是的文化。我想这就是我在任 20 多年格力文化的核心。

古人造字，也是挺有意思的。企业的“企”字，上面是“人”，下面是“止”，意思是说，“企”者，无人即“止”也。看来，古人也知道今天企业人的重要性。

的确如此，企业最重要的因素，不是资金，不是设备，也不是厂房，而是人，是支撑起企业这座大厦的人。

格力创业之初，钱很少，设备也简陋，更没有高大宽敞的厂房，但格力人憋着一股劲，经过20多年艰苦拼搏，终于登上了世界空调的前列。马云的阿里巴巴，创造了数以千亿的财富，当初什么也没有，只有十七名志同道合、有思想、有抱负、有能力的追随者。同样，乔布斯、比尔·盖茨所创造的辉煌，也是因为人。

一个家族有家风，一个企业有企业文化，一个国家有民族精神。

我认为，企业文化，说穿了就是企业塑造和培养“支撑起企业这座大厦的人”而建立的一种文化，它为企业建立起一种道德标准、行为准则、工作作风、经营思想、价值取向等。企业文化是企业的灵魂，推动着企业的发展与进步。

例如丰田的企业文化强调人的作用，上下同心协力、忠实于公司的事业，以产业报国，潜心研究与创新，不断开拓，时刻站在潮流的最前端，切忌奢侈浮华，力求朴实稳健，发扬友爱精神，以公司为家，相亲相爱。该纲领体现了丰田目标、信念、追求和价值观的总和，体现了丰田精神。几十年来，丰田一直在该纲领的指引下，从事经营活动，这种企业精神已牢固地树立在每个丰田人的心中，从而形成了全体丰田人统一的价值观、共同的生活信念和一致的人生目标。正是在这种精神的激励下，丰田人忠于职守，拼命工作，不断提高劳动生产率，创造出惊人的成就。

华为人崇尚“狼文化”，向狼学习狼性——坚韧、勇猛、团结协作、不达目的不罢休的舍命精神。在各种活动中培养员工参与意识和乐观向上的励志精神，坚信自己、永不服输、自强不息的敬业精神和不断创新、不断进取的奉献精神。

其实，企业文化从开始便是领导者的文化，企业文化每一个毛孔都渗透着老板的气息，都反映出一把手的鲜明个性。企业家的思想和价值取向，决定了企业文化的走向。有什么样的领导者，就有什么样的工作作风和经营理念，也就有什么样的企业文化。例如领导者喜欢听人吹捧，这个企业必定是吹吹拍拍，讲假话成风。从领导者的思想行为到员工的耳濡目染，最终形成员工的行为定势和观念，这就是企业文化。企业领导者一旦变换，其企业文化也有可能发生变化。

格力以往的企业文化是什么？

在格力办公楼的大堂里，我在任的二十多年来一直挂着我亲手书写的八个大字：忠诚、友善、勤奋、进取，以及“少说空话，多干实事”。格力的文化是“实”的文化，苦干实干、实事求是的文化。我想这就是我在任20多年格力文化的核心。

企业是做出来的，不是喊出来，更不是吹出来的。我提倡低调做人，高调做事，这是我的性格所决定的。我最讨厌那些做七分吹十分，甚至只做三分也敢吹成十分的人，做业务、搞科研，不是脚踏实地、一丝不苟地解决一个又一个问题（包括一些细小问题），

格力文化是“实”的文化，这是我亲笔书写的“少说空话，多干实事”

而是自吹自擂，刚有起色或还未成熟，就吹得神乎其神，甚至吹嘘成“世界第一”、“世界首创”等骇人听闻、令人心跳加速的声音，以达到“语不惊人誓不休”的效果。

我这个人喜欢讲真话，一是一，二是二，因此也不喜欢别人讲假话、讲空话。因为真话不大好听，讲空话又解决不了问题，讲假话更是害人不浅，那就只好“少说空话，多干实事”。

在“忠诚、友善、勤奋、进取”，和“少说空话，多干实事”的格力文化勉励和熏陶下，诞生了格力电器第一批骨干，他们中的一部分逐渐成长为格力的栋梁之材，为企业做出了重大贡献，尽管时光流逝，但这八个字在许多格力人心中并没有因此而褪色，仍然是格力员工不可或缺的教材和精神食粮。

为了让全体员工特别是青年学生了解企业文化，贯彻执行企业文化，在一次公司一千多名本科生、研究生和骨干的大会上，我详尽地向他们解读这八个字的含义。

忠诚

在这个世界上，并不缺乏有能力之人，而是缺少既有能力又忠诚的人。这种人才是每个企业渴望的理想人才，他们一定会得到企业的重视。就是这些员工，他们时刻为公司着想，急公司所急，在做完本职工作外，还积极地帮助别人，为公司献计献策，而且在危难时刻，会挺身而出。越是碰到大事，越是能看出这些忠诚员工的重要价值。

忠诚不只是表现在员工对企业方面。对父母、对同事、对朋友要忠诚，下级对上级要忠诚，上级对下级也要忠诚，员工对企业要忠诚，企业对员工、对客户、对合作伙伴也要忠诚。做人为什么要忠诚？忠诚是人类最重要的美德，忠诚是人与人之间最基本的相处关系，也是形成一个和谐、团结、有战斗力集体的有力保证。

假如世界上能够一个人独立生活，就无所谓忠诚，因为你没有忠诚的对象，也没有彼此之间的合作。只是这种假设并不成立，即使人类从猿变成人之初，为了防止大型野兽的攻击，为了生存的需要和获得更多的食物，他们也不得不携手合作共度时艰，就像狼群猎食一样，那种穷追猛赶，锲而不舍，相互配合的团队精神，令人敬佩。

现代社会更离不开集体，相互之间的关系更为紧密。在家中，生活在一个家庭里；上学了，生活在一个班级里；参加工作，生活在一个机关或工厂里。在这期间，我们要和形形色色的人交往：熟悉的和不熟悉的，脾气好的和脾气直的，你所喜欢的和不喜欢的，说话和气的和说话尖刻的，这当中包括老师、同学、朋友、父母、夫妻、同事、上司以及社会公众等。这就需要我们相互配合、相互协调、相互帮助、相互学习，才能组成一个和睦的战斗团队，以更好地完成各项工作。

有了交往，就有了彼此的关系，而忠诚，就是这种关系的重要组成部分。只有忠诚，你身边的人才会喜欢你，你才能融入到团队和社会中去。那种不忠不孝、没有感恩思想、翻脸不认人，非奸即盗的不忠之徒，肯定会受到社会的唾弃。可以说，忠诚赢得了信任，忠诚赢得了友谊，忠诚赢得了合作，有了这些，才是我们成功的基石。

我对刚走上工作岗位、涉世未深的年轻人说，你们做人做事不能急功近利，不能什么都想走捷径，就连忠诚这个需要不断打造的宝贵品格，也想走捷径。他们认为，我不需要对任何人忠诚，你对我好我就对你好，你对我忠诚我就对你忠诚，或者在得到好处时就忠诚，得不到时就不忠诚。他们把忠诚看作是一种交易，而不是对自己品格的提炼与人生的投资。在他们眼里，所谓工作，无非就是出卖劳动力。他们根本不把敬业精神放在眼里，不忠于职守，视忠诚为儿戏，甚至把忠诚看成是企业绞尽脑汁剥削员工的一种手段，这种人工作不是为了学习本领、磨炼品格、为自我成长打基础，而是片面地认为工作只是出卖劳动力，是为了解决生活问题。

我们先来谈一谈，为什么有些人对企业不忠诚，原因固然很多，或工作不顺心，或不喜欢自己的工作，或与上司关系紧张，或待遇离自己想象的太远等。当然，还有一个重要的原因，就是这些人缺乏感恩思想，他可以为了一个陌生人的点滴帮助而感激不尽，甚至“拔刀相助”，却无视企业为他提供学习和工作的机会，为他提供工资、福利、住宿、教育、锻炼等种种恩惠，并将这一切视为理所当然，甚至为了某种个人利益，而不惜牺牲企业的利益，做出损人利己的行为。

当然，员工对企业的忠诚要建立在企业关心员工的基础上，企业要把他们当做亲人，为他们的工作、学习、锻炼提供力所能及的支持和帮助。在企业效益增长的前提下，要不断提高他们的工资待遇和福利水平，使他们也同步享受到企业发展所带来的成果，形成企业爱员工，员工视企业为家的氛围。特别是企业一把手，更要以身作则，他的一言一行代表了企业所作所为，不能对员工的疾苦和困难不闻不问，哪怕是对员工的一点点体谅和帮助，员工也会十分的感激。

如有几次早上下大雨，一些员工没赶上工厂的班车，在路边淋雨等候，这时我正好开车从马路走过，虽然不认识他们，但见他们穿着厂服，我便招呼他们上车，一直把他们拉到工厂。就这么一件小事却在厂里传为佳话。

感恩不但是一种美德，而且还是做人的基本素质和道德。即使作为一名推销员，在遭到客户拒绝时也应感谢顾客耐心听完你的解说，这样才有下次光顾的机会。上级批评你，应该感谢他给予的种种教诲。父母责骂你，应该感谢他们是真心为你好，是对你的一种疼爱。你学有所成，应该感谢老师的辛劳。一个人如果没有感恩思想、无情无义、翻脸不认人，就不可能有对父母的孝心、对师长的尊敬、对同事的关爱、对工作的尽责。

我对年轻人说，当今社会，是一个到处充满竞争，充满商业气息的社会，实现自我的真正价值，获得更多的个人利益无可厚非，不过令人遗憾的是，我们一些人并没有认识到，个人的发展与忠诚并不矛盾，而是相辅相成的。虽然，通过忠诚和努力工作所创造的价值并不完全属于你，但是通过忠诚造就的品格以及人格魅力却完全属于你，任何人也拿不走，你因而在同事中更具有威信，更能得到领导的赏识，你的发展、你的成功将比其他人有更多的机会。所以说，忠诚的最大受益者是你自己。

友善

友善是中华民族传统美德。《三字经》里说：人之初，性本善。有一首歌叫《团结就是力量》，而团结的基础是友善，友善才能万众一心。如果一个单位或一个班级，你争我斗，就谈不上团结，因而就形成不了力量。

我认为，友善首先是学会服从，服从是每个年轻人走上工作岗位要遇到的问题，也是员工必备的素质。有句话说得好，“恭敬不如从命”。面对上级，下级首先做到的是服从。下级不服从上级，说一句顶撞两句，就无法上传下达，也无法开展工作。一个没有服从意识的员工，不管他多有能力，他的上司也不会喜欢他。

当然，服从不等于盲从，上司的每一个指令不一定都正确。对待错误的指令、决定，作为下级应抱着对工作负责的态度，善意地提出自己的观点，指出错误的理由，在关系到企业发展的重大问题时，还要力排众议、据理力争。我想，绝大多数上级不但不会责怪你，反而还会认为你有思想、有水平，会更加重视你。同时，通过提出自己的意见和争辩，还会磨炼出自己的思维能力与工作能力。

诚然，作为各级领导，对下级提的意见应该有海纳百川的胸襟，不责怪、不发怒、不给“小鞋”穿，这样才不至于在“谔谔之音”面前失去平衡，才能从各种意见，甚至是批评、反对的意见中博采众长，从善如流。

大家应该明白，“拥护”和“反对”是组成事业成功的有机整体。有拥护往往就有反对，就像汽车一样，有油门必然就有刹车，油门和刹车组成汽车一个完整的运行体系。“拥护”好比油门，“反对”好比刹车。意见一边倒，只有拥护，没有反对，就好像汽车只踩油门而没有刹车一样，其结果必然是车毁人亡。没有经过争论的决策，看起来好像是一个完满的句号，但执行起来，有时就会变成一个问号。

因此，我每次开会，特别是作出重大决策之前，都会耐心地听取各种不同的意见，不是说各种反对意见都采纳，最起码它能帮助我们开阔视野、提高警觉。

我曾经在公司大会小会多次说过，我做的事、说的话，如果有80%是正确的，我已经很满意了。言下之意还有20%的错误等待着你们去纠正。对待这些错误，你的态度如何，是决定企业能否健康发展的重要因素。是还未等我说完就高呼“英明、伟大”呢，还是认真分析，指出其中的不足，提出自己的看法。我说，只要你能提出意见，错了也不要紧，什么态度都可以接受，指责、谩骂也无所谓。相反，如果什么意见都提不出来，我让你来开会讨论干什么？

遗憾的是，并不是所有的领导人都有这样的胸怀，我们也有个别领导（包括个别中高层领导干部），他们听不得不同的声音，总认为自己的意见是对的，他们把自己的面子看得很重要，甚至比企业的利益还重要，错了也不改。他们用人的一个很重要标准是听话、百依百顺，即使能力差一点，听话就行。一旦有“谔谔之音”就不高兴、发脾气、给人家“小鞋”穿，或想尽办法把人家逼走，这是一种没有自信心、不负责任的表现。这种思想和行为与格力的企业文化是格格不入的。如果让“诺诺之音”盛行，听不到“谔谔之音”，这样最终会给企业造成极大的伤害。

其次是尊重上司。你对上司表示了尊重，上司也会尊重你，每个人都有自尊心，上司也不例外，他们也有争取社会承认，希望被人尊重的心理需求，国外企业（如日本）在这方面的表现尤为突出。

下属对上司不仅要有基本的尊重，还要尊重上司的一些合理的性格习惯，如有的上司习惯于表扬，有的习惯于批评，有的个性急，有的不慌不忙，有的性格内向，有的外向，有的讲话平和，有的讲话尖刻等等，这些都是上司的性格特点，你很难去改变他。

主动替上司排忧解难，舒缓上司的心理压力是尊重上司的最好表现，也更能得到上司的器重。我在做下属时就经常干这事。

第三是要与同事、合作伙伴协调好关系。在竞争日益激烈的今天，任何单枪匹马、孤军作战，都不可能有所作为。协调好人际关系，协调好合作伙伴的关系，是事业能否成功的重要因素。那些对同事、对合作伙伴弃之不顾，自以为是，老子天下第一的人就很难有成功的机会。

现代社会，但凡完成一个项目或一个产品，技术越来越复杂，分工越来越细，往往需要多学科、多技术、多工种和多方面人才组合。只有相互协调、相互配合，各尽所能，取长补短，才能发挥出最大的优势。企业之间也一样，不可能包打天下，从螺栓、螺帽到各种电子元器件都自己生产，必须靠大量的协作厂共同努力，团结协作，提供主机厂所不能生产的零配件，才能最终完成一个完整的产品。

要协调好关系，我认为需要做到以下几点。

一是与人方便。我们经常能听到这样一句话："与人方便，与己方便"。我们在工作中如果没有关怀和爱心，同事之间就无法和睦相处，工作就难以协调。要多一些站对方的立场思考问题，进行换位思维，也要多一些考虑对方的感受与困难，尽量为别人提供力所能及的方便与帮助。

与人方便，不仅对企业内部如此，对经销商、供应商，对自己的合作伙伴也应如此。在这方面，很多人对经销商做得还是比较好，觉得产品要求助于他们销售，因此能急客户所急，提供优质的服务。只是对供应商，总觉得你是靠我生存的，是向我“讨饭”吃的，于是高高在上，盛气凌人，在供大于求的情况下更是如此，根本不把他们看在眼里，没有共赢意识，更谈不上合作精神，价格一压再压，甚至超出了正常的生产成本，稍有不从，就撤换厂家。无奈，有些供应商为了活命，只好弄虚作假，到头来又影响了自己产品的质量。而货款更是一拖再拖，供应商难以为继，很难有资金进行技术改造，以生产出更高质量的配件。实际上我们把别人的路挡住，也就把自己的路堵死了，忽略别人利益最终也损害自己的利益。企业可以逐利，但不能唯利是图。

格力做大了的时候也是很牛的，采购部门有点飘飘然，经常更换供应商，弄得质量难以保证，也容易滋生腐败作风。后来，我决定由公司企管办负责对供应商进行评估并确定。供应商一经确定，供应部门无权随意更改。对于货款拖欠现象，也下了一道命令，按照供货合同的条款，只要手续齐备后，到时候必须付清，不需要供应商时时来催款，否则要追究相关人员的责任。

在这方面，中国企业应好好向外国学习。国外企业认为，供应商（他们叫协作商）是企业发展、产品创新、质量升级不可或缺的重要因素。他们一般不会随意更换协作厂，有问题，有困难，不是相互指责，而是坐下来好好协调、研究，定期开会解决有关问题，组成产供联盟。难怪西方的产品做得这样好，是因为他们有一批围绕主机厂，又相互熟悉产品，共同发展与共赢的忠实供应商。

谈到合作，要有正确的思想：小合作要放下态度，彼此尊重；大合作要放下利益，彼此共赢；一辈子合作要放下性格，彼此成就。

二是注意小节。越是小的事情，越是见真情，越能看出一个人的内心世界。企业之间产品质量的差别，往往是细小问题上的差别。人与人之间的差别，也往往在一些细节的事情上，并且因为这些细小事情决定了不同人的不同命运。如欠缺礼貌的一次行为、无意中食言、一个不文明的举动、一次贪小便宜的举动、一句尖刻的伤人话语等，都可能对你的人生造成影响。一个人的工作热情、精神面貌，也往往在这一举手、一投足中体现。

三是待人诚恳，信守承诺，背后不说人短，不失信于人。这样的人，谁都愿意接近他。他就会有更高的人气，更强的号召力，做起事来就更容易得心应手，一旦遇到困难，会有更多人愿意出手相助。那种为了达到个人目的，不惜揭第三者的短，甚至罔顾事实，不择手段地造谣、诬陷，攻击别人，借此来提高自己的行为，肯定就不是友善的表现，这种人最终什么也得不到。

四是不在乎被人占便宜。俗话说得好，吃亏是福，吃亏是一种做人的境界，是处世的一种睿智。有些人吃不得亏，吃一点亏就耿耿于怀。且不说多帮别人做一点事，就是领导安排工作多一点，要求加加班，赶赶任务，还有怨言，觉得吃了亏，受了委屈。

其实，帮别人做点事，别人就欠你一个人情。领导叫你做事，在我看来，应该感到庆幸才对，因为领导安排工作，没有找别人只找你，说明他相信你的能力，相信你能完成任务。作为员工，能够让领导第一时间想到自己，意味着你会获得比别人更多的机会。试想领导有事都不找你，只找别人，把你晾在一边，时间长了，你还会好受吗？

你能否换一个角度去思考这个问题，把吃亏作为一种长期的人生投资，这是一种人格的投资、人气的投资、睿智的投资。有投资就有机会收获回报，甚至投资小，收益大。你没听过“吃小亏占大便宜”的话吗？

五是敢于道歉。为什么中国人在公共场合经常为了一点点小事就大打出手，甚至酿成大祸，就是不懂得道歉。外国人常把“sorry”（对不起）挂在嘴边，因而很多的摩擦就迎刃而解了。我认为，一句并不需要付费的道歉话，就可以解决90%以上的误会和怒气，何乐不为呢？

六是讲真话，不讲假话。讲真话才能为解决问题提供一个真实的依据，讲假话不但误导了别人，对问题的解决毫无帮助。一个人假话讲多了，别人就会时时提防，以致即便讲了真话，人家也未必相信，觉得你不靠谱，讲假话者到头来只能害人害己。

第四是搞好团队协作精神。

我对年轻人说，当今社会，企业分工越来越细，新产品、新技术也越来越复杂，需要多学科、多部门、多方面的人员协同作战，你离不开我，我也离不开你。一个空调产品，从结构、电子元器件、机械件及其加工、制冷器件、管路件、控制线路等，需要多方面的人员来共同完成，只能相互配合，优势互补，取长补短，才能搞出好的产品来。打一个比方，你手上有一个苹果，我手上也有一个苹果，交换后，每人手上还是一个苹果。但是如果你有一种技能，我也有另一种技能，相互合作后就不再只是一种技能了。

什么叫团队精神，我的理解是有明确的奋斗目标、分工合作、优势互补、扬长避短、团结协作、各尽其责、这就是团队精神。

大家都听过西游记的故事，唐僧师徒四人之所以能力尽艰险，取回真经，就是因为他们组成了一个优秀的团队，他们的成功是团队合作精神的典范。唐僧作为师父，用今天的话来说就是班组长、老板。首先，他目标明确，非把真经取回不可，他能包容徒弟的个性，扬长避短，趋利避害。每个人虽不是全能，但总有一两样特长。孙猴子个性急，但忠心耿耿，能力超强，为防止出格，给他戴上“紧箍咒”，但又不能多念，否则限制了他的创新精神和能力的发挥。猪八戒也有点本事，遇到妖魔鬼怪也敢冲锋陷阵，但缺乏创新精神，遇到困难容易打退堂鼓，老想着回高老庄当过门女婿。唐僧对这种人也不排斥，也利用他的一技之长打头阵，开路探险等，但经常给予他批评教育，促使他更好发挥作用。沙和尚稳重、诚实、为人厚道、任劳任怨，是不可或缺的角色，但由于缺乏灵活性，业务能力也没有太大的长进，因此分配他挑行李，做些琐碎但又必须要做的劳动密集型的工作。

从中我们可以看出，团队精神很讲究人员的相互搭配，如能力的搭配，各有各的专长，男女搭配，女的一般都细心一点，“男女搭配工作不累”；性格搭配，性格若不搭配，你急，我比你更急，非干起来不可。人员越多，工作越复杂，相互搭配和包容就越重要。

向新招聘的大学生灌输格力的企业文化

我觉得，现在刚出来工作的大学生，合作精神比较差，其实这可能也是由于学校里的生活、学习的特点，慢慢养成了只顾做自己的事情的习惯。考试只管自己考得怎样，别人满分或不及格与我无关，我没有必要因为某某学习不用功，考试不及格而比他还着急。然而，工作就不是这样了，别人做不好，就算你做得再好，也不能按时、按质、按量完成任务。

勤奋

我对大学生们说，要成功就必须勤奋，勤奋是成功的基石。中国人喜欢说一句话，叫做“人的命，三分天注定，七分靠打拼”。很多人都明白这个道理，但有些人为什么就是勤奋不起来呢？他们以随随便便的态度去对待自己的工作，整天想着什么时候到点下班，并且一个劲地想换一个更轻松的工作岗位，对他们来说，工作好像是一种负担。我想，这是因为他们缺乏敬业精神的缘故。

什么是敬业？通俗来说，就是敬重自己的工作，把工作当成自己生活乃至生命的一部分，忠于职守，一丝不苟，尽职尽责，这就是敬业。

要做到这一点，首先要培养对工作的兴趣，没有兴趣，谈不上敬业，更谈不上勤奋。你可能会注意到，当你在做自己喜欢做的事情时，很少会感到疲倦，甚至可以废寝忘食。如有些人爱打麻将，一坐就是一整天，甚至通宵达旦，却一点没有感觉到腰酸腿疼。有些人喜欢钓鱼，钓鱼是一项枯燥的运动，虽然很少有鱼上钩，但他却一动不动地全神贯注死死盯着浮标，生怕上钩之鱼跑掉。为什么呢？因为他们喜欢这项活动，并从中享受到快乐与激情。人的疲倦往往不是工作造成的，而是因为对自己所从事的工作产生乏味、焦虑和气馁的感觉所致，这种感觉消磨了人们对工作的热情和活力。

格力有一位叉车司机叫曹祥云，在一次央视举办的叉车比赛中战胜各路对手，取得了第一名，号称叉车大王。开叉车本是单调的工作，但他非常热爱这份工作，并从中得到了乐趣，经常用业余时间钻研业务，技术水平不断提高。如果他不热爱这项工作，把它作为包袱就不可能有如此好的成绩。

勤奋除了敬业，还要有对事业孜孜不倦的追求和抱负。因为勤奋要克服更多的困难，付出比别人更多的辛劳，也比别人少了很多的休闲娱乐和家庭生活乐趣。当初格力的老一代员工怀揣着美好的梦想，憋着一股气，白手起家，加班加点是常态，甚至一连几个月也得不到休息，在设备和生产条件极其困难的条件下，夜以继日地工作，连小孩、家庭也顾不上。正是因为他们的抱负与追求，格力才能冲出重围，奔向世界空调的最前列。没有他们，就没有格力的今天，格力人会永远感谢他们。

当然，你的任何付出都是为你的成长和前途积累资本，坚持做得比别人多，哪怕是多一分的努力，就意味着比别人多一分的积累，当机会出现时，自己也就比别人多了更大的机会。国家或企业付给你的报酬固然是金钱，但你在勤奋工作中给予自己的报酬乃是珍贵的经验、良好的技能，以及由此陶冶出来的品格，这些与金钱相比，其价值高出何止百倍，是你一辈子也享用不完的。

进取

什么是进取，通俗说就是精益求精，“得寸进尺”。一个人如果为了个人利益“得寸进尺”，那是贪婪，如果为了工作、为了事业，那是敬业。

我们都十分仰慕那些成功人士，但很多人只看到其成功的光辉，却不知道成功背后的酸甜苦辣和付出的辛劳。我想，有两种人注定是一事无成的。

一种是除非别人要他去做，否则他绝不会主动去做的人。另一种即便是别人要他去做，也做不好事情的人。

第一种人就是我们常说的不敬业、不勤奋，对工作无兴趣，缺乏热情，把工作视为一种负担。这种人不会去积极主动地找工作干，能躲就躲，能别人干的就不自己干。这种人，别人进步，他却原地踏步。

另一种人虽然在干活，但工作马马虎虎，没有“得寸进尺”，精益求精的态度，缺乏工匠精神，没有进取心。这种人不爱学习，没有长进，缺乏独立思考的能力，不爱动脑筋，成也好，败也好，不总结，不吸取教训，犯了一次错误，下次还犯同样的错误，所以这种人进步很慢。现实中，我们也会碰到类似的情形，同样是大学毕业，过了一两年，有些人能独当一面，有些人就不行，有些人当了师傅，而有些人还要拜师为徒。

只有那些做事不需要别人催促，积极主动去做应做的工作，即便遇到再大的困难，也积极想办法去解决，善于思考，善于总结，坚持不懈、绝不半途而废的人，才有机会到达成功的顶点。

美国西点军校有个规定，学员在接受任务时不讲条件，不管什么时候接受长官的指令，只能回答：“报告长官，是，坚决完成任务。”除此之外，不能多说一个字。这就是学员的进取精神，有了这种精神，才能排除万难去争取最后的胜利。

“没有借口”，这是西点军校风行全球的重要行为准则，它强调的是每个学员必须想尽一切办法完成上级交给的任何任务，而不是想着没有完成任务而寻找任何借口，就算再合理的理由，也不能作为不完成任务的理由。

从字面上理解，好像很绝对，很不公平，但人生不是永远公平的，它就是要让学员明白，不论任何情况，遭遇到什么困难，都必须学会对自己的行为负责，属于自己的工作，就一定要千方百计地去做好它。学员在学校时是年轻的军校学生，但日后肩负的却是自己和他人乃至整个国家民族安全的责任，在生死攸关之际，任何逃避困难去寻找借口的行为，只有死路一条。

可是，在现实生活和工作中，借口无处不在，它好像是理性的声音，合情合理的护身符，冠冕堂皇，理所当然，而且说后一点都不脸红：上班迟到是路上堵车；业务拓展不开是制度和体制问题；任务没完成是因为别人没配合，我已尽力了；做错了事是因为一时的疏忽等等。总之，事情搞砸了有借口，工作没做好有借口，犯了错误有借口，只要你想找，借口无处不在。

寻找借口的唯一理由是把原属于自己的过失掩饰推卸掉，把应当自己承担的责任转嫁给社会以及其他人。这样的人，在企业中不会成为称职的员工，也不是企业可以期待和信任的员工，在社会上更不是大家可信赖和尊重的人。最终他只能是一事无成的失败者。

在现实中，很多时候没有人会告诉你需要做什么，应该如何去做。在成功的背后，需要你付出比别人多得多的智慧、热情、责任、想象力和创造力。因此，若要登上成功之顶的人必须永远保持积极进取的精神，锲而不舍，永不放弃，永不言败。最严厉的标准是自己制定的，正如格力关于质量的《十二条禁令》和关于管理的“八严方针”，这些都不是上级规定的，更不是国家标准，完全是企业根据自身的实际和发展的需要自己制定的。同样，没有人会告诉我们如何开发新产品，开发哪些新产品，如何去提高产品质量，也没有人教我们成立筛选分厂，更没有人指导我们如何面对市场，如何去建立一个适应市场的格力模式。所有这些，都需要我们独立思考，积极进取，用自己的智慧和决心去攻克一个又一个难题，一句话，就是尽最大的努力，克服一切困难，把事情做到极致。

我对大学生们说，进取不仅体现在工作上，也要体现在产品上，要把产品做到极致，没有进取心是不行的。

现在中国几乎什么产品都能做，但并不是样样东西都做得好，总能挑出一些毛病出来，以致消费者对购买本土产品心有余悸。其实，只要有进取心，精益求精，得寸进尺的态度，这些问题都不难解决，有些甚至是举手之劳。然而，就这么一点点的“劳”，却没有人去“举手”。

为什么西方国家能把产品做到极致，令人无可挑剔，就是因为他们有着一种进取精神，如德国人精益求精的创业精神，犹太人绞尽脑汁的创新精神，日本人自强不息的敬业精神。他们用搞艺术的态度对待自己的工作，把自己所做的产品看成是一件艺术品，精雕细琢，用工匠精神把每一件产品做到极致。只有这样，你的产品才是一件优秀的艺术品，才能经得起消费者的细心观赏和品味。

我在与青年人接触过程中，偶尔也听到有些人在抱怨：我已经很努力了，付出良多，上司也没有给予重用与回报。看来，这些人付出是为了得到。不错，这种情形也可能会经常遇到，因为领导不是神仙，他没有眼观六路、耳听八方的能力，也有看走眼的时候，认识一个人也需要过程。那你也不应该沮丧。我们可以换一个角度来思考，现在积极进取、努力工作，不是只为现在的回报，也为了将来。人生并不是只有现在，还有更长远、更灿烂的将来。如果一个人只盯着现在，看不到将来，他一定是胸无大志，目光短浅的人。正如一个人只盯着温饱，那他得到的也只能是温饱；只盯着眼前利益，那他得到的也是眼前利益。不能因抱怨而影响你的工作，这样最起码你能获得比别人多得多的机会和更丰富的工作经验。即便失去一次机会，但谁也抢不走你通过努力而拥有的无形资产——你的技术、你的经验、你的积累、你的品格、你的良好形象，而这一切都是你终身享用的宝贵资源。

就拿我的成长过程来说，大学毕业后被分配到广西百色当工人，一个大学生当工人，也会感到迷茫、沮丧，也会抱怨，感觉人生没有了方向。但后来想想，沮丧、抱怨不能解决人生的未来，唯有积极工作，努力进取，凭着一股子干劲，别人休息的时候自己干活，别人干活时比别人多干。就是凭着这“爱拼才会赢”的决心，才让我积累了比别人更丰富的工作技能、人气和经验。两年后提为质检员；质检员做好了，提升为技术员；技术员做好了，提为车间主任；接着是质检科长、生产科长、技术科长，最后当上了企业的厂长。可以说每一步都浸透着汗水和泪水，但是，每一步走得却那样坚定、那样踏实。所以，进取的最大受益者其实就是你自己。

格力文化，说到底就是实的文化，是实实在在的文化，也是讲奉献的文化，以“忠诚、友善、勤奋、进取”为企业精神，“少说空话，多干实事”为工作态度，努力把事情办好，不达目标不罢休，就是这种文化的核心内容。

在这样的企业文化熏陶下，格力培养了一批又一批踏踏实实为企业奉献的优秀员工，他们脚踏实地干活，不张扬、不惹事、不居功，不自傲。在领导干部中，如黄辉副总裁就是其中比较突出的一个，他从普通工作人员到质检部门领导，到分管质量的副总，再到主管公司技术质量的带头人，每一步都走得踏踏实实。他兢兢业业、任劳任怨，公司的重大科研项目，重大的科研成果都是在他的具体组织和带领下进行的。但是他却很少在公众场合露脸，更少出现在全国、省市的有关会议上，以至外面很多人不知道他是谁，更不知道他做了哪些重大的科研项目。他是格力企业文化的具体体现，是企业不可多得的人才。

格力其他中层干部和普通员工，更是默默耕耘，只管把工作做好，其中有很多动人的故事，没有他们通过忠诚、友善、勤奋、进取和少说空话、多干实事打下的坚实基础，格力还会有今天吗？

退休后，由于行业协会的工作关系，我有机会接触到一些以前的竞争对手和他们的老板。他们向我反映，有多家企业的员工跳槽到他们那里，格力也有，但从格力出来的员工都有较好的表现，大部分都成了他们企业的骨干，主要是因为他们很实干，进取精神好。我想，这可能就是“少说空话，多干实事”所熏陶出来的结果吧。

又拿我自己来说，由于把主要精力都放在公司的运作上，我是极少花时间接受媒体采访的，只是在“走投无路”时才出来应付几句。低调的性格、低调的工作作风，已成了业界的美谈。我觉得采访无非是登登报，出出名，对个人宣传一下，我对这些都不大感兴趣。况且，媒体刊登后往往夸大了我所说的事情或歪曲了原意，令人哭笑不得。然而，由于经常拒绝媒体，于是就出现一些流言蜚语，说什么不接受采访是因为我不善于交际，嘴巴笨，不会讲话，更有甚者，有一家媒体造谣说我是广东人，不会讲普通话，很多时候需要借助翻译等。然而，格力人对我却又是另一种截然不同的评价，一些中层干部说：“听朱总的讲话简直就是一种享受”。虽然大有拍马屁之嫌，但至少说明，我不会如媒体所说的那样吧。

我想，只要能把工作做好，能把企业搞上去，嘴巴长在别人身上，他爱怎么说就怎么说吧，管他呢。

第十一章 品牌建设

——企业家就是要用产品说话

格力做到今天，当初也是一个名不见经传的小企业，也没有多少钱花在广告上，只是认定一个理，那就是好的产品一定有人买，好的东西一定有回头客，好的产品一定会有人义务帮你宣传。所以，我们宁可勒紧裤带，压缩其他开支，把有限的钱花在产品的研发上，花在先进设备的购置上，花在质量的改进与提高上，从而使产品的质量和技术水平不断提高，并取得了消费者的信任。

作为企业，谁都想拥有一个响当当的品牌。品牌是质量和信誉的保证，品牌是企业的分辨器，品牌是企业核心价值的体现，品牌是“摇钱树”。可以说不想创品牌的企业家就不是一个称职的企业家。但是，品牌如何创建，又如何培植和管理等，并不是每个企业都有深入的了解。

2013年，我带领一个专家团队到一些地市与企业家交流时，就发现有些企业对品牌问题存在一些模糊认识。恰逢当今又进入了飞速发展的互联网时代，有人说互联网正在颠覆传统产业，这又使得传统企业特别是制造业的老板们，在如何创建品牌上疑惑重重。我觉得，这些思想都过于偏激，把互联网的作用无限夸大了，这并不符合实际，也不符合所有企业的现状。

不错，我们的世界正在被互联网所改变，但互联网还未到改变一切的时候，它颠覆的也只是一部分行业而不是所有行业，特别是制造行业。毕竟，互联网最终还得靠产品来支撑，产品是品牌之源，它是由传统产业特别是制造业生产制造出来的。没有产品，就没有消费，也就不存在品牌。没有产品，互联网也只是空中楼阁。就算当下被热捧的互联网服务业，也是围绕着各种产品进行的，电商大佬们一天销售上百亿元货品，这些都是产品，不是空气，更不是概念。

其实，所有的服务都直接或间接地与商品有密切的关系，消费者每天吃喝拉撒睡，哪一样不是与产品有关，你总不能让消费者每天抱着互联网去喝西北风吧。

由此看来，制造业不但不能削弱，还要大力发展。德国热搞工业4.0，美国近年也加大了本国制造业的力度，并把一些移居海外的制造业企业有计划地迁回本国。可见他们对制造业的重视程度。因此，对于传统企业来说，正确的态度是我们要伸开双臂去拥抱互联网，用互联网的思维去改造我们的传统企业，加快转型升级，以跟上时代的步伐。

在我国，虽然制造业历史悠久，规模庞大，全世界基础物质总量的一半在中国生产，是名副其实的制造业大国，但还不是一个制造业强国。由于中国缺乏自有品牌，因此很多企业只能为国外品牌代工，赚些辛苦钱。如有报道，苹果手机价格700多美元，苹果公司轻轻松松就拿走了60%，而中国劳工辛辛苦苦把手机生产制造出来，拿到的仅仅1.8%。还有报道，中国人给国外做两亿件衬衣的加工费，才能换回一架波音飞机。

世界权威机构评出的全球100个最有价值的品牌，中国一个也没有。国际市场的“中国制造”很多都是地摊货，等同于低质廉价的代名词。其实，中国并不缺乏产量优势，也不缺乏质量优势，我们能为那么多的国际知名品牌做OEM就是例证，我们唯独缺的是品牌优势。中国是一个无可非议的制造大国，也是一个无可非议的品牌弱国。

品牌的不足对于一个发展中国家来说固然是可以理解的。但是，在残酷的市场竞争和恶劣的经营环境下，企业要生存、要发展、要为社会创造财富，没有品牌，企业只能被动挨打。这就要求每个企业必须高度关注品牌建设，必须从市场和全球化的高度认识和提升我们的竞争力，把我们的企业竞争力、国家竞争力、产业竞争力转化为品牌竞争力，这才是维系我们企业未来、民族未来的长治久安之道。任何一家企业要想在风起云涌的市场大潮中搏击风浪，必须培育、锻造具有自己独特魅力的品牌竞争力。

打造品牌，是一项长期的系统工程，牵涉方方面面。品牌是产品、技术、质量、商标、包装、历史、价格、服务、声誉、广告、风格等等的总和，是消费者的心灵密码，是企业之魂。

品牌建设的理论与实践，国内外的很多品牌专家已著书立说，对企业如何打造品牌进行了详尽的阐述。但是，不同的国度，不同的企业，不同的理念，不同的意识，对于品牌的诸多因素的认识也不尽相同，运作的重点也不一样。正像格力初期那样，由于急于求成，把重点放在销售和推广上，出现推销人员满天飞的现象。由于放松了科技创新，对暴露出来的产品质量问题，没有从科研和技术改革的角度加以解决，以至产品质量问题久拖不决，引起了经销商和消费者的不满与投诉，“前门大开，后院起火”，售后服务部门应接不暇。我想，这样下去，企业不但创不了品牌，连生命也难保。于是及时调整了思路，降低了销售人员的提成比例，增加了科技的投入，重新认识科技人员在企业中的重要作用，改善他们的工作和学习环境，提高了他们的待遇水平，使企业逐渐走上一条以科技引领发展的康庄大道，为格力打下坚实的基础。

我认为，要创建品牌，不仅要靠“办法”更要靠“思想”，首先要解决好企业的思想意识问题。我在走访中，发现有不少企业存在着这样那样的错误思想认识，阻碍了企业品牌建设的进程。

什么是意识？简单来说就是人的头脑对客观物质世界的反映，有意识才有行动。为什么有些人不守纪律，因为他没有纪律意识；为什么有些人无法无天，因为他没有法律意识；为什么有些企业的产品质量老上不去，因为企业老板没有质量意识……因此，意识对于一个企业，特别是企业经营者来说尤为重要，因为企业是由人经营的，而人的行为是受思想和意识来支配的，有什么样的思想意识，就有什么样的行为动作，而行为动作的不同，就产生了各个千差万别的企业。

通过实践，我觉得要打造一个好的品牌，企业至少要树立五种意识，即：科技创新意识、品牌建设意识、技术领先意识、社会责任感意识和与合作伙伴共赢意识。

科技创新意识

成功的企业可以讲出很多理由，比如产品好、销售好、广告有特色、服务周到等，但我认为最大的理由莫过于科技创新。打造品牌最重要的是科技创新，最难的也是科技创新。

我国品牌的不足，归根结底是科技创新能力的不足，因为你拿不出更多有创新思维的、能改变人们生活的创新产品，你拿出来的都是山寨品、冒牌货或是劣质产品。可以说，企业因产品而兴，也因产品而亡。国际知名品牌无一不是具备深厚的技术功底、令人向往的核心技术和强劲的科技创新能力。产品从设计、制造、质量、性能、可靠性等无一不与科技创新紧密相连。没有科技创新，就没有消费者青睐的创新产品，就没有过硬的产品质量和性能，产品就没有竞争力。一句话，没有科技创新就没有品牌。

就拿品牌专家和企业常提到并需要做的“品牌定位”来说，什么是“定位”？定位就是产品和服务在消费者心目中的位置，换句话说也是消费者对你的产品和服务的总体看法。按照我的理解，无非就是把产品最好的、最有特色的、最有亮点的一面，以简单的语言和信息，通过一定的策划和宣传告诉消费者，以便让他们记住你的品牌。

例如格力空调强调自己的核心技术，意欲打造高科技产品，美的空调则反复强调自己的节能优势，它抓住了人们买得起用不起的心理状态。但话说回来，所有这些“定位”，最终都得通过科技创新才有“位”可“定”，否则便是吹牛，是欺骗。

关于科技创新的重要性和企业如何创新，我在本书第九章已作了详细的阐述，这里就不再重复了。

品牌建设意识

改革开放三十多年来，国人通过诚实的劳动，辛勤的汗水，积累了可观的物质财富，打下了雄厚的经济基础，使我国的经济总量跃居世界第二位，但是却忽略了精神层面和品牌方面的建设，忽略了文化与内涵的培养，忽略了核心技术和创新能力的打造，只是一味追求量的增长，因而产品落后，缺乏竞争力，在国际上也没有几个公认的品牌，国际权威机构评出的100个最有影响力的品牌中，中国一个也没有。

由于市场上没有多少令人追捧的品牌，中国的消费者只好求购于国外品牌，甚至国外的一些二流品牌也在中国大行其道，令中国的财富大量外流。有资料显示，国人每年从海外购进的高档奢侈品价值就超过一万亿元。更令人不解的是，一个手提包的价格动辄就上万甚至几十万元，难道一个小小手提包能抵上一辆汽车？一条牛仔裤戳几个洞也算品牌，我真后悔以前穿破了的衣服给扔掉了，否则也可以赶一下时髦。但是没办法，消费者喜欢的就是品牌，你羡慕也好，妒忌也罢，这就是专家所说的“品牌的威力”吧。

调查显示，无论从运动鞋到汽车，从电视机到手机，从化妆品到尿布，从药品到食品，外国品牌都在中国大行其道，而且价格昂贵。究其原因，业内人士认为，消费者更信赖外国品牌，认为它更安全，质量更有保证，不会偷工减料，弄虚作假。这就是为什么我们说“品牌是质量和信誉的保证”。

为什么本土品牌那样脆弱呢？为什么我们心中所向往的品牌寥寥无几呢？为什么外国的知名品牌却能几十年上百年而长久不衰呢？这些都值得我们深入思考。我认为，关键是我们对于品牌的认识还很浅薄，没有真正理解品牌对于企业和国家民族的深刻含义，也不了解品牌丰富的内涵，更不了解打造一个品牌需要长时间的努力和扎扎实实的内功，有急躁畏难情绪，以贴牌加工为荣。

我在与一些企业的交流中，发现普遍存在以下一些思想认识上的偏差。

其一，焦虑急躁思想，总想短时间就把品牌打造出来。

这是很不现实的思想。格力经过20多年的努力，虽然家喻户晓，但其实也还是一个“地方品牌”，由于出口使用自主品牌的比例不高，在国外很多人并不知道格力为何物，与国际品牌相差甚远。可见，品牌不可能短期内打造完成，更不可能一蹴而就，一夜成名。要像广东老火汤那样慢慢熬，才能煲出靓汤。要耐得住寂寞，脚踏实地地做好每一件事，哪怕是一件小事，在这期间一旦有什么闪失，还会把品牌建设的进程拖后若干年。品牌建设也和做事情一样，都是由许多琐琐碎碎、点点滴滴的小事组成，我们要想把事情做好，就得狠下决心，在一两个地方形成足够的压强，才能取得突破。很多时候，我们缺少的不是策划，不是点子，而是缺乏把事情做到极致的韧性和毅力。

其二，急功近利思想。

品牌是怎样形成的，不是哪个机构评出来的，更不是自封的，而是经过漫长的时间，在市场上不断打拼，不断磨炼，逐步在消费者心目中形成的，是消费者的心灵密码。过去并没有什么评选机构，但老百姓心目中却形成了一批品牌。

“名牌”与“品牌”其实是有区别的。我国以往的所谓“名牌”是评出来的：国家名牌是由“国家名牌推荐委员会（简称“名推委”）推荐，省级名牌则由各省、市、自治区的“名牌评价中心”推荐，再由有关专家评审而获得的。因此，本土的名牌从一出生就注定有着浓厚的“行政基因”，是计划经济的产物，因而其影响力就远不如品牌。由于带有行政色彩，其公正性自然会受到消费者的质疑，正因如此，目前这些机构都已被取消了。

外国的评论就更加形象：名牌和品牌虽是一字之差，但有很大区别，就像很多人年轻时很出名，老来不一定德高望重一样。名牌与品牌，前者更像青年人喜欢大声吆喝，呼风唤雨，以期待众人的关注，扩大知名度的同时自然带有一种浮躁的情绪。而后者却像经过大世面成熟的成年人，注重内涵举止，一举手一投足都渗透着理性的光辉。

这就是为什么多年来，我们所看到的一些“名牌”往往是过路英雄，三五年或七八年热火飞腾过后便出现乏力，甚至一蹶不振，接下来便销声匿迹了。

格力空调2007年曾被评为“中国世界名牌”，但格力在国际上并不知名，而苹果，我想美国不会把它评为“美国世界名牌”，但在国际市场上消费者就认定它是世界级品牌。

既然是消费者心目中的品牌，消费者自然就有自己的评判角度。因此，企业必须围绕着消费者最关心的问题去努力。当然，不同的产品，消费者所关注的内容也不同，就拿机电产品来说，消费

作者深入市场一线调研

者最关注的问题集中在性能、安全性、可靠性这几方面。

这里所说的“性能”，并不只是符合有关标准就可以了，消费者所追求的性能往往高于国家标准和国际标准。因此，企业应根据实际情况制定出高于国家标准或国际标准的“企业标准”。比如空调的噪音，国家标准并不高，不符合消费者的口味。至于可靠性，更是被不少企业所忽略，而这一点恰好是中国产品与先进国家的显著差距，国家权威检测机构也没有把这一指标列为检测项目，甚至直到现在也没有出台可靠性检测标准。

什么是可靠性？简单来说就是产品在规定的时间、规定的条件下，无故障地完成规定的工作。用消费者的话说就是好用、耐用、不用经常维修等。

外国是非常重视这项工作的，从设计、材料、工艺制造、检测、储运等方面科学控制，以避免出现隐性和微观的损伤。而在中国，所谓质量更多的是以性能为中心，因而产品存在很多可靠性的隐患。这就是为什么国内的消费者宁可花高价钱也要买到外国产品的原因，也是你不管怎样宣传也打动不了消费者的原因。

过去，格力也主要是关注产品的性能，觉得性能不达标，就过不了国家抽查检测这一关，弄不好还会被定为“不合格产品”，公告于众，令企业信誉受损。因此从人员到设备的配置都向提高产品性能上倾斜。1995年，有一次我到市场调研，一些客户指责空调安装了不久就不制冷了，出现这样那样的问题，甚至还有个别情绪激动的客户骂我们是骗子，广告宣传与实际不符。这才使我们清醒过来，觉得这样下去，怎能取得客户的信任呢？消费者关心的不只是产品好用，更关心是否耐用，不但用得开心，更要用得省心，这就是我们通常说的可靠性问题。为此，我们及时调整思路，加强了产品的可靠性工作，认真学习和研究有关可靠性的理论和实践问题，购置了大量的可靠性检测设备，并制定了相关制度和规定，从而逐步改变了只顾性能不顾可靠性的错误倾向。

其三，重广告，重销售，轻技术，轻质量。

我不是说广告、销售不重要，而是孰轻孰重，孰先孰后的问题。我走访过一个企业，老板对我说，他们的产品销售搞不好，主要是缺乏有素质的营销人员，广告投入也不足。我问他，你的产品有什么亮点？他不知道；技术、质量是否有竞争力？他说不清楚；在行业里的江湖地位如何？他也回答不上来。我心想，如果你的产品没有特色，没有竞争力，就算这些要求得以满足，销售肯定也不会好到哪里。

我始终认为，品牌首先是建立在为消费者提供始终如一的产品体验之上。对很多产品来说，消费者不只是用三两天就丢掉的，面对这些产品，孰优孰劣，他们自然心中有数，也会在亲戚朋友、同学同事间交流。只有质量过硬，好用耐用的产品，广告和推广才能在此基础上扮演重要角色。如果质量欠佳，无论你砸多少广告，派出多少推销人员，都无法消除人们对你的产品的看法，一旦出现重大质量问题，还可能倾家荡产，甚至破产倒闭，三鹿奶粉就是例证。

没有科技创新，没有好的质量，品牌就成了无源之水，无本之木，就成了沙滩上的大厦。时至今日，我们还没有看到哪一个知名品牌不是靠技术、靠质量，而是靠广告、靠销售搞上去的。关于品牌与科技创新的关系，前面的章节已经谈了很多，这里就不再赘述了。

其四，大而全，大而不专，大而不强。

当格力空调做大了的时候，有不少人跟我说，你为什么只做空调，应该利用你企业的名气、渠道和营销网络，向其他行业进军，开发其他产品，不能把鸡蛋放在一个篮子里。我坦然回答："目前我只会做空调，其他产品并不熟悉，况且，就算做空调还有很多技术问题尚待解决，还有很多做不完的事情，哪有精力和资金开发别的产品呢？"

股神巴菲特说过："经验告诉我们，最佳的企业回报往往都来自于那些产品和服务与五年前甚至十年前没有多大分别的公司。这里要说的不是管理层的连贯性。企业总是有机会去发展自己的产品阵容、制造，技术、服务等，可是一家企业如果总是进行重大转型的话，也就等于持续面对犯错误的可能。"

截至2013年，全球寿命超过200年的企业日本有3146家，为全球之最，德国有837家，荷兰有222家，法国有196家。为什么长寿企业扎堆在这些国家，是一种偶然吗？他们长寿的秘诀是什么？

答案就是他们都专注于某一种产品，并且以"工匠精神"把产品做到极致。很多人认为，工匠是指一种机械工作者，但其实"工匠"意味深远，代表一个时代的气质，与坚定、踏实、精益求精、执着专一、追求完美一脉相承。可见，多元化发展不是随心所欲，盲目扩大规模，想做什么就做什么，完全要根据企业的实际和能力来决定。企业无论做什么产品都很容易被别人模仿，唯独把产品做到极致，才是别人难以模仿的。

例如，日本有一家叫哈德·洛克的公司只有45个人，但全世界很多科技水平非常发达的国家都要向这家公司订购小小的螺母，这家公司生产的螺母号称是“永不松动”的螺母。按常理大家都知道，螺母松动是很平常的事。可是对于某些产品或项目，螺母是否松动几近人命关天。比如像高速行驶的列车，长期与铁轨摩擦，造成的震动非常大，螺母很容易松动脱落，那满载乘客的列车没准会有解体的危险。可是，这家小企业几百年来就着力于打造一个小小的螺母，以致很多有名的企业离开它就不行。

然而，我们的企业又有多少能像这家小公司那样，始终如一地把产品做到如此精益求精、精雕细琢呢？

由此看来，我们的企业应该提倡执着专一的工匠精神，着力把自己所熟悉的产品做好，精雕细琢，精益求精，人家就会对你刮目相看，谁都离不开你，别人说你不是品牌都没有人相信。那种面面俱到，什么都想做，嘴里吃着还要盯着别人的做法，势必会分散企业的精力、财力、人力、物力，到头来可能什么也没有做好。

德国是工匠精神的倡导者，只有8000万人口的德国，竟有2300多个世界品牌。毛泽东军事思想有一个著名的理论就是：集中优势兵力打歼灭战，伤其十指，不如断其一指。就是指我们要集中力量、智慧专攻某一点，才能取得突破。

百事可乐经过几年的竞争，自知无法与可口可乐匹敌，于是把焦点放在年轻人身上，他们潜心研究这一代人的心理特征，针对性地推出一系列适合年轻人的举措，深得年轻人的喜欢，使之一举成为强劲的品牌。

如果我们每个企业都做自己最拿手、最成熟、最过硬的“招牌菜”，中国品牌走向世界就指日可待了。

其五，认为企业小，资金不足，对品牌建设缺乏信心。

改革开放30多年，时至今日中国人终于明白了中国经济必须进行转变，那就是从中国制造向中国创造转变，中国速度向中国质量转变，中国产品向中国品牌转变。打造品牌，不仅是国家和民族的大事，也是我们每个企业义不容辞的责任。大企业要创品牌，小企业也要创品牌。品牌的创建不在乎企业大小，也不在乎钱多钱少。如果企业不努力，没有创品牌的意识，企业再大，钱再多也于事无补，弄不好还可能关门倒闭。三鹿奶粉、三株口服液等大企业退出历史舞台就是例证。

的确，对于规模小，资金并不充裕的中小企业来说，品牌建设确实是摆在他们面前的一道难题，但我认为，凡是大企业都是由小变大的，品牌也是从无到有的。台塑大王王永庆创业时是借来的200元钱，李嘉诚也是卖塑胶花起家的。品牌建设，大企业在大产品上做，小企业可以在小产品上做，你不做，就永远没有品牌，企业就没有形象，产品就没有竞争力，就很难在激烈的市场竞争中立足。

我在走访时，有个企业老板抱怨无钱做广告。当然，对于企业来说，广告是要做的，但我认为应当从广义的角度看待广告，不能只认为在媒体或电视上大吹大擂就是广告。其实，一个好的产品，本身就是一个很好的广告，消费者使用后会一传十，十传百，比你花大价钱自吹自擂更令人信服。如果某项产品或技术取得突破，或成为中国第一或世界第一，更是一个重磅的广告。公关是一种广告；微信、朋友圈也是一种广告；QQ、公众号、今日头条、资讯、搜狐等媒体平台也是一种广告；编一些“故事”，制造一些“事端”，让媒体报道出去，引起公众关注也是广告。小米从来就不在媒体上做广告，但在中央电视台设下的“赌局”，让好赌的中国人分外关注，把它作为茶余饭后的谈资，一夜间让小米家喻户晓，这是你花多少钱的广告费也无法换来的效果。

大家知道，格力当初也是一个名不见经传的小企业，也没有多少钱花在广告上，只是认定一个理，那就是好的产品一定有人买，好的东西一定有回头客，好的产品一定会有人义务帮你宣传。所以，我们宁可勒紧裤带，压缩其他开支，把有限的钱花在产品的研发上，花在先进设备的购置上，花在质量的改进与提高上，从而使产品的质量和技术水平不断提高，并取得了消费者的信任。

一个成功的企业，重要的不是钱多钱少，而是钱少的时候会花钱，要把钱花在刀刃上，用在钱能生钱的地方。什么地方钱能生钱呢？我觉得，用在品牌的打造上，用在产品核心技术的研发上，用在产品质量的不断改进与提高上，就一定钱能生钱。须知，品牌是企业核心价值的体现，品牌是质量和信誉的保证，品牌是企业的“摇钱树”，品牌可以给你带来一本万利。

因此，我们应放开手脚，挺起腰杆，克服困难，排除一切障碍，认认真真地培养具有独特魅力的自主品牌。

技术领先意识

冷兵器时代，有的人骁勇善战，以一当十，是因为他有过人的武功，有“杀手锏”。企业要出人头地，也需要“杀手锏”，这个杀手锏就是技术领先。

人们一听到“领先”，自然都会肃然起敬。何谓领先，就是“人无我有，人有我优”。没有这个“杀手锏”，在激烈的市场较量中，很容易被人拉下马。凡是著名的品牌，你会发现都有一项或多项领先技术。

当然，领先并不一定是全能冠军，根据企业具体情况，也可以是单项冠军。如某一项关键技术，某一项重要的工艺，某一个特色，某一种材料等。企业要善于发掘和寻找自己产品所特有的，令人信服的某些特色和重要属性，通过深入研究与打造，使之达到领先水平。

领先是一种实力，企业如能取得实实在在的第一，将是对竞争对手的一种震慑。领先可以快速提升品牌的知名度，还可以在消费者中引起关注和传播。

领先就是第一，第一只有一个，第一的最大好处是容易被人记住。如世界第一高峰是珠穆朗玛峰，可谓家喻户晓，但第二高峰是谁，就没有多少人知道了。正因为有这么多的好处，才有“中国第一”、“亚洲第一”、“世界第一”满天飞的现象。

其实，很多时候，如果一个企业能在某些关键问题上取得突破，达到领先水平，就可以带动整个企业的发展。比如某个餐馆，不一定每个菜都很好，但某一两道菜做得特别有特色，特别地道和传统，就会有很多人慕名而来，因而可以把整个餐馆带动起来。比如福州有一家餐馆，它是“佛跳墙”的原创者，处于全国领先地位，因而顾客慕名而来，络绎不绝。又如某一医院，它不是每个科目都突出，都比别人强，但如果在某一科目取得领先地位，就会出现“人满为患”的现象。

2008年与日本大金空调进行战略合作，图为作者与大金公司井上会长在格力电器的签字仪式

企业也是一样，如果有一两个产品规格达到行业第一，就会给它带来良好的企业形象和广告效应。顾客自然会联想：既然它能在某一产品领先，其他产品也一定不错。

如日本大金空调，是日本专业化的空调企业。一提到大金，自然就会联想到它的多联机，因为别人的多联机用的是传统的涡旋压缩机，而它却独创了一种高低压压缩机，这种压缩机有回油好、能效比和可靠性高的特点，因而处于行业的领先地位，从而为它的整体销售带来很大的促进作用。

当然，领先也不是一件容易的事，有些老板说，我不懂技术，对技术领先感到困惑，有畏难情绪。我认为，你懂不懂技术是一回事，但你有没有技术领先意识又是另一回事。只要你下决心，总比那些懂技术，但又不重视技术，没有领先意识的老板好得多。你不懂得抓技术，但懂得抓人也行，抓什么人？抓技术带头人。你是掌门人，你不抓，不重视，下面就动不起来。老板的作用就是组织者、指挥者，把握方向，是船长。船是如何造出来的，你不用管，坏了也有人修，但是你的责任是死死抓住方向盘，需要人给人，需要调整方向及时调整方向，把船安全地驶向目的地。

我相信，乔布斯也不是做具体技术工作的，他也只是一个指挥者、决策者、组织者、监督者。格力的创新技术也不是我亲手做的，我也只是起到一个摇旗呐喊、推波助澜的作用。

要领先技术，最重要的是把人抓好、用好、管好，能做到这一点，就成功了大半。比如有些老板不会做菜，但餐馆做得很有特色，因为他把厨师这个重要角色抓住了。搞企业也一样，科技创新最重要的是科技人员，企业家要有求贤若渴的胸怀，爱护他们，用好他们，跟他们交朋友，要多多听取他们的意见和建议，为他们创造良好的学习、工作和生活环境，力所能及地满足他们的要求。

我有一个朋友是生产摩托车的，一次我问他：市场竞争如此激烈，你们的销售如何？他自豪地对我说，销售很好，有时还供不应求。我向他讨教有什么招数，他说主要是他们车子的性能好，特别是耗油指标达到国内领先水平，动力也比同类产品大。

据我所知，该老板并不懂摩托车的技术，以前在银行工作过，下海后做贸易，从海鲜到首饰都做过。但在交谈中我发现他的技术领先意识很强，他认为，一个产品如果没有一两项过硬的、领先的指标，在当今的竞争环境中，消费者根本就看不上眼。为此，几经努力，他终于找到了一个技术团队，提出技术整改的具体指标，并承诺每年拿出销售利润的三分之一作为团队的奖励。为此，整个团队非常积极，没日没夜地搞科研、做试验，终于修成正果。看来，真是有钱能使鬼推磨，有钱也能使“鬼”拼搏。

社会责任感意识

但凡好的品牌，都体现着企业家和员工良好的社会责任感，都会把消费者放在重要的位置上，绝不弄虚作假，粗制滥造，唯利是图。打造品牌，首先要打造企业家的品格，打造企业家的“良心”。生产地沟油的企业一定没有良心，生产低质及仿冒伪劣产品，坑害老百姓的企业，其良心也一定大大的坏。

企业是产品的制造者，影响着千家万户，牵动着消费者的喜怒哀乐，因此，企业不但要对自己负责，更要对消费者负责。从这个意义上来说，品牌既属于企业，也属于消费者，属于整个社会，没有消费者的支持与厚爱，就没有品牌，必须想消费者之所想，急消费者之所急，切莫钱到腰包了就不管别人，切莫为了眼前的利益，粗制滥造，弄虚作假，坑害消费者，这样最终也损害了企业的利益。不合格的产品，宁可砸掉，绝不出厂，不成熟的产品不要急于推向市场，绝不拿消费者做试验。

格力所倡导的“工匠精神”，就是一种吃亏精神，吃苦精神。有些企业吃不得亏，整天想的就是如何赚钱，我的是我的，你的还是我的，这就必然滑到“唯利是图”，“损人利己”的邪路上，必然导致粗制滥造，弄虚作假行为的泛滥。没有工匠精神，就等于没有社会责任感。没有呵护消费者的良心，你永远也创不出品牌。

一个有社会责任感的品牌，才能得到广大消费者的爱护和拥戴；相反，一个没有社会责任感的企业也很难建立自己的品牌，即使建立了，也会大打折扣，危机四伏。外国的知名品牌一般都很注重企业的社会形象和社会责任感，不仅守法经营，视消费者为上帝，为消费者提供近乎完美的服务，还经常捐款回报社会，积极参加各种慈善活动。如微软的比尔·盖茨就把一半的家产捐给社会，因而在社会上取得良好的品牌形象。

前几年央视曝光的中石油、中石化两大央企把未经处理的污水排放到农田，使大片农田丢荒，甚至还影响农民的饮水问题。听到这则消息，大家都感到十分惊讶！每个企业都有保护环境的社会责任，作为央企，享受国家给予的资源和优惠政策，更有义不容辞的社会责任感。试想，老百姓听了这则消息，会对这两个品牌产生好感吗？

同样，好端端一个三鹿奶粉品牌，为了企业一己私利，弄虚作假，坑骗消费者，弄出一个“三聚氰胺”事件，伤害了那么多的婴儿，结果，号称149亿元品牌价值的三鹿品牌，就这样一夜之间消失了。

中国企业为了赚到更多的“黑心钱”，置消费者的利益于不顾，偷工减料，弄虚作假，看来并不是个别现象。

德国有个叫爱德曼的国际公关公司调查显示，在发展中国家，中国企业是最不受发达国家信任的企业，原因不在于社会制度而在于企业自身，他们指责中国的企业不诚信，弄虚作假，对消费者不负责任，以次充好；不保护环境，企业的工作环境不人道等。有报道说，外国企业给予中国企业在道德方面的评分普遍比别的国家低25个百分点。这也是为什么外国消费者对中国商品缺乏信任感，把中国商品等同于“低质廉价”的代名词，也是为什么中国缺少国际品牌的重要原因之一。

凤凰电视评论员李敖说得更加露骨：中国文化沉淀了大量腐烂变质的垃圾，造成了中国人性格致命的缺陷：不诚信，说话不靠谱；不守法、拿法律当儿戏；爱耍小聪明；缺乏大智慧；爱占小便宜，往往吃大亏；爱好窝里斗，视同胞如寇仇；缺乏信仰，有钱便是爹；缺乏人情味，对世间事物表现冷漠等。

当然，像李敖所说的现象只是很少一部分，但身处这种环境中的企业掌门人，难道不值得我们深思吗？每个人都追求完美的品格，品牌也要追求完美的品位。一个没有品格的企业，很难打造一个有品位、有内涵、有文化的品牌。

谈到文化与内涵，有些老板认为这些都是可以包装的，因而出现言过其实的广告语，五花八门的策划大师，眼花缭乱的表面包装等。我认为，包装只能改变产品的表象，改变不了产品的本质。一只山鸡，插上几根五彩的羽毛，永远也成不了孔雀。人也一样，靠衣着只能改变一个人的外表，改变不了他的内心世界和品行，更改变不了他的气质。有一次我走进香港一家商场，服务员马上就用香港普通话问我：“先生，有什么可以帮助你吗？”我顿时感到纳闷：她怎么知道我是大陆客呢？我穿的衣服可是在香港买的，还是名牌货呢。不错，你穿的虽然和香港人没两样，但你的言谈举止，你的气质、风格，也就是你的文化、内涵，不是用衣服包裹一下就和香港人一样的。

文化到底是啥东西？有人说，文化就是植根于内心的修养，无需提醒的自觉，以约束为前提的自由，为客户着想的善良。如果真是这样，这些都得从小教育，长期打造培养，不是靠一天两天改变得了的。

品牌也是如此，需要我们耐心地，一丝不苟地做好我们需要做的一切，品牌的成长之路是一个漫长而曲折的过程，在这个过程中，我们会遇到很多“敌人”，也会结识很多“朋友”。品牌的创建、培植、管理是一项综合长期的系统工程，我们暂且不提“打造百年企业”，百年后是啥样子谁也看不到。但作为企业的带头人，一定要有长远的规划，从基础做起，一步一步地努力，在这期间，我们每时每刻都在长期利益和短期利益之间“拔河”，时刻都游走于“真与假”、“善与恶”、“美与丑”的边缘，为了暂时的、短期的利益，弄虚作假、投机取巧等手段，每时每刻都会向我们招手。我们必须时刻保持清醒的头脑，摒弃利益的引诱。别人做假，我不做；别人搞虚的，我来实的，这当然暂时吃了一些亏，但从长远来说，绝对是一项可以盈利的“投资”。短时间看你损失的只是金钱，从长远看，你将赢得消费者，赢得市场，赢得品牌的声誉。需知道，沧海横流，方显英雄本色，越是假货泛滥，越是显得你的品牌的品位与价值。

我们只有与崇高的信仰，正确的方向，坚定的思想，踏实的脚步等这些“朋友”为伍，摒弃那些粗制滥造、弄虚作假、唯利是图、置消费者的利益于不顾的“敌人”，坚定我们的社会责任感，做一个有良心的企业家，方能在这一长期的交锋中赢得胜利。

与合作伙伴共赢的意识

有人问，品牌建设是企业自己的事情，与合作伙伴也有关系吗？

诚然，品牌建设是企业自身的努力，却也牵连着方方面面，特别是企业的合作伙伴的努力。每个企业都不免要与别人合作，小企业有小合作，大企业有大合作。

任何一个产品，都有成百上千的零件组合而成，这些零件不可能只由自己一家企业来完成，那种单打独斗或包打天下的企业是不存在的。试想，一家机电产品的企业，它不可能从炼钢开始做起。所用的材料、零件、标准件、电子元器件、纸箱泡沫等，都是外购的。根据产品的不同，外购成本一般占60%～70%左右。

因此，在生产制造过程中，企业会跟各种各样的配套企业打交道，从而形成了各种各样的合作伙伴，有长期的，有短期的，有一次性的，也有多次或固定的。

产品销售也是如此，不可能由企业自己一台一台地将产品卖给消费者，而必须经过一级、二级甚至三级的众多经销商，组成一个庞大的销售渠道和网络，它们是企业与消费者之间的桥梁，是企业销售的主力军。

而所有这些合作，都是围绕着主机厂进行的，主机厂的合作态度、合作理念和思想，决定了合作的成败，也必将对产品和品牌起着至关紧要的作用。

正确的合作态度、理念，我认为应该是四个字：诚信、共赢。小合作要放下态度，彼此尊重；大合作要放下利益，彼此共赢；一辈子合作要放下性格，彼此成就。

先谈与供应商的合作，外国有不少的供应商，一个小零件就能做几十年甚至上百年，因此能把这个小零件做到极致，主机厂用上了这些小零件，产品也会锦上添花。但在国内这样的厂几乎难以找到，因为他们觉得做配件低人一等，命运掌握在别人手里，压价是常态，用不完随便找个理由退货，货款更是一拖再拖，没有诚信，也没有共赢，有的只是主机厂一家说了算，主机厂一家独赢。如此一来供应商怎能有长远的打算，又怎能把零件做到极致？试想一下，占主机厂大部分的外购件都没有做好，主机的质量又怎能得到保证呢？诚然，的确有一些供应商偷工减料，弄虚作假，只顾一味降低成本，不顾质量的好坏，这种做法固然有他们自身的原因，但也在一定程度上也是被主机厂逼出来的。我很少发现有长期做配角打算的老板，一旦挖了第一桶金，就千方百计向整机方向发展或干脆改行做别的生意了。

我就不明白，主机厂为什么一定要以大欺小，用高压手段来迫使协作方就范呢？当然，降成本是每个企业都要做的事情，但降成本的方法很多很多，用这种超乎实际的方法，只能使双方利益受到损害。

相反，有时以妥协、谅解的方式可能会收到意想不到的效果，妥协是以一种肯定对方，尊重对方的态度来解决问题，比强制性手段需要更大的勇气和胸襟，它代表的是一种坦诚，一种包容。

我跟很多外国企业交流过，我很羡慕外国的供应厂，主机厂把它们看得很重要，是自己产品的重要组成部分。他们不轻易更换供应厂家，因为他们觉得没有必要承担因更换供应商而带来的风险，并支持和鼓励供应商把企业做好，以工匠精神做好产品，有困难，有问题，大家坐下来讨论协商。很多还组成了产供联盟或产供俱乐部，定期开会交流研究。难怪外国的很多产品做得这样好，除了自身的努力外，还有一帮为主机厂服务的优秀配套厂。

再拿经销商来说，他们是企业销售的主力军，商家的积极性对于品牌的推广尤为重要。商家的积极性来源于：其一，产品适销对路，消费者信任该品牌，愿意购买该产品；其二，商家有钱赚，也就是说厂家与商家必须共赢；其三，企业能为消费者提供良好的服务。

这三点中，商家是否有钱赚是最重要的一条，没钱赚，再好的产品他们也不会经营。有钱赚，他们会千方百计说服顾客购买你的产品，并为你当义务宣传员，无形中对你的品牌也起着一个推波助澜的作用。

因此，企业必须要保护商家的利益，倘若只顾自己，置商家的利益于不顾，动不动就强迫商家降价，所造成的损失企业又不追补，必会使市场价格混乱，商家和消费者无所适从。有些企业为了增加销量，强迫经销商多提货，造成商家库存高企，货满为患。这样的企业很难打造出一个令经销商喜爱的品牌，就算是原来已经有

点名气的企业，长此以往，也会逐渐失去品牌的光辉。

打造品牌，要做的工作确实很多，以上所谈的只是我所见所闻中企业所面临的思想意识问题，而这些问题又是中国企业较为普遍存在的问题，解决不好，品牌建设会事倍功半或是一句空话。但愿“由中国产品向中国品牌转变”不是梦想，但愿在不久的将来，我国有更多的品牌走出国门，走向世界，让世界更加喜欢中国制造。

第十二章　转型升级

——研发才是品牌的命根子

老实说，格力过去也是一个组装厂，不但空调机的心脏——压缩机、控制器等核心部件做不了，连很多一般零件也是东买一件，西买一件。为此，科技人员必须根据采购件的特性来设计产品，严重阻碍了产品的创新。后来有了压缩机，控制器也完全根据自己的设计要求来开发。之后，又上了电容器，解决了原先采购的CBB大电容寿命短的问题，以及后来变频模块的封装生产，为变频机的制造提供了核心部件等等。所有这些，对企业的转型升级，发展壮大，可谓功不可没。

如今，提到“转型升级”，相信没有企业会甘于落后的，市场在变化，企业也需要变化，要与时俱进，这就是“转型升级”。过去企业靠机会，未来靠核心竞争力；过去靠老板魅力，未来靠团队合力；过去靠经验，未来靠系统营运；过去的老板之所以成为老板，是因为他比别人多知道一点东西，而未来的老板，则是以愿景、共同价值及目标来领导。

市场千变万化，绝不会铁板一块，企业必须与时俱进，不断适应市场的变化，使自己保持健康的体魄和青春活力。达尔文曾经说过：“不是最强的物种能生存下来，而是最能适应变化的物种能生存下来。”这就叫“适者生存”。

其实，转型升级说到底就是一句话：提高企业的综合竞争力。我们知道，运动员在赛场上夺魁，靠的是竞技能力；企业在市场中取胜，靠的是市场竞争力。一些企业之所以经营困难，是因为它的竞争能力不足，主要表现在以下方面。

第一，技术落后，企业没有自主的核心技术，没有“杀手锏”，产品落后过时，更没有高科技的产品。

第二，产品技术虽未见落后，但质量欠佳，缺乏工匠精神，缺乏精益求精的态度，打动不了消费者。

第三，技术、质量虽可以，但加工工艺、加工设备落后，成本高，效率低下，竞争不过别人。

第四，管理落后，制度不健全，人浮于事，工作没目标，上下沟通有障碍，或制度满天飞，却没有制度运作的机制，这就使企业中的“人治”成为必然，这也不难理解为什么有些企业老总在业务蒸蒸日上时，会经常感到力不从心。

第五，人才缺乏，人才流失严重。企业没有培养起一支熟悉本企业文化、熟悉企业产品，与企业共命运的有经验的科技骨干。人心涣散，离职率高，新来的人员接不上手，而老的、经多年积累起来的技术人员离职或没有用武之地，甚至还到了竞争对手那里与自己竞争。

第六，市场和经营问题，没有建立起一套适应市场变化的机制，急功近利，墨守成规，适应不了消费者的变化需求，以致市场越来越萎缩等等。

面对这些问题，我相信很多人都知道转型升级的重要性，而且天天把它挂在嘴边，但是，怎样转型？又如何升级？喊得不多，不多的原因是行业不同，企业各异，实在难以用一两句话讲清楚，必须根据各个企业的实际情况，客观地而不片面地，科学地而不是教条地加以分析，制定出符合本企业实际情况的转型升级方案。

格力20多年的发展历程，就是不断转型升级的过程，不断适应市场变化的过程。根据格力多年的经验和体会，我认为企业转型升级重点要在三个方面进行：产品转型、效率转型、经营思想转型。

产品转型

所谓产品转型，就是对所生产的产品在科技、工艺、制造、质量、花式品种等“五官”进行“整形”，使之更好地适应市场的变化和消费者的需求。

有些人一提到产品转型，首先考虑的是放弃原有的产品，把筷子伸到别人的碗里，进入一个新的、更赚钱的行业。格力做大了的时候，公司很多人都提议是否向多产品方向发展，而我却认为空调做了这么多年还没有真正把它做到最好，难道改做其他产品就能做到最好？

我认为，轻率地抛弃原有产品或把人力、物力、财力转移到一个全新的，对自己来说是陌生的行业，并不一定能使企业走出困境，相反风险更大。你的技术在哪里？市场网络在哪里？你的制造经验又在哪里？这就意味着你原有的技术、工艺、经验积累、市场网络、人脉关系、供应渠道等等都要重新建立。孰得孰失，企业必须慎重而为。江浙一大批企业，为了转型升级，急不可待地进入了太阳能光伏行业，这些企业没有自己的知识产权，更没有核心技术，市场要重新开发，关键元件——多晶硅都是从国外进口的，而且占了成本的大头，利润都被别人吃掉了，只能靠国家补贴过日子。最终就连号称全球老大的无锡尚德也不得不宣告破产。

我想大家也曾记得，过去的空调老大是江苏春兰，它本该顺势继续在制冷行业里保持“不可一世”的地位，但却急功近利，不合时宜进军了汽车、摩托车、电视、冰箱等行业，以至后门起火，被人从空调老大的宝座上拉下来，风光不再，所进入的新行业也因种种原因没有做好。

奥克斯老总也曾经对我坦言犯了一个错误：不切实际地进入了小汽车行业，结果不久就下马，还白白赔了十多亿元。对消费者而言，专业化往往代表了专注，也代表了专业，是信心的保证。

当然，如果你原来的产品技术上已经落后了，已经不合时宜了，或不久将要被市场淘汰了，那就另当别论。你必须审时度势，迅速调整结构，另辟蹊径，或下决心研发新一代产品，或通过兼并，收购已成熟的产品与企业，进行转型、整合，寻求新的出路。比如柯达，如果早一点进行结构调整，也不至于沦落到现在的尴尬地步。当时，数码相机已开始被消费者所接受，而且，数码相机比起传统相机有着不可比拟的优势，但柯达仍然死抱彩色胶卷的生产不放，其结果只能被明天的市场狂澜所淹没。最近有消息报道，柯达"痛定思痛"后，已改行进入了"快速复印"行业。这个曾经辉煌一时的世界500强，十年后是否还是"一条好汉"，这就要看它的造化了。

但是，像柯达这样的情形毕竟是少数。对大多数企业来说，不是行业不行，而是企业不行；不是市场不行，而是技术不行；不是产品不行，而是质量不行。

我在格力任职的二十多年中，也曾有过不少的诱惑，但一直坚守自己的专业不为所动。曾经有人劝我搞汽车（当时汽车行业的确是风风火火），不干；还有人建议我搞太阳能，认为这是一个朝阳行业，不干；还有人建议我做笔记本电脑，是一个高科技行业，也不干。我之所以一股劲扎在空调行业上，是因为我觉得至今还没有一种新技术，新产品来取代空调（以后有没有另当别论），要解决闷热难忍的问题非靠空调不可，只要我把空调做好，就一定能"出人头地"。

说实在的，当时的空调市场也并不好做，全国大小企业有数百家，加上几乎所有的外资空调也悉数抢滩，竞争异常激烈，不少企业感到难以为继，或关门，或转产，到后来只剩下一二十家。我想，关门或转产的企业一定会把责任推给市场，最通常的一句话就是"市场难做"。而我则认为一定是企业自身的问题，你做不过别人，关市场何事？市场竞争激烈，这点倒是现实，但在中国，或在国际市场上，哪个行业竞争不激烈？除非是少数国有垄断企业。说“市场难做”，为什么同行有些企业越做越大，越做越强？说到底还是你没有专心致志地把企业做好。把产品做好，在各种诱惑面前，不够专一，想法太多，太“花心”，总认为别人的“饭”好吃，把筷子伸到别人的碗里，没有集中有限的力量，使自己的产品在技术上得以提高，质量上得以改进，花式品种得以增多，因而缺乏竞争力，最终就是大浪淘沙，退出舞台。

企业要做好产品转型升级，我认为至少要做好以下五项工作。

其一，产品的技术转型升级。

产品落后，首当其冲是产品的技术落后，一个技术上已经落后的产品，无论制作、工艺再好，也得不到消费者的喜爱，消费者与其买产品，倒不如说是买技术。如柯达胶卷，没有人会怀疑它的质量，但技术过时了，产品也就寿终正寝了。传统手机也是如此。

每个企业都有自己的传统产品，但是，你对自己的产品了解吗？就是说你的产品在行业中算老几？技术是否先进，与国内、国外比，与最先进的企业比，差距有多大？消费者对你的产品有什么意见，投诉的热点是什么？有何期待和改进建议等。有些人对消费者的投诉不以为然，认为是消费者故意找茬，这是非常要不得的。我在任时，虽然工作很忙，也要经常抽时间到市场听取客户的第一手意见，并要求科技人员也要深入市场，调查了解自己所设计的产品的使用情况，规定售后部门定期把客户反映的信息整理成册，供有关部门整改。

然而，我也发现有些科技人员下去调研走马观花，听汇报也只愿意听好的，特别不愿意听到消费者对自己亲手设计的产品提出批评意见，认为消费者不懂技术，有时还和他们争吵起来。

我严肃地指出：“产品是不可能完美无缺的，你再整改也还可能存在不足之处，作为一个好的科技人员，必须要有正确对待自己的思想，还要有否定自己的勇气。消费者提意见，并不是否认你们的成绩，而是希望你们做得更好一点。消费者是产品的直接使用者，是产品的首席评判官，产品的好坏，他们最有发言权，如果听不到他的声音，整改自然就没有了目标和方向。”

例如，格力空调以往在制冷时，有个别产品会发出“咯咯”的响声，特别是夜深人静时，声音更加刺耳，经研究分析，是出风口的几个零件热胀冷缩不一致造成的，但很多技术员认为这是正常现象，不愿下苦功解决。一次我到市场调查时，消费者对这个问题反映强烈。回来后，我便指令有关人员，无论如何也要攻克这一技术问题。在多方面的努力下，把出风口的几个零件重新设计，改成一个整体零件，消除了它们之间由于热胀冷缩不一致而产生的“咯咯”响。

又如变频空调已是成熟的技术，但超低频运作仍然是技术上的瓶颈。我们本着在技术上不断转型升级的思想，成立攻关小组，经多年的努力，研究出超低频的变频技术，使变频空调运作更安静，节能效果更好。

格力空调多年来就是不断地对传统产品攻坚克难，解决了一个又一个的技术难题，才有了今天空调霸主的地位。

当然，进行技术升级，说起来容易，做起来难，但我们不能认为这也不行，那也办不到。难，不等于不能，不等于办不到。比如现在的超薄型电视机，多年前很多人也认为办不到，现在不是做到了吗？数码相机取代了胶卷相机，笔记本电脑颠覆了台式电脑，平板电脑又颠覆了笔记本电脑，智能手机打败了传统手机，电话短信让电报业务濒临绝境，快递业务让邮局地位朝不保夕，网络媒体使报纸书刊备受冲击，等等。这些都是以前不敢想或难以办到的，现在不都一一成了现实了吗？

因此，我们必须要解放思想，要有敢打敢拼，敢想敢干的精神。“想”有各种想法，畅想、设想、联想、猜想、梦想，甚至胡思乱想。总之，只要开动脑筋想办法，总比不想好，很多的科技创新成果都是通过胡思乱想获得灵感的。有人调侃，乔布斯的智能手机可能是他吃错了什么药才想出来的。

现在，国家提出“大众创业，万众创新”，就是要我们开动脑筋，破除迷信，解放思想，创造出更多更好的适合市场和消费者喜欢的科技产品。在这一点上，企业没有次优，只有最优，次优就表示落后，落后就会挨打。

其二，产品的质量转型升级。

质量的重要性，这里就不多说了。总之，没有质量就没有产品，没有质量就没有品牌，没有质量就没有消费者，从这个意义上说，没有质量就没有企业。

做产品要精益求精，质量要好上加好，这就要求我们放下金钱观，把消费者的利益放在第一位，强化企业的社会责任感。很多时候，企业不是做不好产品，而是“钱”字在作怪。为了眼前、短期的利益偷工减料，弄虚作假。在尔虞我诈、物欲横流的商业社会，确实有一些企业人心浮躁，急功近利，一切向“钱”看，技术上舍不得投资，企业的技术研发队伍越来越弱，技术工人的水平、责任心、精益求精的态度越来越差，工匠精神越来越少，人心浮动，频繁跳槽，企业文化、管理、技能缺乏传承，竞争力越来越走下坡路。即使如此，不少人还好大喜功，大吹大擂，欺骗消费者。我们的社会习惯了好大喜功，自吹自擂，常听到有些企业说：“我们的产品达到了国际水平，获得多少专利，在世界上处于领先”等等。

你给自己扣了这么多帽子，脖子都硬了，还有心思去提升自己的产品质量吗？

产品质量的转型升级，必须根据企业的实际情况，对症下药，脚踏实地，认认真真地干，来不得带点马虎，否则就是自欺欺人，到头来企业也得不到什么好结果。

关于如何提高产品质量，前面的章节已讲了很多，这里就不再啰嗦了。

其三，努力拓宽原有产品的品种、规格（即相互关联的产品链），以满足消费的个性、喜好和选择。

前面已说过，不要轻易进入一个自己陌生的新行业，但绝不意味着你不能在原有的产品上增加一些有关联的产品，以延长自己的产品链。

有人曾问我："你专注空调，难道就不怕风险吗？"我开玩笑说："就是只做空调，我也有做不完的事，况且，天气越来越热，这不是幸灾乐祸，全球气候的确如此，不信，你看这几年的车展，车模小姐穿得一年比一年少，什么原因？热呀！"

由于格力的专注，不断扩充自己产品的品种规格，形成了规模化、系列化，现在品种规格已达上千个，除了家用、商用，还包括冷柜冷藏、空气能热水器、地源水源热泵空调，此外，还有除湿机、空气净化器等一大批产品。

产品链可以说是同一大类的产品，技术上大同小异，供应渠道相近，市场网络、人脉关系基本不变，开拓这类产品，企业可以用较少的钱，获得较大的效益。

比如服装，有多种花式品种，有冬天夏天的，有长袖短袖的，有男有女的，有棉有皮的，有各种颜色的，还有各种尺码的，这样消费者才有选择的余地，总不能像过去那样全是清一色的中山装吧。

空调也一样，有多种规格，各种功能，各种式样……，作为专业厂家，你都得“应有尽有”，这样才能显出你的专业与实力，消费者才能根据自身的情况选择合适的产品。

另外，产品链的延伸比创新一个新产品容易很多。如果创新一个产品，特别是与传统产品相差很大的产品，则要经过多次的试验、失败、再试验的过程，即使成功，由于积累少，经验少，也要经过较长时间才能不断完善。

如何拓宽产品链，在本书第九章已有论述，这里就不多谈了。

其四，以主打产品为龙头，逐步完善核心配套件和关键配套件的生产。

什么样的企业才称得上有实力的企业？不是规模大、人员多、设备先进、资金雄厚，也不是市场占有率有多高。

我认为，核心配套件和关键配套件是否掌握在自己手中，这才是判断一个企业是否有实力的最重要的标志。核心部件其实就是核心技术，拥有核心技术的股票也是基金重点关注的对象之一。

在国内，有些企业即使规模很大，但由于没有核心部件的制造能力，充其量也只能算是组装厂。有人喜欢用“国产化率”这个指标来衡量企业的实力，似乎国产化率越高，企业的本事就越大。而我不这样认为，国产化率再高，你的核心部件仍然依赖进口，你还是一个组装厂。例如中国是一个汽车大国，但没有人会说中国是一个汽车强国。实际上，中国汽车国产化率也不低，至少60%以上，但核心部件如发动机、自动变速箱等生产不了，全部控制在别人手上，人家一旦不发货，你就得停产，别的零件生产再多有啥用？过去我国引进汽车生产线，想以市场换技术，但没有成功，市场倒是给了别人，而技术却换不来。

电视机也是如此，虽然也是生产大国，但主要核心部件——液晶显示屏的生产主要集中在国外少数几个厂家手中，形成了垄断态势，而这一部件占成本的60%以上，大部分的利润被别人吃掉了。

歼10上了天，这当然值得骄傲，因为它有着多方面的核心技术，如隐形、航电系统，飞控系统等，但遗憾的是飞机的心脏——发动机需要从俄罗斯进口，欧美还不卖给我们，这始终是一块心病。因此，有人说中国制造患了“心脏病”。

算一算中国海陆空的特种运输工具的发动机都是谁的：飞机是俄罗斯的，军舰是德国和乌克兰的，远洋货轮是韩国的。

正因如此，中央才下决心花上数千亿元进行高端发动机的开发研究。我们必须下大力气进行转型升级，使企业从数量型转变为技术、质量型，从粗放型转变为效益型，这才是企业的希望，中国现代化的希望。

反观国外有实力的企业，其核心部件都掌握在自己的手中。美国的GE公司，从包括高端的飞机发动机到精密设备都能自己做，波音公司、德国西门子、韩国三星、日本三菱等等，这些企业都牢牢掌握着核心部件的制造能力。

拿格力来说，我是有深切体会的，老实说，格力过去也是一个组装厂，不但空调机的心脏——压缩机、控制器等核心部件做不了，连很多一般零件也是东买一件，西买一件。为此，科技人员必须根据采购件的特性来设计产品，没有自己的特点和个性，人家生产什么你就用什么，严重阻碍了产品的创新。后来有了压缩机，控制器也完全根据自己的设计要求来开发。之后，又上了电容器，解决了原先采购的CBB大电容寿命短的问题，以及后来变频模块的封装生产，为变频机的制造提供了核心部件等等。所有这些，对企业的转型升级，发展壮大，可谓功不可没。

应该说，核心部件的自我配套风险也较低，产品出来后能自己消

作者在格力高效直流变频离心机组现场鉴定会上回答专家与记者的提问

耗一部分或大部分，解决了市场问题。其次，科技人员可根据产品的技术质量状况，随时对配套件做出改进，提高产品的技术和美誉度。

当然，我们并不主张什么都要自己做，小而全，大而全，也是行不通的，很多零件可以采购，自己做反而划不来。那么，哪些零件需要自己做呢？我认为，对技术、质量影响重大，而市场又难以满足要求的；价格昂贵，对成本影响大的；容易受人控制，影响产品更新换代的；能使自己产品更独特、更有特色与差异化的配套件等要努力争取自己做，这样，不但使自己拥有更多的核心技术，而且使产品更有竞争力。

当然，企业也要量力而为，循序渐进，饭要一口一口吃，我们要放长眼光，一时做不了，也要积极创造条件，等时机成熟时再上，格力就是这样，从小到大，从无到有。企业现阶段所做的点点滴滴，不光是为了现在，还为了将来，企业不仅要搞好现在，也要规划好未来。

其五，努力使自己的产品更具有差异化。

产品差异化是避免同行恶性竞争，避免同质化的重要手段。

什么是差异化？简单一句话就是“与众不同”，也就是说比别人更有亮点，更有特色，更有个性。这种“亮点”、“特色”、“个性”就是产品的差异化。

所谓“差异”，并不要求产品与别人完全不同，或面目全非，而只要求在某些关键地方有那么一点差异。那么这“一点”到底是多少？有量化数据吗？差得多一点当然更好，但依据一般的统计规律，我认为有5%的差异，你就可能成为赢家。

李嘉诚说得好：“无论做什么事情，都要比竞争对手做得好一点，好一点就行，像奥运会赛跑一样，只要比对方快1/100秒就会赢。”

进葡京赌博的人，十赌九输，为什么？其实，据统计规律，赌场与赌徒的输赢比是49∶51，只相差两个百分点，但你若沉迷进去，肯定输得精光。

香港街头的商铺，能生存下来的，靠的也是差异化经营。香港旺角有一家专卖“三文治”的小食店，每次路过时，我就感到奇怪，门前总有二三十人在排队，心想，不就是三文治嘛，用得着排队吗？而距离它一百多米远的另一家三文治，生意就冷清多了。受好奇心的驱使，我耐着性子也跟着排队，尝试过后才知道，它与别的三文治差别不大，只是中间所夹的炒蛋稍微滑一点，口感好一点，估计也是5%的差别吧。

大家知道，拉菲红酒价格高达过万元，如果拿来与普通上好的红酒对比，据统计只有5%的人能区别开来，可见它们之间的差别也不大，但价格却相差几十倍。

美国《纽约时报》有一篇报道很有意思：《美国制造如何打败

中国制造》。文章说的产品只是一个小小的油漆刷子。论成本，美国无法与中国竞争，但美国死死在差异化上做文章，他们通过调查研究，发现中国产的刷子比较容易掉毛，他们抓住了这一弱点，改进了生产工艺，使刷子不易掉毛。因为掉毛是一件很烦恼的事，既影响了油漆的质量，又影响了工作效率，清理起来还很费劲。因此美国的油漆工人都很喜欢用本国的油漆刷，即使价格贵一些，仍然销路很好，从而转败为胜。

很多案例都说明，差异化是企业制胜的一个重要法宝，差异化的产品能更好地吸引消费者的眼球，差异化也能更好地避开同行的恶性竞争，使企业赢得主动。

格力多年来在产品差异化上不断在努力，除针对市场和消费者需求不断对产品做出有特色的整改以外，对其他的“小问题”也不放过。如针对市场上柜机的插头插座容易出现安全事故，我们自行开发了一个特制的插头插座，这是格力特有的配套件，可承受更大的电流，从而使产品更安全。其他的“表面工作”，也力争做得更细一点，更精一点，更光滑一点。

效率转型

效率主要是指企业的劳动生产率，它之所以重要，是因为目前我国企业的效率普遍低下，人均销售额不及发达国家的几分之一。有些企业还以有多少员工来炫耀规模和实力，一个人能干的事，非要两三个人去做。更值得注意的是，一些企业对此并没有引起足够的重视。同样的产品，同样的规模，国外只需要一二百人，而国内少则要几百人多则上千人。科室、车间普遍存在着机构臃肿，人浮于事的现象，相互扯皮，遇到问题不是先着手解决，而是先争论是谁的责任。

企业是如此，社会也是如此。举一个最普通的例子：前几年，我到美国旅游，驾车跑了几个州，我发现偌大的加油站，加上一个小商店总共才有一个服务人员，要加油，自己安上油管，按下按钮，加油完成后去交钱，所设的人员其实就只是一个收款员，而在中国，恐怕需要七八个人才够。

其实，效率转型，就是要减员增效，降低成本，从而提高企业的竞争力。这不仅仅是企业需要，而且有着重大的战略意义和现实意义。

首先，我们必须承认，目前绝大多的企业都是劳动密集型的，有些还是人员密集型企业，生产线上一个挨一个，全是手工操作。不但效率低，质量一致性差，安全隐患也大，一出事就是大事。前几年报道说吉林宝源丰禽业公司一场大火就烧死121人，烧伤76人，如果在国外，这样规模的企业恐怕几十个人就够了，怎会发生如此重大的悲剧呢？

劳动密集型企业的发展方式源于过去生产、技术落后，工资低廉，劳动力丰富，因而搞人海战术，用工单位很少考虑工资成本。当然，这种现象在改革开放之初也曾为中国经济起过重要作用，吸引了一大批外国投资者，当初他们在中国设厂，并不是看中我国的基础设施，也不是看中员工的素质，而是看中低廉的工资成本。

然而，随着社会的发展，人民生活水平的提高，人工成本、工资福利、各种补贴、保险等逐年攀升，这是必然的趋势。随着中国经济总量的提升，劳动力资源也相对紧张，更加促使劳动成本的上涨，其所占的成本比例也越来越大。

中国企业正受到双重的压力：一方面，如果把生产效率考虑在内，中国的劳工成本与欧美相比已缩小到10%左右；而另一方面，与东南亚各国相比却高出50%以上。由于全球经济一体化，目前已有一批企业开始撤离中国大陆，迁至劳动成本更低的地区，只是这些地区的基础设施尚未完善，一旦得以改善，这种势头将继续加大。

其次，欧美近年来也积极实施“再工业化战略”，试图东山再起，把被中国等发展中国家抢去的企业夺回来，并且已经有一批企业开始撤回本国生产。

基于以上的原因，企业效率转型不是可有可无，而是迫在眉睫，非做不可，是一项紧急的战略任务。对此，我们应高度重视，要有强烈的紧迫感和危机感，下大力气把它做好，否则很容易被世界潮流所抛弃。

那么，如何进行效率转型呢？有些人一提到减员增效，首先考虑的不是改造生产技术和工艺技术，就想加班加点，或增加劳动强度，以便做出更多的事情。格力也曾走过这一路子，生产紧张时，工人一天往往工作10个小时以上，这样做既不能持久，效率也上不去，由于疲劳战，还会给产品质量造成极大的隐患。我认为，减员增效最有效的办法是改进生产和工艺技术，推行机械化，自动化和人力资源管理的科学化。

如今，机械人、机械手的蓬勃发展，为生产自动化提供了前所未有的空间，我们应以积极的态度去迎接它。我在国外参观时，就发现有不少是无人车间，偌大的车间空无一人，全是机械人、机械手在工作。它们不需要休息，不用管饭和住宿，干活专心致志，不开小差，没有情绪的变化，更不用做思想工作，完全听任主人的吩咐和安排，是最忠实的、最任劳任怨的企业“员工”。

我们不要理解为机器人就是有腿有手，有鼻子有眼，花大价格买回来的“人”。其实，企业可根据自己的产品特点、工艺特性、设备状况，花很少的钱购置一些简单的自动化元件，装配成一个简单的工具，就可以自动地完成某项工作，从而把宝贵的人力资源省下来。

对于一些专用的、工序复杂的、费工又费时的产品或零件生产，就必须用专用的设备来完成，而这些专用机械手或机械人一般在市场上是买不到的，必须发动群众，群策群力，根据自己产品的工艺和特点，自己动手解决。

比如，空调生产有一个工序叫“穿管”，耗时、耗力、耗人。大家知道，空调的重要部件蒸发器和冷凝器是由许多铝薄叠加而成，中间用很多铜管把它们串接起来的。串接时，先把铝片堆叠好，手拿铜管一根一根地从铝片的孔中穿过，如不小心，很容易把铝片弄坏。因此，这一工作又累又慢，进度往往赶不上生产的需求。有一回，由于穿管的滞后，影响了空调的装配进度，公司就号召党员干部下车间劳动支援。我第一个报名参加，我穿上工作服，样子像个老师傅，但干起活来手忙脚乱，连学徒也不如。干了一下午，累得腰酸腿软。心想，这种枯燥无味而又辛苦的工作，自己才干了半天，就觉得很累，而工人长年累月地干又怎么办？第二天，我找来机动部长和工程师商量，一定要想方设法实现穿管的自动化，并鼓励他们发动群众、解放思想，多到实践中感受体会，用大家的智慧设计出自己的自动穿管机，只要能成功，要什么给什么，钱更不是问题。

然而，两个月过去了，并没有什么头绪。我突然从机关枪的工作原理获得了灵感，于是给他们出了个“馊主意”：“你们想想，机关枪的子弹是怎样从枪膛射出去的，我们能否把两器的‘孔’比作枪膛，把铜管当做‘子弹’，用机构把铜管固定好，对准两器的孔往前推不就行了吗？而且一穿就是一排或几排，省时又省力。”

他们似乎从我的灵感中得到感悟，有点茅塞顿开："对，我们回去就试验"。2012年初，他们做出了样机，叫我去点评，管是穿过去了，省人省力，但效率不理想，体积也过于庞大，于是对样机提出一些改进意见。不久，我就退休了，据了解，在工程师和员工的不断改进和努力下，现在已制成第四代自动穿管机了。

有人认为，自动化要投入大量资金，增加了成本，这种想法是片面的，目光短浅的。自动化能提高生产效率是有目共睹的；提高产品质量，减少人为失误也是显著的；对提高企业的经济效益更是不言而喻了。我们不妨也来算一算账，一台自动化设备不要说可省一批人，就算一两个也划算。如前所述，简单自动化装置，费用少则一千几百，多的一万两万，耗电百把瓦、千把瓦，每小时不到一度电，按每度电费0.7元计，一个班五至六元，而一个员工每天的工资，加补贴却超过100元，是自动化的十多倍，难道还不划算吗？

至于人力资源管理科学化，首先企业要重视人力资源管理工作。由于人力资源管理不直接创造价值，从而被很多企业老总们所忽略，在这些企业成长的过程中，人力资源管理实际上变成了"瓶颈环节"。有人认为人力资源管理就是传统意义上的招工、辞退，再复杂一点就是"做点考评"，这种思想没有将人力资源管理职能视为一个体系运作，没有将人力资源管理部门作为一个权力机构，从而造成制度满天飞，却没有制度运作的依托，这就使企业中的"人治"成为必然，哪个官大哪个说话就算数。这也不难理解为什么有些企业在业务蒸蒸日上时，经常会感到力不从心。

首先，要提高员工的工作效率，就要下决心花力气对员工进行各种培训、教育，要马儿跑得好，又要马儿不吃食草是不行的。通过教育、培训，使他们懂得应该做什么，如何去做，怎样做才能又快又好。当然这是慢活，短期时间内看不到效益，但企业不能急功近利而丢了这项重要工作。

人力资源管理科学化，当然也离不开推行绩效管理。

为了充分调动员工的积极性、主动性、创造性，企业应把每月、每季、每年的工作指标具体量化，对业务量、完成时间、考核标准，以及激励措施等下达到基层部门，直至到个人。人的能力、积极性其实有很大伸缩性的，必须靠管理和监督，但也不能人盯人、人管人，要靠标准、靠指标、靠制度、靠激励措施、奖惩办法等。我们想想，马戏团的老虎能做出人也不容易完成的高难度的动作，靠的是什么？就是靠管理、靠激励机制，做好了奖励它一块肉。员工的积极性也要靠管理、靠激励。当然，我们奖给员工的不是一块普通的“肉”，是一块物质的“肉”，一块精神的“肉”，一块让员工有成就感的“肉”。

经营思想转型

作为一个企业的经营者，以什么思想，什么理念，什么价值观去管理一个企业，这对企业来说是决定性的因素，企业要转型升级，首先企业家的思想也要转型升级。

企业是由人经营的，人的行为是受思想支配的，有什么思想，就有什么理念，就有什么行为动作，而行为动作的不同，就会产生各个千差万别的企业。

中国企业数以百万计，能生存下来的，一定是八仙过海，各显神通。但无论如何，有几样“神通”大概是不能少的：一是重视科技，二是重视人才，三是随时把握住市场的脉搏，随机应变，与时俱进，市场变我就变，甚至市场未变我已经提前应变了。

关于重视科技和如何应对市场变化的问题已经谈了很多，这里只讲一下重视人才问题。

我在与很多企业家的交流接触中，谈到经营上的困难，讲得最多的就是缺乏资金、银行贷不到款、厂房面积不够、设备简陋、市场竞争激烈、效益不好等等，极少听到他们说企业缺乏人才。

而我的看法刚好相反，以上的因素固然重要，但都比不上人才重要，人才是企业的第一资源，也是最宝贵的财富。有能力之人，用得好，可以以一顶十，一顶百。有了人才，企业可以扭亏为赢，可以变落后为先进，可以变被动为主动，可以起死回生。因此，企业必须爱护人才，关心人才，凝聚人才，培养人才。这里所说的“人才”，主要指的是企业有用之人。

在企业内部，人大体可分为五种：人渣、人员、人手、人才、人物。

人渣：林子大了，什么鸟都有，企业也一样，总有个别无事生非，挑拨离间，挑起事端的捣乱分子，这类人对企业来说是负效应。

人员：这些人虽不像人渣那样惹是生非，但这种人贪精学懒、不守规矩、不思进取。有责任就推，有好处就要，属于庸人之列。

前两种人占员工的极少数，但影响却不能小觑，是教育和监督的重点对象。

人手：人手是别人的帮手，这种人技术和业务水平不高，虽然不能独立做事，但可以在别人的指点和帮助下做事，完成某项工作。这类人的作用是正效应，是企业培训、教育、提高的重点对象，应尽快促其学习与进步，以发挥更大作用。

人才：是企业中有主见性、有创造性、独立性和责任感的人，能独立承担公司交给他的工作，全心地投入到工作和事业中去，而且责任心很强，是企业最需要的人才，也是常说的企业骨干和精英分子。

人物：就是有思想、懂战略、有影响力的人才，一般是企业的中层和高级领导者。当然后三种人在思想上也有各种思想和想法，有打工的、上班的、职业的、事业的、使命的之分。

把企业的员工进行粗略的划分，能让我们的思路更清晰，有针对性地知道如何培养、如何激励、如何管理，依靠谁、留住谁。

企业要把重视人才和培养人才放在重要的战略位置上，但凡成功的企业，都是非常重视人才的。

美国钢铁大王安德鲁·卡内基说："带走我的员工，把工厂留下，不久工厂就会长满杂草；拿走我的工厂，把我的员工留下，不久后我还会有更好的工厂。"

宝洁公司总裁说："假若你拿走了宝洁的人才，却留下了金钱、厂房和产品，宝洁就会失败；假若拿走了宝洁的金钱、厂房和产品，留下了人才，宝洁将在10年内重建王国。"

有人问比尔·盖茨："盖茨先生，你如果离开微软，能再建一个同样的微软吗？"盖茨先生回答"可以，如果让我现在带走100人的话。"

GE总裁杰克·韦尔奇说："人才就是一切，有人才就是赢家。"

可见，这些世界一流的企业是何等重视人才，他们把人才看成是企业的命根子，正因为这样，才有了他们辉煌的今天。

人才不是从天上掉下来的，即使是空降来的人才，但由于企业文化不同、产品制作工艺不同、生产设备不同、人员的相互配合不同等，一开始也未必能发挥出应有的作用。因此，企业必须对人才进行严格的，系统的培训，在实践中磨炼，才能成为适合企业的有用之才。也就是说，这些人是企业在实践中花了学费，花了成本培养的，在挫折、失败、教训中锻炼出来的，有着丰富的生产和管理经验，他们对企业来说自然就显得更为珍贵。

人才的成长与企业领导人息息相关。凡是有能力的人，通常都有自己的个性，他们一般不会轻易信服别人，有自己的见解，比较固执，有时候还会和你拌上几句嘴，也不会阿谀奉承，更不会为了讨好你而讲违心的话，做违心的事。因此，作为领导要包容这种性格，关心他们、尊重他们、爱护他们，给他们更广阔的空间，让他们迅速成长。

然而，却有不少领导不接受这种性格，他们对于那些经过磨炼的、用失败和教训换来的而又比较有主见的人才撂在一边，而重用哪些没有什么实践经验，但是听话、唯唯诺诺的，或者遇事只看上面颜色，揣测上级喜好的人。这种人并不是企业的人才，充其量只是前面所说的“人手”而已。

我一直对人才怀有一种敬畏的心情，只要有能力，其他性格都可以包容，让他在工作中慢慢改变。他们可以和我争论，吵嘴，也不怕对方给自己难堪，不给面子。因为我觉得，企业是靠他们来支撑的，没有他们，就没有企业。你的“难堪”、“面子”与这些相比，能值几个钱呢？

第十三章　国企啊，国企

——那些年的憋屈事

国企难，难在一个“国”字，国企老总与民企老板最大的区别是，国企老总是任命的，只要红头文件任命，谁都可以做，谁也敢去做，不做则被视为不服从组织安排。特别有些已经在市场上打出名堂的国企，很多人并不知道企业走过的艰辛历程，只知道现在的辉煌，因而很多人会盯着这个位置，就算万一搞砸了，也不用跳楼，换个位置照样过得有滋有味。俗话说：“荒地没人耕，熟地有人争”。

我这一辈子都是在国企打工，从来未尝试过民企和其他类型企业的滋味。

有人调侃："前世作了孽，今世搞企业"，虽然这是调皮话，却道出了做企业的艰难，把企业做大做强更难，把竞争性的国企做得风生水起真是难上加难。

很多朋友和媒体曾不止一次地问我："你们是国企，又是家电企业，家电行业历来是竞争最激烈、最充分的行业，其他国企都死得差不多了，而为什么你们还能生存，并且发展得这样好呢？"

的确，格力电器在1996年上市前，是百分百的国企成分，直至2005年股改前，也是国企占有58%的绝对控股权，一股独大成了格力长期的经营环境。

说来话长，自改革开放后，国家由计划经济转变为市场经济，一举改变了国企过去等上级派发任务，靠上级收购产品，伸手向上级要钱的"等、靠、要"思想。之后，产品根据市场的需求自行开发，自行销售，资金自行解决。

随着中国经济市场化进程的日益深化，竞争已成为企业生存和发展的主体环境，尤其是加入WTO以后，中国企业已完全从国内竞争转向国际乃至全球的竞争，所有企业都要面临国际竞争国内化，国内竞争国际化的竞争格局。

当时，一大批国企，不管你会不会游泳，都被赶到市场的大海中，面对波涛汹涌的大海，又有多少企业能适应这种恶劣环境呢？由于环境截然不同，吃的自己找，找不到就得挨饿，环境要自我适应，不仅要抗击风浪，还要随时提防“鲨鱼”等凶猛大鱼的袭击，每一分钟都提心吊胆，诚惶诚恐。

相反，从小过惯了“大海”生活的民营企业，他们天生就有野外生活的能力，有各种觅食和逃生的本领以及顽强的生存技能。

果然，大批国企下海后，不久便奄奄一息，只好转制，或半卖半送，或折价出让，或由职工收购，转变国企基因，如美的集团就是这样转过来的。转不了的就让它自生自灭。只有那些资源性、市场垄断性，以及对国计民生有重要关联的国企保留下来，国家继续给予多方面的扶持。由于垄断，日子一般都过得有滋有味。

拿家电行业来说，改革开放之初，一大批国企转型进入家电行业，加上原有的民营企业，一时间热闹非凡，熙熙攘攘。而现在，死的死，关的关，改制的改制，已很难觅其踪迹了。不用说全国，仅在广东，早期威震一方的大型家电国企就有华宝、万宝、威力、华凌、半球、裕华等等，最后都人间蒸发了，就连科龙最终也被人收购。据统计，全国国有家电企业倒闭的数以千计。

国企为什么难，顾名思义，国企就是国家的企业，所有权为国家所有，国家或地方政府才是企业的老板，但这个老板又不像民营企业的老板那样亲力亲为，一线指挥，担当负责、冲锋在前，撤退在后。而是在幕后指手画脚，并且婆婆多，七嘴八舌。作为代表国家管理企业的领导人，自然要听老板们的吩咐和指点，指点对了，自然是企业的福气。然而，上级这个“老板”，要做的事情很多，没有多少时间下基层，对市场的了解也是间接的，难免有“考虑不周”和“看走眼”的地方，加上条条框框多，难免有政策和做法的失误，这是人之常情。因此有人说：国家对国企最好的管理就是少管或不管。但这也行不通，因为国企领导人也有良莠之分，也存在责任心强弱的差异。由于企业不是自己的，搞砸了不用倾家荡产，欠债不用自己偿还，倒闭了不用跳楼，这就容易滋生一小部分国企老总不负责的行为，即使企业艰难度日，该吃的照吃，该喝的照喝，该打高尔夫的照打不误，遇到难啃的事情，要么逃避，要么上报，走程序，按部就班，缺乏担当精神，就算事情做错了，只要按程序办，也没有多大的责任，个别人甚至还会出现假公济私，以权谋私，贪污受贿的行为。因此，上级加强对国企的监管与审查，也是不得已而为之。

我曾经打过一个近乎荒谬的比喻：企业也是有“成分”的。就像改革开放前，人人都有“阶级成分”一样，比如地主、富农、贫农、资本家等等什么的，如果你爷爷或父亲是地主成分，那么子孙后代都归属于地主成分，以阶级斗争为纲的年代自然就要受到诸多限制，如升学、参军、提干、入党等等，都会严格审查，除个别突出人员外，这些好事对他们而言一般都成了奢望，被剥夺了平等竞争的机会。

现在，企业假设要划分“成分”，则有央企、地方国企、集体企业、民营企业、合资、外资企业等等。企业性质不同，监管也不一样，央企和地方国企有国家管理条例和办法，从监管的角度来衡量，就相当于1949年后的“地主”、“富农”，“不得随便乱说乱动”，大事要逐级审批，“先斩后奏”则是违规行为。

开始，我还以为，只要不向国家要钱，围绕着自己的主业做大做强，为国家多做贡献，怎么做都可以，但事实上，这种想法太天真了，因为是国企，自然是老板说了算。

比如，当初空调的配件中，电机供应较为紧张，各厂家的质量也参差不齐，而格力用量大，很想有自己的配套电机，1996年打报告上去，要求建一个电机厂，资金自筹。我原以为只是程序和手续问题，很快会批下来的，连电机厂的厂长我都物色好了，谁知等来等去也不见批复，追问原因，上级说是可以做，但不是我们做，而是叫兄弟厂压缩机的电机车间做，为我们配套。但压缩机的电机和空调风扇电机差别很大，加上资金短缺，压缩机厂根本就没有兴趣做。无奈，集团又只好筹备成立一个新的电机厂，派人员到外地和日本考察一番，经过若干轮谈判，眼看要签合同了，最终因资金问题不了了之。一拖十年，直到2006年我们收购了一个与格力配套的凯邦电机厂，之后进行了不断的改造，才有了今天自我配套的大型电机厂。

控制器的上马也是一波三折，控制器是空调的核心技术之一，是空调机的“脑袋”，一般空调企业都是自己做的，而我们当初却全是外购，不但满足不了质量要求，更重要的是严重阻碍了产品的创新，体现不出自身的特色与技术水平。奇怪的是这样一个核心技术的部件，想自己做也不是一件容易事，上面的意思是可以做，只是由集团与别人合资来做。结果搞了两年也没做出个名堂出来。1997年，眼看这个厂快不行了，才把它高价转让给我们。如此一折腾，又耽搁了我们好几年时间。

至于空调的心脏——压缩机就更不用说了，连提都不敢提。因为之前集团下属已有了一个压缩机厂，规模约年产一百万台，但由于技术和管理上的缺陷，我们一直也不敢使用，为此，还得罪了不少人。

我很羡慕那些民营企业，只要合法经营，照章纳税，想怎么干就怎么干，没有那么多的条条框框，没有那么多的掣肘。办起事来高效快捷，充分体现了时间就是金钱，效率就是生命的道理。国企与它们之间的竞争其实就不在同一条起跑线上。

有一件事，我印象非常深刻。

2001年，格力第四期改造进入了紧张的施工阶段，新的厂区主干道正好要经过原来旧的供气站，需要拆迁重建。该项目虽然不到一百万，但按国企管理条例，必须进行公开招标，整个过程从公告、招投标到确定施工单位最快也要四十天左右。时间不等人，当务之急是要尽快把气站建好，否则每天至少损失3000万元的产值。一想到这儿，我心里就发怵，管不了那么多了，没时间了，我随即吩咐厂基建办人员立即找施工单位，并要求他们必须在一个月内完工。我再三叮嘱："你们要认真签好合同，多找两家对比，制定好施工标准与价格，如果上面追究起来，一切责任由我负责。"结果气站不到一个月就建好了，为生产和市场赢得了宝贵的时间，从而减少了损失。

然而，事情并未就此结束，市有关部门听到风声后随即派人下来调查，他们很不客气地指责我们"违规操作"，并扬言要处分我。我对他们说："该决定是我下的，施工单位是厂基建办工作人员经过认真的审核和对比定的，我觉得他们很认真，并没有利益输送，就是想为企业省点时间而已，要处分就处分我吧。"心想，如果用我的处分争取了时间，减少了损失，也值。最后，他们还算体谅我们的难处，要我写个"检查"便不了了之。其实，检查无非是把自己"臭骂"一顿罢了，这样的检查我常写。

的确，在国企体制和市场潜规则之间，在国企、民企这两种性质不同的企业之间，如何竞争，如何去寻找平衡点，使之又能基本满足竞争的需要，又要符合国家对企业的"清规戒律"，使"上级"也不感到为难，这的确是摆在国企领导人面前的一道难题。

为什么很多竞争性国企原来都好好的，基础也不差，有些还是令人羡慕的知名老企业，最终却在竞争中败下阵来，并逐步退出江湖呢？当然很多人会归罪于体制上的原因，我认为体制上固然有原因，但是他们却忽视了“主观努力”这个最实质的因素。这些人往往没有摆正自己的位置，只把自己看成是企业的管理者，而没有看成是一个“企业家”。我所说的“企业家”就是要把企业看成是自己的（当然这只是一种假设），像私人企业一样处处为企业着想，把全部精力和才华都投入到工作中去，不为权，不谋私，对损害企业利益的行为能挺身而出，理直气壮地加以制止，在出现矛盾时，不唯上，只唯实。对国家有利、企业有利、员工有利的事情，敢于担当，哪怕是遇到种种阻碍、挫折、打击，甚至被罢“官”，也要努力履行职责，无怨无悔。

如果把自己看成是企业的“管理者”，工作起来就会畏手畏尾，这也不敢做，那也得罪不起。正因为大多数国企领导人并不是在市场上和基层中磨炼产生的，而是上级委派的，是任命制的产物，他们的荣辱与升迁只与上级有关，因此，他们会花很多时间与上级拉关系，揣摩上级的意图，吹牛拍马，尽上级所爱，遇事不动脑筋，不敢大胆地提出自己的主见，特别是上级不爱听的反对意见，而只看上级的眼色行事或以上级的好恶为标准。如此一来，使得唯上和盲从成了官场上的潜规则，久而久之，这部分人就容易成为企业的“看护者”或“政治企业家”。他们不愿意冒险做一些任期内不一定见功效的事情，目光短浅，只愿做一些眼前的、吹糠见米、急功近利的事，时间一长，就会变成“庸官”或“庸才”。

如果说，“贪官”是体制上的“外伤”，“庸官”就是体制上的“内伤”，它败坏的不仅是官场上的风气和权力体制，更使社会风气变得平庸与恶俗。贪官贪的是国家的钱财，庸官却能毁掉国家的事业。

然而，这些话说起来容易，做起来难。毕竟企业的性质不同，“各施各法，各庙各菩萨”，而市场竞争规则只有一个，面对复杂的市场，又有多少国企老总把自己看成是真正的“企业家”呢？对消费者来说，只认你施的是什么法，不会关心企业是什么性质，也不关心你施的是哪家的“皇法”。然而，民企能施的法，国企未必能施，这样一来，竞争激烈的国企难免会进入“地雷阵”，做出一些有违“皇法”的事，企业领导人也可能为此付出代价。

有一件事令我刻骨铭心，一辈子也难以忘怀。

格力初期，柜机的销售远远落后于其他同行，而柜机又是最赚钱的品种，如五匹柜机当时售价一万多元，利润就有五千元。当时市场上盛行“销售奖励”政策，我想，民企能做为什么我们不能？于是决定每销售一台柜机给予经销商100元的现金奖励，即使这样，还能赚4900元，对国家有利，对企业有利，对员工也有利。如果奖励通过转账，对方开出发票当然没有问题，但不能发挥奖励的最大作用，最好用现金奖励到个人。如此一来，奖励款就进不来账了。我与财务人员商量后，把卖废铜烂铁、纸箱泡沫等废旧料的钱，放到另一本账上（在别人眼里就是“小钱柜”），这对国企来说是有违“皇法”的，正因如此，我们对这本账管理特别严格，定期审计，只用于销售奖励，除此之外，不得用于任何一项开支，而且规定奖励必须公开透明。我记得当时公司一高管出差时在该账报销了400元，我知道后十分生气，对他进行了严肃的批评教育，并责令他立即退回这400元钱。

就是这样一件在民营企业看来再普通不过的小事，在格力却成了了不起的大事。

2002年国家审计署来格力例行巡查，虽然翻箱倒柜没查出有私人占用，只认为这种做法不妥，并没有给予任何处罚，但是后来个别人为了不可告人的目的，把它作为重型炮弹，又重新翻炒出来，为此，我被足足查了两年，也被整了两年，付出了沉重的代价。不该发生的事情却在国企发生了，这就是国企！

事件的导火线要从媒体和网上铺天盖地的所谓“父子之争”谈起。

如前面所提到的，由于集团当初把格力电器所创立的“格力”商标作为集团所用，也没规定使用的标准和原则，为此埋下了隐患。格力集团旗下的小家电公司（后来由格力电器收归名下）也使用该商标。2003年10月18日，《粤港信息报》（后更名为《民营经济报》）刊登了《格力进军厨具市场》的报道，被广泛转载。一时间，格力电器被误传放弃了空调专业化，将进军厨具市场。而格力小家电公司也有意无意地混淆格力小家电与格力电器的界限，不时地用“格力电器”、“格力空调”这些专属于格力电器的商号和产品来宣传包装自己，甚至把我们厂区的图片也放到了自己产品的广告宣传资料上，以彰显自己的规模和实力，使消费者误认为他们的产品就是格力电器生产的。如果说他们的产品质量上乘，得到消费者的青睐，也算是对格力品牌的一个正能量。但格力小家电其实包含两家小公司，即中山格力小家电和顺德格力小家电，后者是格力集团与一个体经营者合资的公司，实际上是一种品牌出租经营。这个小家电公司难有长远的规划与经营，为了谋取短期的利益，对质量也容易采取急功近利的处理方式。

据《中国经济周刊》调查数据显示：2002年格力小家电所产的电风扇、电暖器等维修率均超过6%，与同行产品的1%相差甚远。格力电器的经销商经常抱怨，很多买了小家电的消费者跑到空调商家来维修，得不到满足就大吵大闹，既影响了格力空调的形象，也影响了格力企业的声誉。

当时，主管销售的董明珠老总，她才不管你那么多，决定于2003年11月4日同时在全国二十多家媒体发表声明，指出“格力电器只生产空调，在有关媒体的报道中，格力小家电借用‘格力电器’、‘格力空调’这些属于格力电器公司的商号和产品来宣传自己产品，误导了广大格力股东和消费者，是一种侵权行为。”由此拉开了所谓“父子之争”的序幕。

12月18日，又是《粤港信息报》，在头版头条刊登了一篇署名仲大军的大幅文章——《格力再现褚时健式人物》。大家知道，褚时健是轰动一时的红塔山烟厂的创始人。90年代因侵吞国有资产被判刑。由于文章的题目很吓人，被媒体广泛转载。文章说：“了解内幕的人都知道，格力集团内部历来存在着最高领导层权力之争，并且，这种权力之争是典型的国企式的权力之争”。由此把“父子之争”推向一个新的高度，其矛头直接指向我。文章把格力集团时任董事长打扮成“一个国有资产的忠实看家人”，而我则是一个“侵吞国有资产的典型人物”。

文章指名道姓，子虚乌有地写道：“格力电器老总朱江洪认为格力电器是上市公司，股权多元化的公众公司，其本人对格力企业发展的贡献作用甚大，应当拥有相当大的股权比例，并想通过股权置换，把集团公司所拥有的58%的股份分30%为他个人所有”。

简直是赤裸裸的造谣与攻击，一派胡言！

我就不明白，上市公司的股权不是谁想要就能要的，58%的股权虽然在集团名下，但所有权却是归属于珠海市政府，格力集团无权处置这些国有资产，这是最基本的常识，难道文章的作者连这点常识都不懂吗？

不仅如此，文章还大胆地虚构了这样一幅画面：“透过这场权力之争，我们看到的是一幅国有资产如何流向私人的画面。”

读完这篇奇文，真是令人哭笑不得。也深知在这背后将有一场严重的较量。

以前，媒体都觉得我是一个“技术狂”，为了抓技术研发可以不要人事权、财权、产供权的低调企业领导人。我不敢说自己有多么的高尚，在我创立格力电器至今，从一个小小的企业打造成今天誉满全国的大企业，多少年来兢兢业业，上班与员工穿一样的工作服。在冠雄时，虽然公司有车，但我还是骑自行车上班，上班比员工早，下班比员工晚，还常常与员工加班到半夜，可以说每天贪早摸黑，20多年没请过一回有薪假。我不止一次地说过，咱们是国企，我只不过是为政府管理企业的“高级打工仔”，从未想过当一回真正的老板（如果想当，早就离开格力了），更没有伸手向市里要待遇、要股权，甚至上级定下的年薪，很多时候我都主动减下来，生活中也没有什么别的爱好，不懂打牌，打麻将更不会，也不懂得打高尔夫，每天只会走走路，偶尔爬爬山。在人事安排上，没有以权安排直系亲属来公司工作，几个侄子失业也只好自己找工作，唯一例外的是安排一个堂弟到格力电器当了九年搬运工，最后死在工作岗位上，这些都是格力员工有目共睹的事实。我到底惹了谁？

文章说到格力集团内部所存在的高层斗争，倒是讲出了一些实情，也多少揭示出这场较量的真正原因。

2001年以前，格力电器董事长一职都是由格力集团一把手兼任的，但由于事务性工作多，他很少过问电器的事情，几乎把所有大权委托于我。前任董事长退休后，按理应由新任董事长接手，也不知市里出于什么考虑，偏偏没有满足这种顺理成章的安排，反而让我出任格力电器董事长一职，而他却出任副董事长，为此，有人自然就很不爽。在格力集团，他是董事长，我是副董事长，而在格力电器，我是董事长，他是副董事长。这种互为领导的人事安排，可以说十分罕见，也许是国企的一种特色吧。

说真的，我和前几任集团领导合作一直很好，虽然因工作问题常有些小争执，这也是很正常的事，根本不是仲大军所说的那样“历来存在着高层领导权之争”。只是到了他这一任，问题就来了，因为企业发展和工作问题，曾与他有过几次大的争斗。这些都是我“不唯上，只唯实”思想惹的“祸”。

有一年制定年终分红方案时，他要多分，我和班子成员认为，当时正值格力四期大规模改造，需要大量资金投入，要给企业留一些后劲，不能杀鸡取卵，不同意他的方案。况且格力每年的分红都不错，股东也没什么意见。记得当时在董事会上争得很激烈，但我是董事长，听我一解释，大部分董事和独董都同意我的方案，他自然心里就很不快。

还有一次，格力集团董事会讨论下属公司凌达压缩机厂的董事长人事安排，他提出让时任压缩机厂总经理高某兼任董事长一职，我坚决反对，原因是压缩机厂多年也没搞上去，问题多多，员工对她的投诉也不少，是一个“带病”的人选，但在集团董事会上，他是董事长，我是副董事长，虽然我投了反对票，但这一提案最后还是被通过了。

然而，不到两年时间，2004年高某贪污、套取和转移企业资产的问题就败露了，被检查机关起诉，最终被判了16年徒刑，验证了我先前的断言：人一旦掌握了权力，孰优孰劣，很快就会见分晓。高某自兼任董事长后，总经理与董事长的大权一手独揽，要风得风，要雨得雨，一意孤行，更加听不得不同意见，排除异己，肆无忌惮地为个人谋取私利，整个凌达厂快被掏空了。

再有一次，又从2003年5月16日格力集团董事会说起，该会议纪要表明，珠海机场的债务是中行重点追收的债务，该机场的部分设施由于格力集团的担保成了债务人，虽然中行握有格力电器的股票作抵押，并没有什么风险，但凌达找中行东方公司商议，东方公司愿意接收凌达公司作为偿还部分债务的方案，以5000万元的价格把凌达卖给东方公司。

我一听就火了，凌达十多年来累计投资近两亿元，怎能这样贱卖呢？要卖，也应该卖给格力电器，反正格力电器也应该要有自己的压缩机生产线，这样才算得上真正有实力的空调生产企业。

但是，凌达在高某的把持下，坚决反对格力电器收购，她对凌达的员工说："电器的领导腐败（指小钱柜问题），我们不能卖给他们"，"电器这是恶意收购"等。还亲自带领一批不明真相的员工跑到集团公司大吵大闹，导演了一出员工反对格力电器收购的闹剧。

为什么她如此卖力地反对呢？据我分析：这是高某的如意算盘，她知道东方公司不会直接接管企业，而是想低价卖给东方后，再以同等价格回购到自己名下，变成她私人的企业，以此洗白她的贪腐行为，如果一旦卖给格力电器，不但如意算盘落空，还可能暴露出挖空凌达的腐败行径。

遗憾的是，当时集团董事长也许早就与她商定好，便顺水推舟，借凌达的反对而拒不卖给格力电器。

无奈之下，我们只好找市长，那天他正在市交通局调研，我们直奔交通局，在会议室里见到了市长，他听了我们的汇报后，觉得说得有道理，当即电话向国资委询问情况并指示凌达压缩机的抵押转让先暂停，待调查清楚再定。一星期后，就在格力集团与东方公司签订协议的前一天，市政府作出决定，停止凌达压缩机厂的转让。

一年后，市政府把凌达转让给格力电器。从此，我们又增加了空调最重要的部件——压缩机的生产。格力空调在成立十三年后，终于有了自己的“心脏”。此后，经过不断扩建、改建，在不到八年的时间里，格力电器的压缩机年产量，从不到一百万台，发展到年产四千多万台。

这一连串的“争斗”，再加上小家电问题与集团闹得“不可开交”，理所当然，我便成了风口浪尖上的人物，也成了某些人的眼中钉，肉中刺，正好借仲大军的文章掀起一股“倒朱”巨浪。

仲大军何许人也？我原来并不认识，上网搜索后才知道是“北京大军经济观察研究中心”的负责人，偶尔在电视节目露一下脸，上海复旦大学中文系毕业，与前格力董事长是同系校友。文章出来后，董事长对别人说不认识仲大军本人，但我们从仲大军的网站搜索，文章出笼前几个月他就来过凌达厂参观访问，并晒出几张现场照片，陪同的正是声称不认识他的董事长先生。看着这些照片，听着这些谎言，对眼前出现的种种怪现象，我似乎找到了答案。

他们十分清楚，要“倒朱”，从工作或业绩入手几乎是不可能的，媒体的造谣、中伤也应该帮不上什么大忙，最好是从经济方面下手，如果有了经济问题，再大的功劳也救不了你。这时，他忽然想起了前年我向他汇报过的一件事：就是前面提到的“小钱柜”问题。

那次国家审计署驻广州特派办到公司例行审计，查了两个多星期，并没查出什么问题，正当准备“无功而返”之时，发现财务大账上转入了二千多万元，一追查，是半年前从“小账”转入的，他们如获至宝，立即把主力转向“小账”的彻查工作。本来，查也不难，难的是原始记录被烧掉了，这样就更增加了审计人员的怀疑，必须查个水落石出才罢休。

当我知道原始记录被烧掉后也很愕然，我想起了2001年底一次办公会议上我说过："现在全国已成立了销售公司，对客户的奖励问题都由销售公司负责，我们就不需要动用'小账'的钱了，要把小账的所有资金转入大账，并把账本清理好。"谁知具体操办人员听到"清理好"，便一把火烧掉，幸亏还留有电脑账，审计人员花了好长时间一笔一笔进行对账，令他们感到惊叹的是竟然全对上了，并没有发现有一分钱的个人消费。事后，用他们的话来说："像你们这样搞国企真是少见啊！"最终他们给出的结论是：用于正常开支的账外账。

我把这件事从头到尾向当时作为集团公司的董事长作了汇报，他说："你们又没有个人问题，怕啥？"可时至今日，他觉得这件事大有利用价值，真是喜上眉梢，在一次集团公司的董事会上，他来了一个突然袭击，又把"小账"和烧账的问题翻炒起来，并要我做深刻检查，我当场气愤地质问他："有关方面不是对此早有定论了吗？怎么现在又把它翻出来，你这是什么意思？"我当时就在会上与他争吵起来，根本就不考虑写什么检查。我在想，反正我没动用过一分钱，假如当时真的动用了，或有什么不干净行为，还不被你们整死？做国企真难啊！难就难在除了要负"经济风险"外，还得比民营企业多了一份"政治风险"。一部分国企轰然倒下，当然原因是复杂的，但这种"政治风险"不得不说是重要原因之一。

果然不久，媒体就密切配合，大块大块的文章，网上的跟帖，铺天盖地对我轮番攻击，最多一天可搜索出好几十篇，这些文章竭尽攻击、诽谤、捏造、推测之能事，简直就是"文化大革命"的翻版，完全把我打成一个见利忘义，为了贪财而不择手段的"小人"，是一个侵吞国有资产的"大坏蛋"，对我赤裸裸的人身攻击。

当初我也处之泰然，觉得假的就是假的，最终都会不攻自破，况且当时第四期的改造正在如火如荼，哪有时间去管那些无聊事。但后来越发不可收拾，“三人成虎”，说的人多了，就会使人信以为真。况且当时一些媒体都在搞斗批式的舆论运动，等到水落石出，还不知要受多少“冤屈”。

于是，我决定拿起了法律武器！我相信法律是最公正的！

然而，出乎我意料的是，在我把起诉书送到法院不久，就接到仲大军的一封来信，信中说：“你作为公众人物，要比一般老百姓更多地接受社会的监督和质疑。讨论资产和产权归属问题，是国家经济生活中最普遍的现象”，信中要我“对正常的讨论不要太敏感……”，并且还建议我“用不着打官司上法院，可以最对等的方式在报纸上反驳”。

你仲大军先生一张口就说我侵吞了30%的国有资产，把我打成“褚时健式的人物”，这哪里是讨论，简直就是栽赃！

更让我不能接受的是，他以威胁口气说：“一旦上了法院，进入律师们的业务圈子里，就不像我们这样谈话了，我们现在是君子之交，到时候可能出现我们欲罢不能的局面，我的律师们也商量好了很多的应对办法，甚至一些对您很不利的办法……对您而言，多打一个官司，多树一个敌人，还是撤诉为好。我就是放弃这个官司，让法院判我败诉，理论界和新闻舆论圈里也没有人相信我仲大军会说假话，我背后有强大的舆论，就是官司输了，我的理也不会输。”

这封信，字里行间散发着恐吓、诡辩、威逼利诱的火药味，不断地玩弄文字游戏，为自己造谣惑众，攻击诽谤辩护，企图逼我撤诉，以便让媒体继续栽赃抹黑我，让我走进他蓄意设置好的舆论圈套里。

好在我这个人不是吓大的，我性格最致命的“弱点”就是吃软不吃硬。读完这封来信，更激起我心中的怒火，更坚定我把这场官司打到底的决心和勇气。

在法庭上，经过几轮唇枪舌剑的较量，无论他背后有没有“舆论撑腰”，无论他是不是自我标榜“不说假话”，也不管他将会用什么办法“使我处于很不利的地步”。法律是公正的、无情的，假的不会真，真的假不了，通过一审诉讼，仲大军败诉。

2004年5月31日，珠海市香洲区人民法院作出一审判决，判令：

一、仲大军应于判决发生法律效力之日起5日内在《民营经济报》（即原《粤港信息报》）上以相同的篇幅刊登消除2003年12月18日失实评论的影响，向原告赔礼道歉的文章，内容须由本院审查后发表。

二、仲大军赔偿朱江洪精神损害抚慰金人民币10万元，于判决生效后五日付清。

宣判后，仲大军不服，提出上诉。

2004年9月10日，广东省珠海市中级人民法院作出终审判决：驳回上诉，维持原判，仲大军以彻底败诉告终。

真理终于战胜了邪恶，法律终于还了本人一个清白！

2005年3月16日，《人民日报》在主要版面发表了新华社文章《朱江洪名誉权纠纷案尘埃落定》。文章详述了事件的经过：“2003年12月18日，仲大军在广东某报刊登了一篇标题为《格力再现褚时健式人物》的评论性文章，该文章以点评格力集团与格力电器两者之间关系为引，将矛头对准在格力电器任董事长的朱江洪，把朱江洪描绘成一个‘59岁现象’的人物，一个侵吞国有资产的‘褚时健式人物’。为此，朱江洪向香洲区人民法院起诉仲大军侵犯人格、名誉权。珠海香洲区人民法院经公开开庭审理后，于5

月31日下达了民事判决书，判令仲大军在原刊登攻击朱江洪的某报上，以同样的篇幅刊登消除失实评论的影响，向朱江洪赔礼道歉的文章，并赔偿原告朱江洪精神损害抚慰金人民币10万元。仲大军不服，于6月中旬上诉至珠海市中级人民法院，珠海中院认为，原判事实清楚，适用法律适当，故驳回上诉，维持原判”。

但仲大军以“一介穷书生”为由，拒不理赔，于是市中院依法强制执行，维护了法律的尊严。

在取得理赔后，我便把这十万元捐献给珠海市斗门区的教育基金。

至此，这一出由“父子之争”引出的权力之争，看上去似乎已落下帷幕。此前，珠海市也采取了组织措施，撤换了原董事长的职务，由市国资委主任兼任集团董事长。但是，国企体制并没就此得到解决。《人民日报》主编的《中国经济周刊》就发表了一篇《凸显体制弊病》的评论文章，文章引述中国科学院工业经济研究所企业管理研究室主任黄慧群的分析道：“‘格力纠纷’所引发出来的问题在目前中国企业，尤其是国企背景的企业中带着一定的普遍性，这是现有国企管理机制出了问题，很重要的一个原因是企业内部人事机制没有完全地建立，以致产生了类似的内耗，政府在国有企业的发展中，如何定位也是大问题。”

文章还特别指出：“由于企业的内耗，受伤最大的是辛辛苦苦建立起来的品牌，以及企业的管理组织，使得企业的管理者沉溺于‘斗争’之中，无暇顾及企业的经营发展问题，损伤的是企业、企业的员工，而作为国有企业，最终损害的是国家利益。”

珠海国资委一位主要领导在记者采访时抱怨：“四年了，我们给他（指前董事长）机会了，但是我们并没有看到他做了些什么。”

《中国经济周刊》在采访珠海市一位副书记时，还透露了一件不为外界所知的“大事件”：2003年5月，在召开格力电器换届的股东大会前夕，市政府接到格力集团高层有关前董事长策划在会上以绝对控股的身份罢免朱江洪的汇报后，立即采取了紧急措施，于5月23日股东大会召开的前一天深夜做出决定，不准他参加第二天的股东大会，并勒令他写下委托书委托集团一位副书记参加，从而阻止了这一无异于“宫廷政变”的闹剧。7月16日，记者在他的办公室见到了这份委托书。

一个控股公司的法人代表，不允许其参加该公司的股东大会，这在上市公司中是绝无仅有的，这或许就是国企的又一特色吧。

由此看来，这场较量并不仅是我一个人孤军奋战，这也是一场关乎支持、捍卫一个正在崛起的国有企业还是损害、毁掉这个企业的斗争。我个人的得失、伤害是小事，若这个珠海市最大的国企有什么闪失是大事。格力的高管、员工，市政府各有关部门的很多领导都看在眼里，急在心上，并从多方面多渠道给予我鼓励与支持。在这段时间里，因为某些人的诬告，也使得市纪检、监察部门忙乎了好一阵子。事后，市纪检书记、市监察局长等三人还专程到我办公室给我赔礼道歉，勉励我放下包袱，轻装上阵，继续努力把格力做好，为珠海市做出更大贡献。我对他们的支持和鼓励表示衷心的感谢！

国企难，难在一个“国”字，国企老总与民企老板最大的区别是，国企老总是任命的，只要红头文件任命，谁都可以做，谁也敢去做，不做则被视为不服从组织安排。特别有些已经在市场上打出名堂的国企，很多人并不知道企业走过的艰辛历程，只知道现在的辉煌，因而很多人会盯着这个位置，就算万一搞砸了，也不用跳楼，换个位置照样过得有滋有味。俗话说：“荒地没人耕，熟地有人争”。这些人认为：上级任命你行，为什么我就不行。在这些人眼里，有权则有势，有权则有利，而把应当负的责任抛在脑后，更不去想权力越大，责任就越大，担子就越重，因而压力也就越大。

我认为，为官要讲奉献，讲担当，讲责任。忠实履职是责任，正确使用权力是责任，不谋私利是责任，困难时挺身而出也是责任，遇到挫折、失败、甚至打击，不抱怨、不气馁，勇往直前更是一种责任。

而民企的老总则不同，他想要当好老板，出人头地，首先要有本钱、有能力、有魄力，敢于冒险，善于开拓进取。他不像有些国企那样大手大脚，他的每一分钱都是自己的肉，因此他必须精打细算，认真决策，避免失误，否则搞砸了就得倾家荡产。

企业就是企业，要面对市场，面对竞争，面对消费者，企业就得实实在在，“不唯上，只唯实”，这些信念已经深深地植根于我心中，这也是格力“实”文化的具体体现，虽然吃过苦头，受过挫折，遭受过打击，但依然“我行我素”，无怨无悔。

做过国企的都知道，有些事你不积极想办法去做或硬着头皮去做，企业就上不去，只能“等死”。但做了，弄不好就会“找死”。这要看你的“运气”如何，但我认为，“找死”总比“等死”好。“等死”，死后难以复生；“找死”，或者还能“置之死地而后生”，也可能会“找而不死”。

在我几十年的国企生涯中，不知“找死”过多少回了。之前与集团的“父子之争”就不用说了，大的还有那么几次：

在广西百色矿山机械厂开除了一名权贵的亲戚，已经“找死”过一回。

1992年在格力，为了一件“小事”与集团老总吵了起来，是第二回。

事情是这样的：1992年以前都是格力电器自己召开订货会的，之后为了提高集团的知名度，集团提出要与电器捆绑起来举办年度订货会。我同意了，要求会议的组织接待工作交由集团操办，我也没意见。但在接待过程中，由于集团的工作人员不了解电器的客户情况，并没有按客户的大小和新旧来安排房间的大小，弄得一些老客户、大客户颇有怨言，电器经营部有一女孩（后来当上了经营部长）当着众人的面说了一句老实话："以前，我们单独开订货会多好，现在与集团一起开，乱七八糟的。"刚好这句话被集团的一位营销主管听到，把她的话汇报给集团老总，老总听后大为震怒，当即指令："你通知朱江洪，把这个人开了，一个毛头小孩竟敢指责集团，成何体统。"

主管听了也感到为难，但老总的指令也不敢不执行，于是把这一信息转给我，开始我还不以为然，以为是一时来气，说了过头话。谁知过了一个星期，老总追问这件事情办得怎样，我才意识到问题的严重性，看来并不是一时来气，是动真格了。

在老总的催促下，我跑到他的办公室跟他解释："她说的这句话是有点不大好听，不就是讲了句不该讲的话吗，用得着开除吗？如果她状告我们，那该怎么解释呢？如果因为讲错话就要开除，跟'文化大革命'有什么两样？"

他一听我把此事与"文化大革命"扯在一起，脸色发白，显然很生气。

我也丝毫不让："如果连别人一句错话都容不下，以后还有谁敢提意见？没人提意见，如何保证我们的决策少出差错呢？"

我越说越激动，还不时地用手敲打着桌子。

我最后说："这个人我是不会开除的，我是她的领导，她说错了话是我教育不好，要处分就处分我吧。"听我这么一说，老总也开始软下来了。

隔着大玻璃窗，办公室人员看得清清楚楚，事后他们对我说：“有没有搞错，你吃了豹子胆了？敢跟老总‘顶嘴’，为了一个小小的下属与老总吵，有必要吗？你不怕被炒鱿鱼？”我说：“怕什么？看不惯的就说，大不了就走人，东家不打打西家。”

最终，老总听我讲的有点道理，气氛缓和下来了，到了中午，不但不处罚我，还邀我一起吃饭呢。

当然，这次“找而不死”是碰上一个开明、有气量、知错能改、爱惜人才的领导，否则，结果就不好说了。

第三次“找死”是在2004年，由于集团欠了银行很多债务，万般无奈之下，珠海市欲把集团所持有的格力电器的股权全部出让，以偿还集团的债务。消息一出，买家纷至沓来，有外资的，也有本土的，其中包括美国老牌空调企业开利、日本的大金等，他们曾多次登临珠海洽谈转让事宜。为了稳住格力的高管人员，开利还专门找上门，承诺会给我们高工资待遇。至于媒体不断炒作的承诺给企业领导人年薪8000万，我就从来没听过，我想大概是开利总裁也没有这样高的工资吧。其实，这些对我来说并没有多少吸引力，只是心里不是滋味，辛辛苦苦打造起来的品牌，难道就这样给了别人？我记得当时格力的股价只有几块钱，论市价也就几十亿，按溢价，也不过百把亿。当时，各大媒体也大炒特炒，甚至连格兰仕也在媒体上披露要收购格力，而珠海市的倾向是卖给外资企业。

当时，经销商的思想也很乱，接下来到底怎么做，还打不打款？由于这些未解之谜的困扰，经销商的积极性自然大受影响。

虽然当时媒体大吵大闹，但还没有做出什么实质性行动，社会还在观望中。但没过多久，市里为了摸清格力的家底，委托香港一家国际知名的会计师事务所进厂清算，这可是实质性行动啊，万一被媒体披露了这一消息，经销商的心理防线就会打破。我们心急如焚，只好豁出去了，以没有准备好为由，把事务所的人员拒之门外，连公司大门也不给进。

这种与上级“顶着干”的态度，你不是“找死”是什么？

之后，我们通过媒体的不断呼吁，新华社也出了内参，指出把一个民族品牌卖给外企，少有成功的先例，上海大批民资品牌的消失就是证明，很多外企买下这个品牌后，没几年就灭了这个品牌而改用自己的原品牌。因为他们感兴趣的是你的人脉关系，你的营销客户和渠道，而非你的品牌。

后来，这份内参也到了省委主要领导人手上，并在上面签署了意见，市政府办公室还单独邀我到机要室看了领导的批示，内参大意是珠海市政府在出让格力电器时应当谨慎，做好充分调研。看后，我的心终于安定下来了。最后，市政府权衡利弊后，取消了出让格力电器的决定，从而保住了格力人为之奋斗多年的心血，如今的市值从原来的几十亿已升到上千亿。现在看来，当时的努力无论从哪个角度评判，无疑都是十分正确的。

回顾在国企的风风雨雨，有成就感，也有悲伤感，更有痛苦感，而且在痛苦时还要把所有憋屈咽在肚子里，装出一副若无其事的样子，以免让商家和员工失去信心。不少人问我：“你后悔过吗？如果当初跳出国企，说不定如今成为大老板呢！”的确，当初确实有一些外资企业（包括台湾企业）、民营企业多次找我，要我帮他们办一个空调企业，给资金，给股权，给高待遇，但我并没有领情，我觉得我这个人从参加工作开始就姓“国”，习惯了，也吃惯了“皇粮”，愿意为国家奉献出自己的一分力量，珠海市各级领导也信任我，支持我的工作，把我放在这样重要的位置上，并把我评为全国五一劳动奖章获得者和全国劳动模范，我不能让他们失望。况且，这些上门来的企业之所以认识我、器重我，还不是因为珠海市给了我这样一个平台，才有我大展拳脚的机会，没有它，你是谁呀？做人要懂得感恩，不能见利忘义啊！

人生的许多成败，不全在环境的优劣，国企体制的弊病短期内也难以改变，既然我们很多时候不能改变环境，但可以去适应环境。不是所有的植物都喜欢肥沃的土壤，石头上的花草就把夹缝作为生长场所，沙漠是仙人掌的乐园。只要我们有强烈的事业心和敬业精神，就一定能克服一个又一个的艰难险阻，把航船驶向胜利的彼岸。

第十四章　执掌集团

——花甲之年的又一场硬仗

出任格力集团董事长，自然不是什么“好差事”。在中国传统里有一说法，六十是一甲子，是一个轮回，站在花甲之年，我仿佛又回到了当年事业的原点上：亏损和扭亏。诚如一些媒体所言，这次是格力“富儿子”救“穷爸爸”。在这样的背景下，我也算是临危受命了。不过在我看来，尽管肩膀上重任依旧，可起码比当年刚出道和创业初期的境况好多了，有了格力电器这个“争气儿子”作为主力军，集团的历史遗留问题、战略重组等问题就有了依托。

一

历史上曾有黄忠60岁跟随刘备打天下，姜子牙80岁为丞相，佘太君100岁挂帅保江山的传说，无论这些传说是真是假，而我过了退休年龄才被委以重任，执掌格力集团，却是如假包换的事实。

有人开玩笑说我是“大器晚成”。“大器”者，都是经历长时间磨炼的，“晚成”也符合规律，但即便是，也不至于晚到这把年纪吧。这件事，还得从格力的股权分置改革（俗称“股改”）说起。

此前，珠海市对我的去留久拖未决，莫衷一是。2005年初，在我快满60周岁的时候，市主管人事干部的副书记找我谈话，暗示我的去留还在讨论中，但要我做好退休的思想准备。我当即表示，我做了几十年的国企，早就累了，想休息了，早就等着这一天了，只要市里红头文件一下，我第二天就可以交班离去，不会延误。

然而，“股改”再一次改变了我的命运。

众所周知，2005年前，我国股市因为制度上的缺陷，存在着流通股与非流通股两种同股不同权的股票。流通股可以在股市上自由买卖，而非流通股则不能，企业所持有的股票（即法人股）都是非流通股。这种流通股与非流通股的股权分置状态，为中国证券市场所独有的现象，与国际惯例格格不入。

由于法人股不能流通，企业想在股市上获得所急需的发展资金就没有渠道，严重阻碍了企业的发展壮大。

为了消除这种障碍，使所有的股票都能在股市上流通，则要经过“股改”，此举的目的是为了解决A股市场两种不同股票的利益平衡问题。

流通股方面认为，法人股当初上市时并没有以现金或实际资产的价值在市场上购得股份，而是以高于市场价的资本估值入股而获得股份及控股权，如果按市价流通，则是流通股吃了亏，需要给予流通股相应的补偿。

到底需要补偿多少？没人讲得清楚，国家也没有统一规定。企业不同，法人股的股份比例不同，补偿的方案也不一样。显然，这是流通股与非流通股的博弈过程，是一次讨价还价的谈判过程。有人形象地说：“股改”就相当于解放初期的“土改”，法人股（地主）把一部分股票（土地）分给流通股（贫农），从而取得流通股的谅解后上市流通。

于是，各上市公司纷纷与流通股频频接触、谈判、商讨补偿方案，一次不行还得推倒重来。通常的做法是法人股根据不同企业的实际情况，拿出一部分股票赠送给流通股，一般是每10股送1.5～4股不等，以此取得流通股的认可，之后，法人股就可以有计划地进行流通买卖了。

格力的股改方案如何出笼，除我们自己积极与流通股讨论协商外，市国资委也专门组织一个考察组到各地考察取经，与各大股东进行沟通，交换意见，基金公司（它们占了流通股的大头）更是拜访的主要对象。但在考察过程中，基金公司的戏剧性表态让本来已准备退休的我始料未及。

国资委考察回来后，有人私下告诉我，说他们每到一地，都有不少基金经理关心我们格力电器与集团的关系，对我的去留尤其关注，有的基金经理还直截了当地说："格力股改如何，补多补少都好说，最重要的是朱江洪的去留，朱江洪能不能不走？"

在这些基金公司经理看来，格力电器的优势来源于管理团队，他们长期持有格力电器股票的信心也来源于管理团队。在那段"父子之争"的黯淡日子里，即使有些网站和媒体用了很多诽谤的语句，对我进行肆无忌惮的攻击与污蔑，也没有动摇他们持有格力股票的信心，相反，一些投资者还乘机增持了格力股票。这些基金公司发自内心的声音，对市领导触动很大，让他们认识到我在格力电器的重要性和资本市场的力量。

最终，经市政府批准，在国资委主持下的股改方案中，专门明确一条："支持朱江洪继续担任格力电器的董事长"。

把我的留任以书面形式在股改方案中明确下来，并作为股改的条件之一，此举在全国上市公司的股权分置改革中实属罕见，一方面是珠海市对我工作的认可，另一方面也是资本市场的力量在推波助澜。

"父子之争"事件平息后，前格力集团董事长调职，其后格力集团又经历两任董事长，但由于种种原因，集团国企体制下的积弊并没有根本解决，集团的发展方向并没有明晰，债务问题也没有解决，而这些问题更是不时地干扰和阻碍集团的发展。

《中国经济周刊》曾在文章中指出："很多母体公司希望通过一家企业的上市为其下属企业提供资金和形象的支撑，而作为上市公司又往往为规范公司法和考虑自身的业绩和发展，与母体公司进行资源上的争夺。"

格力电器与格力集团也曾出现过类似情形，存在着一定程度的资源纷争，处理不当，就容易产生摩擦或不协调、不和谐的声音。因此，珠海市决定“父子”俩的董事长由一人担任，这是国企体制下一个不得已而为之的办法。我就是在这样的背景下走上集团领导岗位的。

2006年8月，珠海市正式聘任我为格力集团第六任董事长、法人代表、党委书记、总裁（兼）。后来，集团根据上级的指令还成立了人民武装部，我这个当书记的自然就成了首任武装部部长。

出任格力集团董事长，自然不是什么“好差事”。在中国传统里有一说法，六十是一甲子，是一个轮回，站在花甲之年，我仿佛又回到了当年事业的原点上：亏损和扭亏。诚如一些媒体所言，这次是格力“富儿子”救“穷爸爸”。在这样的背景下，我也算是临危受命了。不过在我看来，尽管肩膀上重任依旧，可起码比当年刚出道和创业初期的境况好多了，有了格力电器这个“争气儿子”作为主力军，集团的历史遗留问题、战略重组等问题就有了依托，更何况还得到珠海市委市政府的大力支持。

格力集团创办于1985年，是珠海市最早一批国企工业集团之一，曾有过辉煌的发展时期，鼎盛时旗下各类企业达六七十家，涵括机械、电子、家电、纺织、手表、贸易、建筑、运输、金融投资等行业，五花八门。格力空调的前身冠雄塑胶厂和海利空调厂就是集团下属的众多公司之一。

然而，由于当时不少项目仓促上马，缺乏充分的论证，企业小而杂，人才与管理跟不上，产业特点不突出，发展方向不明，又没有龙头企业和龙头产品的带动，加上国企的体制弊病时时发作，因此，这些企业活得都很艰难。在外人看来，不像是一个企业集团，倒像是一个政府管理下的工业贸易局。

因此，很多企业上马不久便奄奄一息，陆续夭折，到后来近九成的企业惨遭市场的无情淘汰，人间蒸发了，只有格力电器是一个例外，它越打越强，越做越大，最终从一个名不见经传的无名小卒成长为空调行业的巨人。此外还有房地产公司，这个曾被人称为只赚不赔的行业多年来还能正常经营，我当上了集团董事长后，千方百计促其借壳上市，现在正打出一片新天地。剩下的大部分企业要么被格力电器收归名下，要么“少年夭折”或“英年早逝”。为此，集团遗留下一大堆问题，这些问题久拖不决，自然就成了今天所说的历史遗留问题，诸如欠银行的逾期债务问题，呆账坏账问题，与合作伙伴的应收应付资金问题，人事关系问题等，最头痛的是内退和下岗员工的工资福利和补偿问题，一些老员工常常为此集体上访，到集团或市里寻求解决，对维稳工作和日常工作都造成一定压力。

从我走马上任的那一刻开始，很多双眼睛都在注视着我，关注我如何在电器与集团之间合理地分配精力，如何去理顺并解决集团二十多年的积弊和久治不愈的历史遗留问题，如何在集团各板块的整合中取得进展。说真的，当时我的压力很大，但不管怎样，开弓已没有回头箭，我必须拿出勇气和实际行动做出成效，才能不辜负市委市政府和格力员工的期望。这是人生的新起点，也是新的挑战。一个挑战接着另一个挑战，一个终点之后又迎来一个新的起点，这就是人生的精彩。

因为同时担任两个公司的董事长，担子自然就不轻，而且，格力电器的工作量更大，所花的时间和精力要更多。一方面是电器的重大问题必须亲自处理，重大决策以及每年的经营目标和经营计划也要亲自参与制定，还得处理日常企业所发生的烦琐事情，审批各种重大事项和批复各种上呈的报告。为了使决策更加符合实际，还得挤时间跑市场，与各地经销商进行沟通与交流。

格力电器是集团的主力军，年销售额占了格力集团90%以上，不能因“小”失“大”，影响电器的经营和发展，但集团的问题也亟待解决，否则“小”问题也会变成“大”问题。要做到电器与集团工作两不误，可不是一件容易之事，当时我真恨自己少长了一个脑袋和两只手脚。

上任不久，我便开始着手理顺久拖未决的历史问题。该从哪里下手呢？我想，既然这些问题久治不愈，就一定有它的复杂性和难处，那么，复杂在哪？难处又在哪呢？

在我几十年的企业生涯中，我深刻意识到：但凡要解决好一件事，必须对事情的来龙去脉、前因后果作深入的了解和调研，以便在此基础上对症下药，制订出一个有针对性的、符合实际情况的、科学合理的指导意见和原则，有了这样的意见和原则，大家干起活来才有章可循，才能胆子大、方向明。过去，由于没有根据实际情况制订好解决问题的具体指导方针和方法，谁都不敢“轻举妄动”，也不知道从何做起，甚至出现“瞎抓”、“乱抓”的现象。

为了有效地开展工作，我决定成立由有关人员组成的“处遗小组”，我任组长。小组成员经过深入调研，把问题和员工的诉求认真整理分类，从中发现除少数人提出过分的要求外，大部分是合理的，实事求是的，是当时我们的工作人员处理不当或因企业困难没有按照国家的方针、政策兑现而引起的，现在，只要以实事求是的态度，认真梳理，我相信是完全可以解决好的。

“遗留问题”可谓各式各样，五花八门，发生的企业不一样，发生的时间也不相同。在我们把这些问题仔细整理排队后，对如何解决我自然心中就有底数了。于是，我在集团公司董事会上汇报“处遗小组”这段时间的工作，并提出处理好这些问题的意见和原则：简单说来，就是“三宜三不宜”的方针；具体说来，就是“宜松不宜紧”、“宜粗不宜细”、“宜新不宜旧”。

展开来说，那就是：在不超越国家规定的政策范围内，或国家没有明确规定的情况下，或在处理时可松可紧的情况下，应该往“松”的一面靠，这就是“宜松不宜紧”；有些问题由于时间间隔长，经办人变动大，历史资料遗失或缺乏，如果死抠“条文”、“原则”，追根溯源，寻根问底，非要弄个水落石出，一定是困难重重，吃力不讨好，还得花费大量的时间和精力，那怎么办呢？这种情况就应该采用“宜粗不宜细”的方法，做到各方面过得去就行；正因为是历史问题，很多是陈年旧账，有些事情，现在的政策与当年相比已有不少的变化，有些还相互抵触，一般来说新的规定比较宽松，在这种情况下，应采取“宜新不宜旧”的处理方法，按最新的文件规定办。

这几项原则得到与会董事的一致赞同，认为是解决历史问题的钥匙。之后，我把这三项原则向市国资委领导作了详细的汇报，我说：“为什么历届董事会都没处理这些问题，不是他们工作不努力，关键是没有一个指导性的原则，以致具体工作人员放不开手脚，或无所适从，多年后，历史问题还是历史问题。我觉得，如果按这三项原则，处理问题就简单得多了。”国资委领导同意我的意见，也十分欣赏这几项原则，表示将大力支持，我顿时觉得有了“尚方宝剑”。我接着说：“要把问题解决好，还得有一定的资金支持，现在格力集团的效益（主要是格力电器分红和减持一部分股票）是历史最好的时期，应把握机会，拿出一部分经费，把多年来悬而未决的历史问题彻底解决好，达到一劳永逸的效果。”国资委请示市领导后，同意拨出这部分经费，在市政府和国资委大力支持下，处遗小组大刀阔斧地开展工作，不到两个月时间就把过去20多年所欠下的问题基本上解决好了。一些退休老员工心情十分激动，甚至流下热泪，纷纷表示感谢市政府和集团公司的关怀。从此，格力集团又出现了一个和谐向上的新局面。

接着，我们又乘胜追击，着手解决困扰集团多年的银行债务问题。由于种种原因，集团在发展过程中欠下了一大笔银行债务，使集团每年背上了沉重的财务负担，每年格力电器的分红几乎全部用来偿还银行的债务和利息，有时还不够，本息越积越厚。假如电器某年度少分或不分红，集团则无法维持资金的运转，从而又形成了新的债务。

这些债务一部分是集团在发展过程中欠下的，也有一部分是市政府工程（如珠海机场建设）借款，由格力集团担保的，借款人还不了，集团自然就成了债务人。

据统计，格力集团历年所欠下的银行本息折合人民币共计33.17亿元，这对于一个主要依靠电器每年的分红，而自身又没有太多利润来源的企业来说，无疑是一个沉重的负担。还好，集团多年来也拥有自建或市里划拨过来的一些物业，如商铺、写字楼、闲置的汽车等固定资产，这些物业有些能产生一定效益，也有不少闲置。在一次董事会上我提出，与其闲置或效益不显著，不如把它们处理掉，以抵偿一部分债务。当时有个别董事觉得卖掉这些物业有点可惜，我说："要盘活集团资金链，必须有'壮士断腕'的气概，有进有出，今天虽把这些东西卖掉，明天就有可能买回更好的东西。欠债还钱，天经地义，不能认为都是'老爷子'的钱，能赖就赖，以致包袱越来越重，严重阻碍了集团的发展。"

统一认识后，我们把闲置或效益不好的家当通通拍卖掉，甚至与我们主业关联度不大的"老企业"罗西尼手表厂，也以2.62亿元的溢价拍卖转让。此外，格力电器的股权分置改革已经完成，按规定可以逐步出让一部分股权，这样，格力集团就有了偿还能力。

2009年12月，胡锦涛总书记在省委书记汪洋的陪同下，第二次来到格力电器视察，这是在噪音实验室参观

根据银行的规定，为鼓励欠债企业偿还历史债务，出台了一些优惠政策，如减免部分利息的支付等，以此降低企业的负担。于是我们与债权银行进行了多轮谈判，最终达成减免各种费项共计5.87亿元，大大减轻了集团的还款压力和负担。

通过清算和调整集团的债务结构，不但使集团的债务链死结得以解开，并获得巨额的债务减免，还争取到各债权银行以最优惠的贷款利率支持集团的发展。单这一项，每年节约的资金成本就超过一千万元。从此，格力集团又走上健康发展之路，集团在银行中的信誉又重新建立起来。解除了债务的困扰，集团轻装上阵，为下一步的战略重组打下了良好的基础。

二

格力集团算得上是珠海的一家老国企，已有近30年的历史了。值得一提的是，格力集团能坚持到现在也算是一件了不起的事情，在珠海的竞争性国企中称得上是“老寿星”了。我记得，80年代末、90年代初，珠海建立起一大批国企集团，有纺织集团、机械集团、电子集团，还有许多大型国企等数十家，这些国企，在激烈的市场竞争中，哪里是民营企业的对手？经过一轮轮的搏杀，除了煤气集团、公交集团、免税集团等垄断性国企外，其他的关的关，倒的倒，改制的改制，纷纷败下阵来。很多专家认为，像格力电器这样成功的竞争性国企是个案，并不具普遍意义。格力集团之所以能坚持到现在，说句不大谦虚的话，其中很大一部分原因是格力电器的知名度，格力电器的经济效益给了集团很大的支持。由于二者是“父子”关系，多少有一点“子荣父贵”的社会效益。

熟悉内情的人都知道，格力集团除了格力电器外，余下的都是小公司，总销售额也不到电器的十分之一。企业虽小，可国企的很多“坏习惯”都有：内部管理松散，机构设置繁杂，责任制不明确，考核流于形式等。格力集团认为自己“大”，市里有什么机构，它也尽量对应设什么机构，以致总部只有几十号人，可最多时设置的部门就有近十个，有些部门一官一兵，有些甚至是光杆司令。

由于工作量不大，人又少，很多时候都无事可干，一张报、一杯茶就可以过半天的现象并不鲜见。由于机构臃肿，分工过细，而上级交待的工作很多时候又是交叉业务，于是相互推诿，各部门之间缺乏协作精神，事不关己，高高挂起，明知不对，少说为佳，遇事不是先解决问题，而是先争论是谁的责任，集团患有典型的“大企业病”。

再加上缺乏考核标准，或干脆不考核，因而养成了做与不做一样，做多做少一样，做好做坏一样的工作态度。如下属企业原凌达压缩机厂所出现的严重违纪违法问题，员工投诉颇多，总部也有所闻，派员下去调查、审计，也没发现什么“敌情”，直到格力电器收购凌达后，问题才浮出水面。然而，对这种马虎的工作态度，集团并没有什么考核和处罚，工资照发，奖金照拿。

其实，国企这种相互推诿、互不协调、考核不到位的例子绝不是个别现象，这是国企的通病。

有一则笑话，说的是为什么中国人协作精神不如外国。原来，日本人喜欢下围棋，考虑都是从大局出发，为了全局的胜利不惜牺牲局部利益。美国人喜欢玩桥牌，和自己一方要配合默契，目的是共同打败对方，因而养成了团队精神。而中国人则喜欢打麻将，盯住上家，卡死下家，自己不和也不让别人和，久而久之就养成了只顾自己的不协作精神。

当然，这只是一则笑话，但它折射出我们协作精神差，只顾自己，不管别人好坏的不良思想，值得我们深思。要培养团队精神，除了要教育和打造员工的敬业精神外，机制问题也是不容忽视的。机构设置不合理、不科学，职能部门的责任不落实，分工不明确，工作没标准，考核不严格等，都很容易造成这种相互扯皮、相互推诿的现象。

我认为，治企要先治人，进行集团的战略重组，首先要进行部门和人员的重组，必须把众多的、相互扯皮的部门压缩，做到人人有事干，个个都负起责任。

最终我们经过认真的研究，并根据集团现阶段的工作任务，决定把党委办公室、公司办公室、人事部、工会、维稳办等合并为总部办公室，加强了两个部门，即审计部和财务部，其余的部门一律取消。

我觉得，集团发展到现阶段，工作性质和工作任务都发生很大的变化，集团要做自己该做的事，不能大小事情都揽在身上或插上一手，对基层不熟悉的业务，对管不好管不了的事还不如不管，要发挥下属企业的积极性。比如集团过去曾设有一个“应用技术研究所”，这个所一无科研资金，二无技术人才，三无研究方向，四无科研基地，完全是一个空架子，因此，没两年就消失了。

做企业要实事求是，那种认为部门多、门类齐全、才能显示出集团的形象与规模的做法，是完全错误的。国企为何部门多，人员多？因为在中国，从政府到基层单位，给人的印象就是部门多，官多，人员多，相互制约，相互扯皮推诿。

记得当初我到巴西投资考察时，州政府曾推荐我们到下面一个小城市（约5万人口）去投资。我到那里被告之，整个城市只有一个市长领导，还是位医生兼的。当时我是半信半疑，办公室人员陪我们参观完毕后，有一位穿白大褂医生模样的人出来接待我们，经介绍，他就是该市的唯一市长。

经过调整，集团就只剩下三个部门：总部办公室、财务部、审计部。办公室对内对外、对上对下、对党对政等所有关联事情都一手抓，避免了扯皮、推诿、责任不清的弊端。财务部的工作是加强管理，协同下属企业融资，加强与各银行的业务联系和集团内部的财务核算等。集团作为下属企业的投资主体，对企业的经营运作和经营业绩有着不可推卸的责任，必须加强监督、审计，对问题早发现、早提防，以防止再像压缩机厂那样损公肥私，损害企业和国家利益的行为发生。

部门精简后，“庙”少了，“和尚”倒无所谓，就是“菩萨”难处置。我在集团会上强调：由于部门少了，部门负责人也要相应减少，过去是正职的可能调为副职，副职的可能要当普通员工。我们不论处于什么职位，都是为了工作，当领导是工作的需要，不当领导也是工作的需要。须知道，我们虽然是国企，但国家是不会管我们的饭碗的，更不会管我们碗里有没有肉，这些都要靠我们自己去努力。企业搞不好，没钱发工资，没有人会可怜你，我们每个人必须尽职尽责，努力做好自己的工作，让我们的饭碗有菜有肉，我们才有好日子过。

把部门和人员调整后，接着，我针对集团下属企业规模小、效益低、竞争力不强的状况，进行了产业结构调整。除压缩机厂和小家电之前已归属格力电器外，电容器厂、漆包线厂可作为空调的配套厂，由格力电器收购，并进行了产品转型，重点开发空调压缩机所急需的CBB启动电容，通过技术改造，把CBB电容的使用寿命大幅提高，高出国家标准两倍多，以满足格力空调品质的需求。漆包线厂则进行了重点改造，新建了厂房，购置了设备，把原来的普通线改造成压缩机所急需的“耐氟”高温线。通过改造，两个企业效率大大提高，效益也有明显的增长，产品除自用外，还满足一部分社会的需要，走上了一条健康发展之路。

至于罗西尼手表厂，在是否拍卖转让问题上曾出现过分歧，有人认为罗西尼是格力一个老企业，又有了一定的名气，卖掉可惜。而我却认为，罗西尼虽然有了一定的名气，但该企业并不具备核心技术，表芯都是别人提供的，且钟表行业的竞争也异常激烈，加入WTO之后，外国的名牌手表大举进入中国市场，而且现在的计时工具多元化，手表不再是人们必备的物品。加之手表与集团其他制造

2007年格力集团与中化在珠海高栏港合资建设油码头，这是在中化格力码头的留影

业相差甚远，关联度差。既然如此，不如把它转让给专业的企业，或许还有新的出路，继续为社会作出贡献。这一设想得到国资委的支持。2007年，罗西尼以2.62亿元的价格卖给中国海电集团，随后与“依波”品牌整合，整合后的罗西尼又重获生机，继续为珠海经济作出贡献。

至此，格力集团经过整合后，三大板块的产业结构逐渐清晰，这就是以格力电器为龙头的工业制造板块，以房地产开发为中心的地产板块以及石油码头为中心的石化物流板块。石化板块是由格力集团与中石化合资建造的8万吨级的石油码头和总库容量为200万立方米的石油仓储地，每年燃油贸易额达几十亿元，以及一个格力自建的五万吨泊位的散货码头组成。

正当我们上下一心，努力争取把这三大板块做大做强的时候，不料，珠海市委重组高栏港的码头海运资源，一纸文件便把石化板块全部划给高栏港，连一分钱也不给予补偿。有些人看不懂，其实这就是国企常常碰到的“规定动作”。

如此一来，集团就只剩下两大板块了。地产板块包含两家公司：格力地产与格力置业，后者是几年前格力集团整合了珠海特区房产公司（简称特房），后改名为格力置业公司。不久，格力地产几经努力，借壳西安海星科技上市，按上市公司规则，同一集团内不能有两家业务相同的企业，以免与上市公司争资源，损害股东的利益。这样，置业公司就得转型。做什么好呢？当时很是伤脑筋。

置业公司提出能否给政府填海造地，但这需要大量的资金投入，而且资金何时能回收更是遥遥无期，显然对于资金不多的置业公司来说并不大合适。

后来，我出主意，建议他们可否从旅游行业考虑一下。现在，中国是世界最大的出游国，每年出游人次数以十亿计，而且还在大幅度增长。而珠海虽是全国旅游城市，但旅游去处也不是很多，有待我们发掘与开发，能否在旅游行业分一杯羹呢。当然，我们也知道，旅游行业竞争也是异常激烈，弄不好会血本无归。

多年的企业经营告诉我们，不是所有的竞争行业都不能涉足，可以说，现时除了央企以外，所有的企业都面临着激烈的竞争格局，因为竞争就不敢参与，这是懦夫思想，只要我们掌握好竞争的优势，突出自己的优势与特色，就能站住脚跟，变被动为主动，就能不断地战胜对手，夺取竞争的胜利。

因此，企业要审时度势，积极参与竞争，并通过竞争，最大限度地激发自身的潜能，迫使自己使出浑身解数，把自己的工作做好，做到极致，以战胜对手。这样的竞争对企业有益，对社会的进步有益。

要参与竞争，我认为最重要的是要把企业内部的事情办好，培养员工的敬业精神，不断提升他们的工作热情和积极性，不断强化自己的特色与亮点，不能光想着模仿别人，甚至连模仿也不像。堡垒是最容易从内部攻破的，很多企业在竞争中失败，与其说是被竞争对手打败，倒不如说企业内部出了问题，被自己打败。如果企业身体健壮，有着强大的抵抗力和竞争力，是任何竞争对手打不败的。

在市场经济中，模仿别人有时是需要的，但不能一味模仿而不想超越。你能模仿别人，别人也能模仿你。但是，有些东西，别人是难以模仿的，比如，一些重大的技术突破，并已取得了专利保护的核心技术，别人是难以模仿的；资源上的优势，市场上的垄断，别人是无法模仿的，即使你有天大本事，也做不出第二个中石油、中石化，除非国家给予你特殊的照顾或垄断权；有自己独特魅力的产品，或以工匠精神把产品做到极致，精雕细刻，精益求精，这样的产品别人也是难以模仿的。

模仿不了的东西，在市场上就相对垄断，你还怕竞争吗？

搞旅游其实与做企业一样，如果能做出自己的特色，做出自己的亮点，就形成了相对垄断，成功的机会就会大大增加。过去，人造景观的跟风潮，相互模仿，实践证明是失败的。

那么，我们搞旅游应从哪里着手呢？怎样才算有特色呢？珠海地理位置独特，背山靠海，是名副其实的百岛之市，全市138个大小岛屿，像翡翠一样，洒落在碧波万顷的伶仃洋上，其中东澳岛是最具特色的海岛之一，该岛面积4.6平方公里，岛上绿树掩映，岸边怪石奇秀，海水湛蓝清澈，沙滩洁白晶莹，岛上还有各种人文历史，这些乃是“上帝”给予珠海人民的馈赠，别的地方恐怕砸上几百亿、上千亿元也模仿不了这样好的天然海岛。只可惜这些独具一格的稀缺资源，过去一直没有利用好。如果得到珠海市政府的支持，我们完全可以将这些岛屿开发好，这才是最具珠海特色，也是别人仿造不了的垄断资源。搞好了，老百姓就不必花钱花时间到老远的巴厘岛、泰国、三亚去了，周末就可以一家几口上岛玩上一两天，真是其乐融融也。

这个建议，得到集团和置业公司的一致赞成。于是我们把这一设想汇报给国资委和市有关领导，恰好市政府也正规划海岛的旅游业建设，这一设想与市政府不谋而合。经市里批准，把海岛建设和旅游设施建设项目交给格力集团。

随后，我们高起步、高规格地抓紧部署，邀请国际知名酒店设计公司进行总体规划和设计，参与者有美国、德国、加拿大、日本等国的设计公司，并邀请华南理工大学、全国著名的建筑师何镜堂组成的专家团队进行评审，最后选定了美国的罗麦庄马的设计方案。我记得，市委书记、市长等市领导还亲自对专家所推荐的方案进行细致的评审，可见珠海市对这一项目的重视程度。

经过三年多紧张的施工建设，如今，东澳岛已经焕然一新，两座五星级豪华酒店和海上的游乐设施也陆续投入使用，迎接八方游客。省市领导也多次登临岛上考察，无不对东澳岛的环境和岛上建设赞不绝口。

由于该项目坐落在伶仃洋的东澳岛上，伶仃洋又是南宋末年著名的海战所在地，故取名“伶仃海岸”，后专家提议把“伶仃”改成“玲玎”，更显得喜庆和欢乐。

望着这个游人如织，格力人付出了心血的旅游项目，我心潮澎湃，欣然命笔，写下《玲玎海岸记》。

我在执掌格力集团六年间，可以说尽了自己最大的努力，做了自己应该做的事情。

六年来，在上级领导的支持下，在集团领导班子和员工的努力下，还清了银行的大量逾期债务，使集团轻装前进，解决了困扰多年的历史遗留问题，进行了战略重组和产权改革，明确了集团今后的发展方向，通过战略调整，集中力量重点发展几个优势板块，使珠海市曾一度想出售变卖的企业，重新焕发了生机，但在这过程中，也难免会出现一些过失和错误。

说句真心话，要把集团这样的竞争性国企做好，也并非易事，毕竟有前车之鉴。不说别的，就拿珠海市来说，改革开放之初所成立的一大批国企，几经折腾，除了少数垄断企业，如港口、免税、公交、燃煤气、供水供电等，其他基本上都已关门大吉了，可见竞争性国企之艰难，究其原因，我在《国企啊，国企》一章已有评述，在此不再赘述。

经历多年的挫折和教训，现在政府终于下定决心进行国企改革，很多有识之士也提出了许多改革方案与意见，但愿这次不会是雷声大雨点小吧。我想，无论怎样改革，从体制上下猛药是最大的改革。当然，不管是什么企业，要办好，还是那句话：关键是人，除了国家扶持，更需要企业上下员工的不懈努力。

附：玲玎海岸记

珠海素有百岛之市美誉，百余岛屿，宛若翡翠，镶嵌在碧波浩渺的伶仃洋上，“玲玎海岸”由此得名。

百岛之魁东澳岛，面积4.6平方公里，玲玎海岸坐落其中。岛上绿树掩映，岸边怪石奇秀，海水清澈湛蓝，海滩沙粒晶莹。登临东澳，心旷神怡，令人陶醉。

七百年前，南宋抗元名将陆秀夫，张世杰等，集结二十万大军，与元兵在此海域殊死鏖战，陆秀夫宁折不屈，负幼主赵昺投海自尽，张世杰英勇抗战，以身殉国，葬于斗门黄杨山头；丞相文天祥始败于惶恐滩，后幽于伶仃洋，留下了“惶恐滩头说惶恐，伶仃洋里叹伶仃。人生自古谁无死，留取丹心照汗青”的不朽诗篇。“宋末三杰”铁骨精忠，烛照后人，“伶仃洋”亦随之载入史册，名扬天下。

故人已乘黄鹤去，碧海千载空悠悠！如今，多家豪华星级酒店在此拔地而起，娱乐设施一应俱全，或登高眺海，或临石听涛，或沙滩戏水，或扬帆冲浪，或岸边垂钓，或出海捕鱼，或温情蜜月，或婚纱拍照。恣情山水，忘却尘世烦恼，何其乐也。

忆当年，干戈寥落，山河破碎，文天祥面对苍茫大海，发出了“伶仃洋里叹伶仃”的悲叹，而今，在市政府的大力支持和格力人倾情打造下，此地终成度假旅游，休闲娱乐，商洽议会之圣地。抚今追昔，欣然作文以记之。

2008年汶川地震，格力集团及其成员企业捐款共计1800万元

第十五章　功成身退

——细数24年间格力的六个关键节点

格力的成功，引来世人的极大关注，也招引了媒体的大量报道。其中有不少是凭空想象，以讹传讹的。对于这些，我一向的态度是处之泰然，因为某些媒体就是喜欢猎奇，无中生有，语不惊人死不休。佛经有云：“他强任他强，清风拂山岗，他横由他横，明月照大江。”只要内心平静，问心无愧，外界的看法又于我何干？但作为执掌格力二十多年的领导人，本着“不忘初心，方得始终”的原则，本着对企业，对老员工、老领导负责的心态，还是有必要对一些不实报道做出澄清。

一

2012年一开年，格力电器就迎来了销售和生产的开门红。多年来坚持科技创新，坚持精品战略，坚持脚踏实地和诚信共赢的格力文化，使我们逐步成为核心技术领先、产品质量深受欢迎、产品系列完善的巨型战舰，成为空调制冷行业的佼佼者。因此，产销两旺也在情理之中。

2012年5月初的一个上午，珠海市委组织部刘振新部长“驾到”，向我正式传达市委对格力集团和格力电器下一届领导班子的人事安排。其实，人总有退休的一天，之前我也从其他渠道得知自己将要“洗脚上田”的消息，只是具体时间和谁来接班还没有最后敲定。刘振新部长对我说：“20多年来，你为格力的创建和发展尽职尽责，为珠海作出了突出的贡献，市委市政府对你表示由衷的感谢。只因你一直那么尽职尽责，所以即便你已过了退休的年龄，还是让你辛苦地坚守在岗位，迟迟没有批准你退休，但是，总不能让你辛苦一辈子吧。经市委市政府认真研究，决定让你退居二线，继续担任格力集团和电器的名誉董事长，发挥余热，待遇不变。”

我对部长说：“我非常感谢市委市政府对我的信任与支持，

我只是尽了一个国企领导人应尽的义务，至于有什么功劳，应归功于格力的员工，特别是艰苦创业的老一辈员工，归功于市委市政府对我们的关怀与支持，也归功于市里作出的把格力电器做大做强的正确决策。同时也感谢市里给了我这样一个广阔的平台，才有了我大展拳脚的机会，没有这个平台，我什么也不是。”至于名誉董事长的头衔，我当时就明确回答：“我已经做了几十年的企业领导工作，心力疲惫，很想好好地休息一下，颐养天年，要退，就要裸退，什么职务也不想再担任了。”

我顺便问了一句：“谁来接班呢？”他说，市里已经决定由董明珠接任格力电器董事长兼总裁，还有格力集团董事长一职。我问：“格力电器的工作量很大，由一个人担任两个职务吃得消吗？况且证监会以前也好像有规定，上市公司一般不要一个人同时担任董事长兼总经理。”部长说：“前一段时间已经和她交流过，她同意接受市里的决定。”我说：“既然是这样，你们下文好了，文件一到，我会很快做好交接手续的。”

5月25日，是格力电器换届股东大会召开的日子，也是我最后一次主持股东大会。会上寒暄之后我说：

大家知道，我已过了退休年龄，我在格力电器已经服务了24年多的时间，非常感谢大家对上一届董事会的关心，对我工作的信任与支持，没有大家的支持与合作，格力也不会走到今天。如今，格力电器已名扬天下，打下了厚实的基础。人迟早是要退休的，市国资委已推荐新一届董事会人选。相信在新一届董事会的领导下，格力一定能继续走向辉煌，为股东创造出更大的回报。

顺便与各位股东交待一下，原来市里的想法是要求我担任名誉董事长，继续为企业尽绵薄之力。我明白上级的意图，一是对我的关心，二是利用我的经验和威望，把我作为一尊“菩萨”，摆在厂里“避邪”。但谁都知道，“菩萨”一不能说话，二不能干事，而我又是一个爱指手画脚的人，看到不合适的事情就着急，由此，反而影响新班子领导的工作，一尊这样的“菩萨”有何用？因此我坚决拒绝了市里的好意。一来避免对新班子造成障碍，二来可腾出更多的时间做自己喜欢做的事情。

那天股东大会开完之后，已是中午时分，和一些老股东聊了一会后，我像往常一样在公司吃了工作餐。快到一点钟时，为了不打扰大家的休息，我收拾早已准备好的资料，一个人静悄悄“溜”出格力电器，离开了我为之奋斗了二十四年零五个月的“战场”，离开了朝夕相处，共同奋斗多年的老同事、老部下，同时也给我的企业人生画上了一个大大的句号。

回顾几十年的企业生涯，感触良多。我从一个“文弱书生”到娴熟工人，到技术员，到工程师，再到企业的各级领导，每次角色的转换都带来人生的转变。而在格力长达二十多年的主要领导生涯，是我经历最难忘，磨炼最深刻，人生最充实的时光。

人生走过的路，风景再好，也是过眼云烟。一般人都有这样的经历，坐车时，向前看，越看心里越踏实，往后看，越看头越昏。昨天，无论多么绚丽多彩，也只能作为回忆和纪念罢了。

退休这几年，我到处旅游、访友，偶尔应朋友之约讲讲课，拒绝了不少企业的兼职请求，只做一些行业协会的义务性工作，也婉拒了很多媒体的采访。在位的时候，我就不喜欢上电视，上报纸，就连中央电视台“全国十大经济人物”奖的工作人员来公司考察，我都感到不耐烦，觉得浪费时间，避而不见。退休之后，我就更是随心所欲，率性而为，对媒体一律敬而远之。

但是，树欲静而风不止。格力的成功，引来世人的极大关注，也招引了媒体的大量报道。其中有不少是凭空想象，以讹传讹的。对于这些，我一向的态度是处之泰然，因为某些媒体就是喜欢猎奇，无中生有，语不惊人死不休。佛经有云："他强任他强，清风拂山岗，他横由他横，明月照大江。"只要内心平静，问心无愧，外界的看法又于我何干？

但作为格力二十多年的领导人，本着"不忘初心，方得始终"的原则，本着对企业，对老员工、老领导负责的心态，还是有必要对一些不实报道做出澄清。

首先，格力究竟是如何创始的？

这件事得从头说起。格力的前身是两个小企业，一个是海利空调厂（当年的规模为年产两万台窗式空调），一个是冠雄塑胶厂，两个企业都归属于珠海经济特区工业发展总公司（纯国有企业，后改为格力集团）。冠雄塑胶厂成立于1985年，由李元祥出任总经理。海利空调厂成立于1986年，由杨国长出任总经理。我于1988年元月从广西调回珠海工作，分配到工业发展总公司总部，后来由于冠雄亏损严重，我临危受命，在1988年5月被总部派到冠雄出任总经理一职，原总经理改任副总经理。经过三年的努力，把冠雄从一个亏损企业改造成利润大户。之后，1991年5月又受总公司委派，兼任海利空调厂总经理，原总经理改任副总经理。也就是说，我一个人同时担任两个相互独立，业务差距又很大的企业的领导人，每天东奔西跑，"上蹿下跳"，工作繁重。一开始我还很不情愿去，感觉刚把冠雄搞起来，又要接手海利这个烫手的山芋，心里一百个不高兴。但是再不高兴也得服从上级安排。

1991年11月18日，上级为了把空调做大做强，将海利空调和冠雄塑胶正式合并，由我出任总经理一职。也因此这一天被定为格力电器的厂庆日。由于合并前冠雄已生产出“格力”牌鸿运扇，为此，我建议总公司选用“格力”作为新公司名称。于是，珠海格力电器有限公司便正式诞生了。虽然谈不上“横空出世”，但它的诞生却标志着格力朝空调航母的方向迈出了坚实的第一步。

格力的历史是由全体格力人书写的，创业之初，他们在一片空地上，在竞争异常激烈，而自己羽翼尚未丰满的艰苦环境下，抱着永不服输的精神，坚信自己的事业和未来，忘我工作，忘记了休息，忘记了家庭，顶住种种压力，奋勇杀出重围，使格力从一个名不见经传、无人瞧得起的小厂，终于发展成为今天世界知名的大企业。如果一定要说格力的创始人是谁，那就是格力（包括海利和冠雄）老一辈的领导者，当然也包括下决心将公司做大做强的总公司决策者。什么是创始人？我的理解就是企业创立时的主要领导人和决策者，而非所有参与者，也不是后来的继任者，按此原则，我也只能算是格力电器的创始人之一。

二

我是2012年5月25日退休的，由时任总裁的董明珠女士接任我的董事长一职。

董明珠是1990年上半年从内地来到珠海工作的，先是在海利空调厂当推销员，当时主管安徽的销售业务。1991年我到海利后才认识她。有一次我到芜湖市场考察，见她与经销商关系融洽，工作麻利，整个安徽市场的销售搞得不错。在商家的零售店里，有时遇到店员忙不过来，她还主动当起了售货员，因此得到了商家的认同。后来，我又把江苏的业务也一并交付给她。由于安徽和江苏都是销售大省，加上她个人的努力，自然业绩也会比别人好，所得也比别人多，为此，其他业务员对我意见很大。

1994年，为了使科技人员全身心投入到科技创新中去，我大幅度降低了销售人员的提成比例，以此平衡科技人员与销售人员的待遇水平，由此引起大批销售人员出走。当时，调整和充实经营部领导班子已是当务之急。我记得，1994年12月董明珠已提拔为经营部副部长。经营部还缺一个正部长。谁来出任经营部长一职呢？当时我心里也没底，于是让经营部全体人员无记名推荐，推荐的结果董明珠排第二名。我觉得，虽然排行第二，也说明她得到经营部人员的认可。况且从工作上来说，她的业绩是最好的一个，尽职尽责，工作勤勉，有热情，有责任心，作风泼辣。于是我初步决定推荐她为经营部负责人。可想不到在公司办公会讨论时，出现了较大的争议。主要认为她性格比较耿直，讲话尖刻，容易得罪人，过于自信，怕搞不好团结等。我当时做了大家的思想工作说："人无完人，不可能没有一点缺点错误，我们用人是要用她的长处。董明珠的长处是销售工作抓得很细，善于与客户打交道，遇到困难时想方设法解决，不达目的不罢休，这都是销售工作最需要的长处。"

听完我的解释后，大家也就同意她出任经营部部长一职。至于后来董明珠当上公司的销售副总，那是1997年9月以后的事情了。按集团公司规定，格力电器副总以上的人事聘任由集团公司评定。在讨论时，大家同样也对董明珠存在较大的异议，但是在我的努力说服和解释下，最终还是通过了。

2001年，珠海市委决定让我出任格力电器的董事长（以前董事长是由格力集团负责人兼任的），由于证监会规定，上市公司一般不能由一人同时担任董事长和总经理，于是我推荐董明珠接任我的总经理一职。

有媒体在炒作“没有朱江洪就没有董明珠”，这句话或许有一定道理。因为我，她走上了企业的各级领导岗位，站在格力这个大舞台上，才有了她大展拳脚的机会。当然，她个人也很努力，对工作尽职尽责，不断磨炼，不断成长，最终成为全国知名的企业家。

至于后面那一句：“没有董明珠就没有格力”，恐怕就值得商榷了。一个人能力再大终究是有限的，做企业不是一两个人所为，应该都是团队的力量，况且，这句话也不符合格力的史实。实际上，在格力发展的每一个重要的历史节点，都离不开格力员工的努力，从质量的整改与提升，新产品的开发与制造，关键技术的攻关与突破，到企业重要政策的制定与实施等等，都体现了公司领导层和格力员工特别是骨干员工的拼搏与奉献。没有他们，就不可能有格力的今天。

我常常看到媒体报道格力曾于1996、1997年“濒临倒闭”。我看后吓了一跳，也感觉十分可笑，很多格力的老员工看了也十分反感，强烈要求我这个不爱吭声的老领导讲几句实话。

任何报道，都不应离开历史事实。我们不妨从至今仍挂在公司销售大厅的两幅图中看一下，就可以一目了然了（如图1、图2）。

这两幅图描述的是公司从1991年至2012年的销售额和利润数据（从上市公司年报也可查到）。从1991年起，每一年的销售额和利润都是大幅度增长的，就是媒体常提到的1996年，销售和利润也是两位数增长的。值得一提的是，1996年还是格力电器上市之年。我记得上市当天，公司股价就从10多元飙升至50多元（当时还没有涨停板的规定），被誉为“中华第一股”。说格力要破产，当年的老股民可是要笑掉大牙的。

图1 历年营业总收入增长图（单位：亿元）

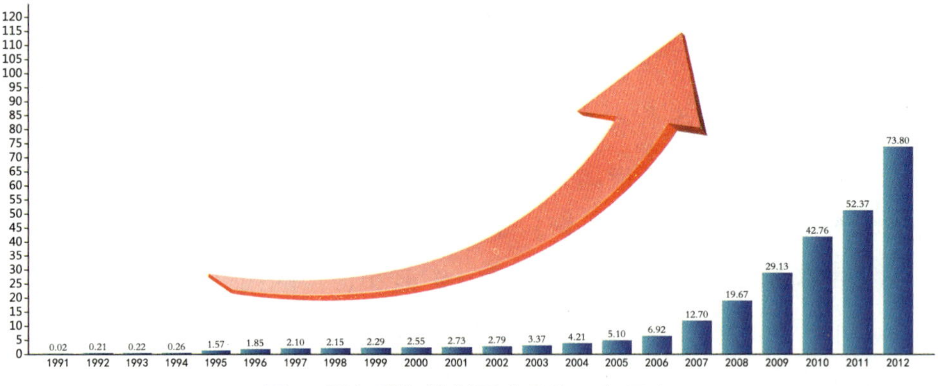

图2 历年利润增长图（单位：亿元）

那么，1997年又是啥样子呢？从图上看，1997年也实现了两位数的增长，没有任何“破产”的迹象。相反，正是那一年格力破天荒地把历年欠下的银行债务全部还清，成为全行业第一个不欠银行贷款的企业。我认为1997年是值得格力电器纪念的年份，从那年起，格力就再没有欠银行一分钱了，破产之说，从何谈起？

从图上看，1995年的销售和利润比上一年增长了好几倍，媒体也为此大做文章，其实主要原因是公司扩大了产能，突破了上一年的瓶颈。老一辈员工都清楚地记得，1994年以前，格力只有老海利留下来的一条破旧二手生产线，当时的生产能力也只有年产两万台窗机，分体机的内外机全在这条生产线上生产，柜机就更不用说了，在通道上摆上几台待安装的机子就算是柜机生产线。格力接手之后，几经改造，产能虽达到了十来万台的能力，但是很多重要零部件都要靠外协。正好当时空调市场强势兴起，各厂家都开足马力生产，导致零部件的供应更为紧张。合并后经过第一轮整改，质量有了较大的长进，客户如云，小小的经营部办公室挤满了来催货的客户，有的晚上十点多钟还在工厂等货。工厂附近的小食店，几乎全被催货的人员占满，有的拿到供货指标后就地加价转让。但无论我们如何努力，始终解决不了强劲的销量与可怜的产量极不对称的尴尬局面。

当时，集团公司也非常关注格力空调的发展，及时作出了决策，在原南屏水泥厂旧址（即现在格力电器总部所在地）进行了第一期的扩建工程，推平了两个小山头，炸毁了原水泥厂的建筑物。第一期的建筑面积达四万多平方米，比原来海利厂扩大了十多倍，不但进口了空调所急需的两器设备、管路设备，还购置了钣金、喷涂设备和两条自动化安装线，使生产能力初步达到年产100万台（套）。

我记得，当时最缺的是“两器”这一瓶颈部件。1994年，进口的两器设备已到货，可两层的厂房才建好底层，二楼还在紧张施工中，我心急如焚，为了赶时间，已经顾不了那么多了。于是命令机动设备部门就在还未完工的一楼把设备安好，让员工戴上安全帽，穿上防水雨衣，把设备开动起来，为公司解除了燃眉之急。过后想起这件事，还真有点后怕。

1994年11月，一期工程顺利完工，格力终于摆脱了“大排档”的尴尬，各种配套也基本完备，生产能力大幅提高，从而使1995年的生产和销售有了一个突飞猛进的局面。

那么，那两年格力有没有碰到困难呢？也有。1996年初，由于过于劳累，我患上了肺积水，在珠海医治了一个星期后转至广州一家大医院，一住就是三个月。集团公司由于担心我的身体能否康复，能否继续担任这样繁重的工作，准备让旗下罗西尼公司的老总取代我的工作。在我住院期间，公司没有主心骨，员工人心浮动，供应商整天到公司追讨货款，经销商对未来感到担心，不敢打款。再加上上半年天气不热，生产的空调仓满为患，卖不出去，连车间的过道也堆满了未出货的空调。

而我一等病情稍有好转，便迫不及待地要求出院，医生再三嘱咐我要注意休息，不能劳累，注意营养等，我满口答应。其实除了注意营养做到之外，其他的一条也没做到。出院后，我和经营部副部长赵卿到重点省份转了一圈，了解客户的实际困难，并根据市场反馈迅速制定了返利补贴政策，解决了商家的经营困难。经销商对这突如其来的补贴喜出望外，重新燃起了做格力空调的信心与希望。格力在行业首创的“返利补贴”政策，影响深远，使竞争对手措手不及，通过返利补贴，吸引了更多的商家，特别是一些有实力的商家抛开原来合作的品牌，主动与格力结盟，再加上下半年的天气帮忙，销量大增，出现了上半年损失下半年补的格局，并实现了弯道超车，一举超越春兰，成为国内空调新霸主。有关这方面的情况，只要是格力老员工以及一批经销商都是记忆犹新的。

在格力的发展过程中，有成功的喜悦，也有挫折和磨难，这些宝贵的经历组成了一部完整的格力史。这部历史是广大格力员工、经销商、供应商、格力的上级主管，以及曾经帮助过格力的有关单位和个人共同撰写的。历史终归是历史，我想最终一定会还原它的本来面目。

我做了几十年的企业，现在也该到了回顾和总结的时候了。

我一生做过的企业虽然只有几个，但庆幸的是都能把它做好，并做到行业的领先者。特别是格力电器，从小到大，由弱到强，经历的时间最长，经验教训最深刻，成效也最好，真是酸甜苦辣咸，五味俱全。

有人说我运气好，到哪里都能搞出点“名堂”来。这些人只看到别人成功的那一刻，没有看到成功背后的艰辛。就像有些人只看到运动员站在领奖台上幸福的笑容，却没有看到他们平时训练的汗水与泪水。

有一些人相信“风水”，对“风水佬”言听计从。当初在冠雄时，有人从香港请来一位风水先生，到工厂转了一圈，并仔细看了周围环境之后，他断定冠雄的风水有问题，特别是我的办公室（只有10多平方米）问题更大，之前企业搞不好必定与此有关，如果不赶快搬，会有很大的麻烦等等。我听了之后一笑置之。说真的，冠雄就那么一点地方，要搬也没地方搬啊。然而，就在这个风水不好的地方，我们却扭亏为盈，创造出当时集团下属企业的效益冠军。就算是现在的格力电器总部，当初也有“大师”来看过，觉得“不太理想”。但就在这个“不太理想”的地方，格力人通过自己的艰苦努力，创造了空调的世界奇迹。

我认为，所谓“风水”无非是环境优雅一点、通风一点、阳光一点，总的来说舒适一点。但这种舒适，也会因人而异的。有的人觉得舒适的地方，别人不一定感到舒适。陈景润证明“哥德巴赫猜想”的“1+2”，不也是在一间六平方米的刀把儿型屋子里完成的吗？动植物更是如此，仙人掌就把沙漠作为乐园。任何风水都是客观环境，而我们的主观努力可以改变环境，也可以改变人生。

有人说，你干了一辈子企业，现在功成身退，回忆起来一定会有很多感受和体会吧。如果说感受，我觉得就一个字："累"。说真的，这些年我也不知道是怎样过来的。经验嘛，有一点，而教训则更多。有过快乐、喜悦，也有过彷徨、憋屈、痛苦。最难受的是：痛苦时还要装出一副"高兴"的样子，以免影响员工和商家的热情。

如果说体会，倒有几点。

第一个体会是要学会做人。做企业首先要把人做好，要成为王者，看似在做事业，实质是在修行。

人有不同的品性，由此就有了不同的表现。

有一种人一心想当官向上爬，这种人必然会对上溜须拍马，对下打击欺压。

有一种人对钱看得很重，这种人很容易贪污受贿，利用手中的权力为自己捞到好处。

也有一种人，有两种面孔，当官前兢兢业业，任劳任怨，待人很好，能听取各种不同意见。可一当上官，特别是一把手（不管这个一把手有多大），感觉地位变了，来了一个180度的大转变，听不得别人的意见，一切以自己为中心。想方设法为个人谋私利，网罗自己的人际关系，拉帮结派，培植自己的势力，将持不同意见者打入冷宫。这种人很会利用企业的各种资源来经营自己，以达到个人的目的。

当然，企业和员工最盼望的是那种尽职尽责、敢于担当、兢兢业业的企业领导人，这种人深知身上的责任重大，必须发奋工作。也深知靠一个或少数人难有作为，必须要团结大多数人共同努力。

2000年作者被评为全国劳动模范，这是上京前的欢送场面

而要团结大多数人，就必须放下架子，尊重别人，容得下各种性格的人员，容得下各种不同的声音，特别是反对的声音，从中筛选出正确的思想和方法，以便少走弯路。这种人一般都很敬业，把企业作为生活乃至生命的一部分。为此，他必须学会心胸宽阔（即使他原先并不是这样），因为他明白，心胸宽则思路广，思路广则出路多，出路多则竞争力强，竞争力强则企业兴。

在这一点上，我有比较深刻的体会。如前所述，我这辈子不知是巧合还是上天安排，所经历过的三个企业，我都是半路杀出来取代原总经理的位子，而且原总经理都没有调走，反而留下来当我的助手，这种情况并不常见。对一般人而言，这种上下级关系很不好处理，弄不好就容易“擦枪走火”。但值得庆幸的是这“三关”都被我闯过了。说起来也简单，那就是“放下身段，尊重他人，乐于倾听不同意见”。比如初到冠雄，原公司仅有的一辆车子接送原总经理上下班。我上任后，坚持骑着从广西带回来的那辆旧自行车上班。1992年，我和原海利的总经理以及三位同事到美国验收两器设备，住在附近的一个小酒店，五个人共租住三个房间，其中双人房二间，单人房一间，我坚持把单人房让给原总经理住，而我和另一同事住一间双人房。这些虽然都是小事，但越是小事越是见真情，越能看出一个人的内心世界。你尊重别人，别人也会尊重你。实践证明，一个企业的一、二把手闹别扭，这个企业就没有安宁之日，更不用说发展壮大了。

我常常说，领导者的性格取向对企业有重大的影响，甚至可以决定企业的成败。

企业是由众多人员组成的组合体，就算是小企业，也会与社会上各种各样的人打交道。领导者的作用是决策、动员、组织、指挥、协调等。要想员工自觉地、心甘情愿地听你指挥，跟你走，要想合作伙伴（包括经销商、供应商、与企业生产经营有关系的单位和部门）信任你，配合你，特别是在企业艰难时还愿意跟随你，就必须能让大家都接受你，信服你。

那种只考虑自己，把别人当傻瓜的自私行为；不诚信，想方设法算计别人的欺诈行为；翻脸不认人，没有感恩思想的忘恩负义行为；听不得不同意见，对批评耿耿于怀，动不动就给予报复的心胸狭隘行为；还有那种对人严，对己宽，对有不同意见者严，对阿谀奉承者宽的拉帮结派行为等等，绝不是一个企业家的行为。这样的领导者，大家还会拥护你，帮助你，愿意为你“卖命”吗？

改革开放后，涌现出大批的新企业，但半路夭折的也不在少数。究其原因，除了企业生存环境恶劣之外，创业者本人的品格也是其中的重要原因。企业家若没有好的品格，没有容人容物的肚量，不仅难成大事，也难以与人交往，终将导致人才流失，合伙人分裂。

有人说，一个人的性格是“天注定”的，江山易改，本性难移。我并不认同这种说法。难不等于不能，人类既然能改变世界，也能攻克一个一个的难关，怎么就不能改变自己的性格呢？只要你明确自己肩上的责任，明白带头人的性格与企业关系的重要性，你就会下定决心，摒弃不良习性，努力使自己的性格适应企业发展的需要，把它作为自己工作和事业的一部分。当然，如果你把企业作为一个谋私利的场所，那就另当别论了。

我的第二个体会是，要学会决策。决策能力是企业成败的关键。企业的核心是经营，经营的核心是决策。

决策有大有小，大的关乎企业的发展和命运，小的关系员工的吃喝拉撒。决策能力是领导者的基本能力。有一点需要强调的是，为了使决策尽可能符合实际，领导者必须要有高度的责任心，做好充分的调研，倾听各方面的意见，力戒鲁莽行事，力戒偏听偏信，力戒从个人的私利考虑问题，更不能任性行事。只有这样才能少犯错误，少走弯路。

决策，其实就是针对企业存在的问题，找出解决的方案。但能否找出问题，承认问题的存在，是非常重要的一步。实际工作中，对自身问题视而不见，听而不闻的大有人在。这些问题有昨天的，有今天的，还有明天的。通过学习、调研，听取大家的意见，再加上自己的见解、能力和影响力，就能从中找出最佳的方案。

谈到决策能力，并不是生来就有的，而是在工作中不断学习，不断总结而成的。可以说，决策智慧和能力是刻苦学习、作风民主、深入调研、善于总结、勇于创新、敢于担当等方面的折射。当然还要遵循一定的程序，科学对比，认真思考，否则难成正果。

格力一路走来，有几次重大的决策，对公司的生存和发展起了十分关键的作用。

一是在冠雄和海利合并后，为了使产品质量上台阶，在供货紧张的情况下，决定停产整顿，为格力电器日后的质量求生存打下了良好的思想和物质基础。

二是1994年摸了一下销售人员的“老虎屁股”，降低了他们的销售提成，促成了公司走科技创新的道路，为格力“科技救企业”打下了坚实的基础。

三是1996年对商家的返利补贴，使得当年反败为胜，一举超越春兰，成为空调行业的新霸主。

四是极力促成压缩机厂、控制器厂、电机厂、电容厂的收购兼并，使格力空调的核心元器件牢牢地掌握在自己手中，为企业的核心技术奠定了坚实的基础。

五是与国美和苏宁的博弈，下决心自己建立自营店，成为行业所赞誉的“格力销售模式”中重要的组成部分。

六是在某些空调企业大规模上交流变频空调，大家嘲笑格力“落后”的时候，忍住诱惑，顶住压力，几经努力，成功地研制出直流低频变频空调，使这种新的变频空调在市场上一炮而红，后来居上，一举奠定了变频空调的霸业，进一步拉大了与竞争对手的差距。

这样的例子还有很多……

可见，正确的决策对企业来说是何等重要，它可以改变企业的运行轨道，也可以决定企业的成败。

第三个体会是，企业要有很好的执行力。如果没有执行力，计划再好，也不能一层层地传达下去，更不用说很好地执行了，最终也只是纸上谈兵。要提高执行力，首先要尽量提高计划的正确性和可行性，同时要具备良好的组织能力。特别是一把手，要有较高的威信，众人才能“言听计从”。如果组织者、一把手缺乏威信，那是很糟糕的事情。组织者之所以必须要有威信，是因为他不同于普通人，只管干好自己的工作就行，不需要带领别人去干什么，如果没有威信，就不能起到“领头羊”的作用。

威信，可以说是领导者的光环，失去了它，再有能力的管理者、组织者在员工眼里也显得一无是处。俗话说“兵熊熊一个，将熊熊一窝”。一个没有威信的领导者，对于企业的影响是直接的深远的，甚至可能葬送企业。

有人认为，有权就有威信，这是错误的，以权压人，压而不服。威信与权力没有直接的关系。不要以为当上了一官半职就有威信。有些人官很大，却没有威信，他的言行对别人的影响大打折扣。有些人官很小，甚至连官都不是，却威信很高，别人对他“言听计从”。

威信，一个是“威”，一个是“信”。威就是权威，信就是诚信，指的是讲话是否有道理，办事是否公道，干工作是否有能力，廉洁奉公。二者结合起来，才是真正的“威”。

领导者的“威”是如何树立的呢？我的体会是它包括如下方面。

一是以“德”树威。领导者要注意修心立德，注意非权力影响，与员工打成一片，不摆架子，不显官威。好的品德是职场的通行证，它散发出一种自然的魅力，是一种让人在不知不觉中被影响的力量。管理者要做到心正、言正、身正、气正，才能赢得员工的敬重，才能成为他们的贴心人。我每天开车上班，就经常把路边等车的员工顺便带到工厂，虽然只是一桩小事，却也赢得了员工的点赞。

二是以“公”立威。一个企业的管理者，为公还是为私，为员工谋福祉还是满足个人的欲望，是以公共资源经营企业还是经营自己，是决定人心向背的关键，也是检验一个领导者是否称职的试金石。作为一名企业的领导人，手中掌握着大量的资源，如果不把这些资源用于经营企业，而是经营自己，个人是有可能收获很多，但却失去了企业的未来，失去了员工的拥护。因此，领导者在企业的经营活动中，一定要排除各种私心杂念，对干部的任用、评优，员工福利以及人事安排方面做到公开、公平、公正，不搞一言堂，不搞暗箱操作。重大事情处理一定要多听各方面意见，一碗水端平，奖罚严明，不徇私情，更不能搞小团体主义，人为地划分派别，拉一派，打一派，顺我者昌，逆我者亡。这样才能赢得员工的认可，进而赢得员工的尊重和自己的威信。

三是以“能”添威。能，是管理者的能力，包括管理能力、业务能力、沟通能力、决策能力、解决问题的能力、宣传鼓动能力、说服教育能力、观察分析能力、开拓创新能力等等。

人在相识之初，都会互相估量对方的实力、性格、才干和长短，当判断出对方强于自己时，就会产生某种敬畏感、服从感。反之，如果判断对方不如自己，就可能傲然待之。当然，人的能力不是与生俱来的，作为一个领导者，必须要不断学习，不断提高，不会就问，不懂就学，在工作中学习工作，在管理中学习管理，比自己懂得更多的人都是老师。

有人对不耻下问感到难为情，其实正好相反。虚心好学的人才更能得到别人的尊重。比如早期我在冠雄塑胶厂工作时，对塑胶材料及其加工工艺一概不懂，于是就虚心向技术人员请教，借他们的书“挑灯夜读”，以尽快使自己从外行变内行。转做空调，也是先当小学生，坐在小板凳上听技术人员讲课，以免日后工作起来瞎指挥、乱弹琴。

四是以“诚”取威。诚就是诚实、守信。此乃管理者之本。实践证明，人无信不立，家无信不和，企无信不兴，国无信不宁。管理者，尤其是一把手，必须讲诚信，对班子成员以诚相待，这样他们就能大胆工作。如果对部下不诚信，讲话不算数，出尔反尔，在提拔上压着，相处上挑着，交往上冷着，关系上僵着，这样就必然失去自己的威信。对经销商，供应商，对合作伙伴不诚信，就会失去合作基础，工作难以展开，企业的生存和发展必然受到影响。管理者要学会在工作中淡化权力意识，把事情交给放心的部下去完成。出现问题及时纠正，指导他们，让他们在工作中总结提高，这是对他们的一种信任和尊重，反过来也会自然而然地提高自己的威望。

五是以“绩”固威。管理者在工作中必须要有业绩表现，要凭自己的勤恳和才干，不断创造出良好的业绩，才能更好地树立良好的威信。因此，管理者必须要全身心投入到工作中去，把工作作为生活乃至生命的一部分，艰苦拼搏，勤奋努力，从而取得良好的业绩。

六是以“和”聚威。和是指管理者和员工打成一片，以情带兵。“和”包括两个方面，一个方面是宽，就是对下属“动之以情、晓之以理、导之以行”，进行软处理。另一方面是“严”，就是对违反原则者，对犯错误的人要严肃教育，严肃处理，员工才能明其威。如果对这些人睁一只眼闭一只眼，那就是对其他员工的不公，就不能取得员工的信任。威信成于民心，存于民心，这就要求我们加强自我修养，严于律己，防微杜渐，既要有爱心，有人情味，又要敢于处置各种不良行为。若要别人去做，自己应首先以身作则做到。就连穿工作服这样的小事也不能例外，只要到公司上班，我必定要穿上工作服，绝不搞例外。批评别人，也要注意方法，懂得批评艺术，就事论事，不能辱骂他人。该讲的讲够，不该讲的一句都不多讲。实践证明，不讲原则就没有战斗力，不讲感情就没有凝聚力，善于和人方能和天下。

我在工作中就是不断按照这六个标准要求自己，锻炼自己，使自己建立起良好的威信。有了威信，工作起来就能得心应手，员工言听计从，就能在工作中虎虎生威。

我的第四个体会是：精于授权。企业，特别是大企业，人员多，牵涉面广，业务量大，人际关系复杂，技术层面宽，靠一两个人或少数人无能为力，必须发挥整个班子、各个部门和全体员工的积极性。把自己看得太重要，必定是高看自己，低看他人，周围的事物就会像哈哈镜那样被照变形。这就涉及到权力分配问题，不能大包大揽，应在严格监督检查的前提下，充分放手让下属去做。在这方面，我的体会是：大权独揽，小权分散。凡关系到企业发展和生存的大事，重大决策的制定等必须亲自组织，参与。独揽并不等于独断专行，应充分发扬民主，各抒己见。而更大量的工作，必须分给各主管领导去做，发挥他们的主观能动性和创造性，让他们独立地完成工作，在实践中不断总结和提高。

我很少直接管到一个部门，只有问题较多的某些部门才会直接管一下。一旦走入正轨，就会交主管领导管理。但有两个部门我是常管的，一个是监察部，一个是质量监督小组。因为这两个部门不但牵涉到各部门，也牵涉到各级领导，必须由一把手抓。各主管领导在工作过程中遇到什么问题，则定期在办公会上摆出来，协调解决，但对我来说，不直接管不等于不管。我经常下车间和部门了解情况，倾听来自车间的声音。尽量掌握第一手资料，并经常参加有关部门召开的专业会议，如生产会议、质量会议、技术会议等。营销会议更是每年参加多次，以从中发现问题，督促有关领导及时加以解决。

有一次参加各地销售公司老总的会议，总结上一年的销售工作和布置下一年度的任务。听到大家的发言后，我就觉得有一部分老总的认识有偏差，他们把销售不好的原因全都怪罪于老天爷。我听了感到有点好笑，便纠正他们说："作为空调销售商，都希望天气越热越好，就是30几度也不嫌热，最好是40度以上，而且还要'又热，又闷，又没有风'，如果真是这样，岂不是世界末日？这样的天气我让你卖空调干吗？随便叫个阿婆就行了。空调发展到现在，已经不是过去天热时才想起的奢侈品，而是逐步变成老百姓的必需品。销售虽然与天气有一定关系，但更重要的是我们自身要努力，服务要让客户满意，市场管控要到位，政策制定要更精准，这些不积极主动地去做，只看天吃饭，世界上哪有这样的好事？"通过这类的会议，我可以充分地掌握各部门人员的思想动态，并及时予以纠偏。

第五个体会是，勇于负责，敢担风险。回顾几十年的企业生涯，我觉得要得到大多数员工的拥戴，除了工作上要身体力行之外，还对很多存在风险的工作要勇于担责，不推卸。该领导签字确认的事情，毫不犹豫地就要签上自己的名字，有了成绩要归功于大家，出现问题要主动承担责任。只要是自己决定或授权的事情，都应要负起责任，绝不推给下属。就算不是自己授权的，如果出现问题，也要承担相应的领导责任。我觉得这样做有几个好处：①领导以身作则，员工的积极性就能充分调动起来；②领导带头负责，员工才能大胆工作，敢想敢干；③领导担当，员工就能放下包袱，开动机器，群策群力，很多事情就迎刃而解了。

然而，在现实中，确有那么少数人，他们对自己的个人名声、个人业绩和职务升迁看得太重，生怕做错事情影响个人前途。于是有了成绩自己揽，有责任推得一干二净。即使自己决定的事情，出了差错能推就推，能躲就躲。遇到这样的领导，大家还愿意为企业拼命吗？

作为领导者，以身作则，敢于担当是基本的要求。我们做任何事情，特别是在探索过程中，很多路没有人走过，或别人走过了自己没走过，都是摸着石头过河，不可能没有风险，也不可能百分之百成功。成功了，当然皆大欢喜；失败了，谁来承担？你作为一个企业最高领导，你不承担，难道要下面的基层员工来承担吗？

比如进行科研或新产品开发，风险很大，有60%以上的成功率就不错了。若失败，则会前功尽弃，所投入的资金全部打水漂，为企业带来一定的损失。作为领导，如果没有承受失败的气量，对损失耿耿于怀，或对科技人员破口大骂，连半点安慰也没有，这样以后还有谁敢大胆工作呢？

过去，为了尽快研发出联机空调，我就鼓励科技人员说："这是我们没有走过的路，要有失败的思想准备，要大胆创新、敢想敢干。成功了，是你们的功劳；失败了，是我的责任。"科技人员于是放下包袱，大胆创新，废寝忘食地工作，终于在较短的时间研制成功，迎头赶上了国际水平。

做国企，条条框框多，虽然大家也知道有些规定不尽合理，但还得"照章办事"，谁要打破，谁就得要承担所带来的风险。在这种环境下，企业一把手就必须勇于承担责任，下面才能放开手脚干。

第六个体会是，乐于接受别人的批评和意见。人都会犯错误，领导也不例外，不犯错误的人在这个地球上找不到的。问题是犯了错误之后如何对待，是坚决不认还是知错就改。我觉得，自己所做的事，所说的话，有80%以上正确就很不错了，剩下的20%则要从大家的意见和批评中纠正和完善。因此，我很乐意听取别人的意见。在以往的工作中，有排除干扰、坚持己见的，也有听取批评后改变初衷的。我觉得，只要是意见，就不应考虑别人态度的好坏，音调的高低，正确与否等等。只要具备这样的胸怀，才能从别人的意见中吸收营养，从善如流。

司马迁说过：“千人之诺诺，不如一士之谔谔”。我最反感的是那些不动脑筋，没听完就叫好的人。这种人往往不开动脑筋，思维僵化，很容易遮住你的眼睛，误了你的大事。我倒希望那些爱动脑筋的人，听完你的话，认真加以分析，哪些是可行的，哪些是不可行的，并讲出理由。即使他的见解是错误的，也能给你提个醒，打个预防针。这种人一般有个性，能独立思考，不随波逐流，有一定的分析能力和工作能力，是企业的财富，应加以重用。

当然，人都会犯错误，我也不例外。在格力多年，也难免说过一些错话，办过一些错事，给一些员工造成不快甚至伤害，也给企业造成过一定的损失，留下了一堆遗憾。因为再也没有改正的机会，所以只能感谢大家的宽容和谅解。在此，深表歉意。

后 记 POSTSCRIPT

我的传记算是写完了，但这只是几十年企业生涯的一部分，须知道，亲历一个企业从小到大的全过程，处在一个竞争如此激烈的行业，担任一个比起民营企业困难得多的国企领导人，从一开始所走的路便是布满了荆棘，所经历的事情，所要解决的问题，所要面对的困难，不是一两本书就能陈述得了的。

中国发展到今天，空间越来越大，行业也越来越多，已经远远不止三百六十行了，但只要我们用心去做，什么行业都可以做出点名堂来。在这些行业中，最大的莫过于做实业，因为社会的发展离不开实业，毕竟，人类生存的基础是衣食住行、吃喝玩乐、生老病死等，这些都是靠实业来支撑的。随着社会的进步，人民生活水平的提高，人们思维与需要的变化，以及对生活的不断向往与追求，实业不仅不会萎缩，反而会有更大、更高层次的发展空间。但有一点是可以肯定的，那就是竞争将会越来越激烈，企业也会越来越难做。要把企业搞好并出人头地，企业家必须要有强烈的事业心，对工作更有精雕细刻、精益求精、执着专一、追求完善的精神理念。

我做了几十年企业，我体会最深的，也是做企业的共性，那就是企业必须要有一个好的带头人，这个人的思想、品性、智慧、性格、理念、价值取向等，对企业的成败起着至关要紧甚至是决定性的作用。因此，企业家在做企业的同时，也必须不断加强“自身建设”。还是那句话，要成为王者，看似做事业，实质是在修行。

本书所写的只是做企业的一些心得体会，但是行业不同，产品不一样，企业的大小和性质也各异，并不具有普遍性。我想，如果能给读者一点启迪，起到“敲门砖”作用，这也是我最大的期望了。

朱江洪

2017年4月